新世纪普通高等教育基

# 大学公共体育与健康教程

COLLEGE PUBLIC SPORTS AND HEALTH COURSE

主　编　高　鹏　邱士恒　荣小辉
副主编　王　维　王丽微　刘　洋　田　野　刘　雨

大连理工大学出版社
Dalian University of Technology Press

图书在版编目(CIP)数据

大学公共体育与健康教程／高鹏，邸士恒，荣小辉主编．－－大连：大连理工大学出版社，2024.8（2024.8重印）
ISBN 978-7-5685-5090-1

Ⅰ．G807.4；G647.9
中国国家版本馆CIP数据核字第2024XH5680号

DAXUE GONGGONG TIYU YU JIANKANG JIAOCHENG

大连理工大学出版社出版
地址：大连市软件园路80号　邮政编码：116023
发行：0411-84708842　邮购：0411-84708943　传真：0411-84701466
E-mail：dutp@dutp.cn　URL：https://www.dutp.cn
辽宁虎驰科技传媒有限公司印刷　　　　大连理工大学出版社发行

| 幅面尺寸：185mm×260mm | 印张：16.25 | 字数：416千字 |
| --- | --- | --- |
| 2024年8月第1版 | | 2024年8月第2次印刷 |
| 责任编辑：齐　欣 | | 责任校对：孙兴乐 |
| | 封面设计：张　莹 | |

ISBN 978-7-5685-5090-1　　　　　　　　　　　定　价：52.80元

本书如有印装质量问题，请与我社发行部联系更换。

# PREFACE 前言

体育课程是大学公共必修课程,是学校课程体系的重要组成部分,是全面落实和加强学校体育教育的重要"阵地",是学校体育工作的中心环节。体育教材作为大学体育课程实施的重要载体,对于推进素质教育、加强课程建设、提高公共体育教学的质量、实现体育教学目标、完成教学任务、稳定教学秩序等具有非常重要的作用,也是大学生获取体育资源、从事体育活动的蓝本,影响着大学生的体育认知水平、运动健身观念和体质健康水平。

为更好地贯彻"健康第一"的教育理念,使学生掌握科学的锻炼方法,掌握体育运动的技能,为"终身体育"的实现打下坚实的基础,进一步发挥高校体育课程建设作用,实现增强体质、增进健康、提高体育素养的学校教育目标,引导和培养大学生掌握一到两项适合自身锻炼的运动项目,在参与和运动的过程中,享受运动带来的乐趣,磨炼意志品质、学会生存、学会锻炼,进而提高生命和生活质量,编者在遵循体育课程建设的客观规律、广泛参阅众多优秀教材的基础上,结合学生的实际需要,编写了本教材。

本教材紧密结合当前高校体育教学的需要和大学体育改革的现状,以学生为本,从实际出发,确立了以增进学生身心健康为目标的体育教学体系。教材编写团队深入推进党的二十大精神融入教材,充分认识党的二十大报告提出的"实施科教兴国战略,强化现代人才建设支撑"精神,落实"加强教材建设和管理"新要求,在教材中加入思政元素,紧扣二十大精神,围绕专业育人目标,结合课程特点,注重知识传授、能力培养与价值塑造的统一。

本教材响应党的二十大精神,推进教育数字化,建设全民终身学习的学习型社会、学习型大国,及时丰富和更新了数字化微课资源,以二维码形式融合纸质教材,使得教材更具及时性、内容的丰富性和环境的可交互性等特征,使读者学习时更轻松、更有趣味,促进了碎

片化学习,提高了学习效果和效率。

本书共二十章内容,包括体育与大学体育、健康体适能、体育锻炼的理论基础、体育锻炼与保健、足球、篮球、排球、乒乓球、羽毛球、网球、太极拳、八段锦、健身运动、越野滑雪、健美操、体育舞蹈、瑜伽、田径、射箭、毽球。从大学生的身心特点出发,在内容的选择上突出了新时代大学生体育学习的基本需求,力求易学易练,并与学生的终身体育发展紧密结合。在撰写内容的选择上力求达到基础性、实践性和发展性三者的协调统一;强调体育对人的身心健康的影响,突出学生个性的发展和能力的培养。

本教材由长春建筑学院高鹏、邱士恒、荣小辉任主编,王维、王丽微、刘洋、田野、刘雨任副主编,陈继言、郑红刚、马志远、梁良、刘畅、刘狄、姜旭参与了编写。具体编写分工如下:高鹏编写第一章、第六章,邱士恒编写第二章第三节、第三章、第八章,荣小辉编写第二章第一节和第二节、第四章、第十五章,王维编写第十三章,王丽微编写第十章,刘洋编写第五章,田野编写第十七章,刘雨编写第十四章,陈继言编写第十九章,郑红刚编写第七章,马志远编写第二十章,梁良编写第九章,刘畅编写第十六章,刘狄编写第十一章、第十二章,姜旭编写第十八章。全书由高鹏统稿并定稿。

在编写本教材的过程中,编者参考、引用和改编了国内外出版物中的相关资料及网络资源,在此表示深深的谢意!相关著作权人看到本教材后,请与出版社联系,出版社将按照相关法律的规定支付稿酬。

限于水平,书中仍有疏漏和不妥之处,敬请专家和读者批评指正,以使教材日臻完善。

编　者

2024 年 8 月

所有意见和建议请发往:dutpbk@163.com
欢迎访问高教数字化服务平台:https://www.dutp.cn/hep/
联系电话:0411-84708445　84708462

# 目录 CONTENTS

### 第一章　体育与大学体育 / 1
　　第一节　体育的起源与发展 / 1
　　第二节　体育运动与现代社会 / 4
　　第三节　大学体育的目标与使命 / 7

### 第二章　健康体适能 / 11
　　第一节　健康体适能概述 / 11
　　第二节　大学生体质健康的测量与评价 / 16
　　第三节　《国家学生体质健康标准》测试项目的操作方法和锻炼方法 / 18

### 第三章　体育锻炼的理论基础 / 25
　　第一节　体育锻炼的生理学基础 / 25
　　第二节　体育锻炼的心理学基础 / 32
　　第三节　科学体育锻炼的原理与方法 / 36

### 第四章　体育锻炼与保健 / 47
　　第一节　体育锻炼的医务监督 / 47
　　第二节　运动中常见的生理反应及其处理 / 50
　　第三节　常见运动损伤的预防与处理 / 56
　　第四节　运动处方 / 61

### 第五章　足　球 / 67
　　第一节　足球运动概述 / 67
　　第二节　足球基本技术 / 69
　　第三节　足球基本战术 / 73
　　第四节　足球竞赛规则 / 76

### 第六章　篮　球 / 79
　　第一节　篮球运动概述 / 79
　　第二节　篮球基本技术 / 81

第三节　篮球基本战术 / 88

第四节　篮球竞赛规则 / 89

## 第七章　排　球 / 92

第一节　排球运动概述 / 92

第二节　排球基本技术 / 94

第三节　排球基本战术 / 100

第四节　排球竞赛规则 / 102

## 第八章　乒乓球 / 104

第一节　乒乓球运动概述 / 104

第二节　乒乓球基本技术 / 108

第三节　乒乓球基本战术 / 115

第四节　乒乓球竞赛规则 / 116

## 第九章　羽毛球 / 118

第一节　羽毛球运动概述 / 118

第二节　羽毛球基本技术 / 119

第三节　羽毛球基本战术 / 121

第四节　羽毛球竞赛规则 / 123

## 第十章　网　球 / 125

第一节　网球运动概述 / 125

第二节　网球基本技术 / 128

第三节　网球基本训练 / 130

第四节　网球的打法、规则和比赛技巧 / 134

## 第十一章　太极拳 / 140

第一节　太极拳概述 / 140

第二节　太极拳的安全防护 / 143

第三节　太极拳基本技术 / 144

第四节　太极拳基本训练 / 149

第五节　太极拳比赛 / 153

## 第十二章　八段锦 / 157

第一节　八段锦概述 / 157

第二节　八段锦基本技术 / 159

第三节　八段锦比赛 / 162

第四节　八段锦安全注意事项 / 163

## 第十三章　健身运动 / 165

第一节　健身运动概述 / 165

第二节　健身运动基本技术 / 168

第三节　健身运动比赛 / 169

第四节　健身运动的常见损伤及预防 / 170

## 第十四章　越野滑雪 / 173

第一节　越野滑雪运动概述 / 173

第二节　越野滑雪运动基本技术 / 176

第三节　越野滑雪运动比赛及训练 / 178

第四节　越野滑雪运动损伤的预防与处理 / 181

第五节　越野滑雪运动比赛裁判制度 / 183

## 第十五章　健美操 / 185

第一节　健美操概述 / 185

第二节　健美操基本动作 / 187

第三节　健美操设计 / 192

第四节　健美操比赛规则 / 193

## 第十六章　体育舞蹈 / 196

第一节　体育舞蹈概述 / 196

第二节　体育舞蹈基本常识 / 198

第三节　体育舞蹈技术动作组合 / 201

第四节　体育舞蹈的裁判与竞赛组织 / 204

## 第十七章　瑜　伽 / 210

第一节　瑜伽概述 / 210

第二节　瑜伽基本动作 / 211

第三节　瑜伽组合动作 / 212

## 第十八章　田　径 / 214

第一节　田径运动概述 / 214

第二节　田径运动基本技术 / 215

第三节　田径运动基本战术 / 216

第四节　田径运动比赛规则 / 217

第五节　田径运动的常见损伤及防护 / 219

## 第十九章　射　箭 / 221

  第一节　射箭运动概述 / 221
  第二节　射箭运动基本技术与战术 / 222
  第三节　射箭运动基本操作 / 228
  第四节　射箭运动竞赛规则（摘编）/ 231

## 第二十章　毽　球 / 243

  第一节　毽球运动历史背景 / 243
  第二节　毽球运动基本规则 / 244
  第三节　毽球运动技术要点 / 246
  第四节　毽球运动的设备和场地 / 247
  第五节　毽球运动的训练和技能提高 / 248

## 参考文献 / 251

# 第一章 体育与大学体育

体育是人类文化的重要组成部分,伴随着人类文明不断发展和提高,是人类追求生活内容的主要方面。体育与一个民族或国家的文化氛围、生理和心理等素质,以及经济发展水平、政治稳定性和综合国力有密切关系。大学体育教育是身体活动与思维活动的结合,是强身健体与长知识、强意志、调情感、愉身心、提精神相结合的复合多功能教育活动。

## 第一节 体育的起源与发展

体育既是国家强盛应有之义,也是人民健康幸福生活的重要组成部分。体育荟萃着人类巨大的生命力量,洋溢着人类不竭的聪明智慧和创造潜力。体育能够强身健体、愉悦身心,能够为国争光、振奋精神,更能够促进人的全面发展和社会的全面进步。

### 一、体育的起源

体育作为人类文化的重要组成部分,是随着人类社会的发展而逐渐形成和发展起来的。它萌芽于原始社会,与人类最基本的生存需要及早期的生产劳动实践有着直接联系。据史学家和考古学家研究,早在原始社会,先民就把走、跑、跳跃、投掷、攀登和爬越等作为最基本的生产生活技能传授给下一代。

随着生产工具的改进和社会生产力水平的不断提高,社会对人们掌握生产技术的能力提出了更高的要求。起初,人们把锋利的石片或骨片嵌在木棒上刺杀动物,这延长了人手臂的长度,使之发挥出更大的作用,成为最初的原始狩猎工具。但这种原始的工具仅限于近距离对动物进行刺杀。为了刺杀几十米以外的动物,较为先进的原始标枪出现了。为了对付那些快速奔跑和飞翔的禽兽,人们发明了弓箭。弓箭把物体的弹力和人体的力量结合在一起,是整个石器时代最先进、最具威力的工具之一,极大地提高了原始人狩猎的能力。

随着劳动生产经验的积累及劳动工具和技能的改进与提高,人们需要对年轻一代在劳动中和劳动之余进行各种训练和教育,向他们传授各种知识和技能,于是便产生了人类最初的教育,其中也包含体育的因素,如走、跑、跳跃、投掷、攀登、爬越、游泳、攻防和格斗等。现代体育的许多项目,从本源上说都是从人类这些基本的活动技能中发展起来的,仍相当程度地保留了这些原始生产和劳动的内容，如竞走、跑步、跳高、跳远、掷标枪、射箭、游泳、拳击和摔跤等。

体育起源于人类的生产活动，而体育的发展则与教育、军事、科学技术的发展及宗教活动、休闲娱乐活动有着密切的关系。同时需要指出的是，体育在其整个历史发展过程中还受一定的政治经济因素制约，并为一定的政治经济服务。

## 二、体育的发展

体育是随着历史的进程和人类社会对体育需要层次的提高而不断发展的，大致经历了以下三个时期：原始的体育萌芽时期，古代自觉从事体育时期，近现代形成与完善体育制度时期。经过这三个时期，逐步形成了现代的体育体系，其中，竞技体育的发展是推动现代体育发展的主要动力。

### （一）原始的体育萌芽时期

伴随原始社会后期生产力的发展和经济水平的提高，每个氏族、部落、民族之间血亲复仇、争夺地盘和资源财富的战争此起彼伏。在实践中，人们逐渐认识到体育能使人强身健体，能为社会培养更多更好的劳动力，能为战争培养更多更优秀的勇士。因此，这时的体育是为了练就强壮机敏的身体，是出于生存、战争和社会的需要。

### （二）古代自觉从事体育时期

进入奴隶社会，随着奴隶制经济的发展，战争频繁发生，统治阶级需要教育和培养其成员具备参加战争的体魄。进入封建社会，体育在发展的速度和规模上都大大向前迈进。"文武双全"已成为封建社会衡量人才的重要标准，军事武艺在社会活动中越来越显露出其重要性。这一时期，体育活动项目明显增多，如在五代和宋朝时，就有武学，其内容有弓箭、武艺和阵法。此外，养生思想在这一时期发展尤为迅速。

### （三）近现代形成与完善体育制度时期

17世纪中叶，英国资产阶级革命胜利，标志着人类社会步入新的历史时期。与这个历史时期相适应的体育，也随着资本主义的兴起而迅速发展。这时期的体育有如下特点：

第一，体育开始形成独立的学科体系，重视广泛运用近代科学的研究成果作为其发展的理论基础；第二，体育运动已具有强烈的竞赛性和广泛的国际性；第三，体育已成为培养全面发展人的重要内容与手段；第四，体育运动项目的规模已远远地超过封建社会和奴隶社会；第五，体育已成为学校教育的重要组成部分。

体育不仅在生活中占据重要地位，在国家战略上也具有重要作用。经济的发展、闲暇时间的增加、生活方式的变化、国家体育政策导向的变化必将促进体育的迅速发展。

综上所述，体育在人类社会发展的历史进程中，在人类的生存、强身健体、子孙繁衍等方面起着相当大的作用。随着科学技术和教育事业的不断进步，体育已发展成为比较完善的又具有独立的理论与实践的学科体系。多学科的交叉和融合，大大促进了体育学科的飞速发展。今天，体育与人们的生活越来越密不可分，体育对改善人类自身的特殊作用也越来越为人们所认识，体育已成为人类社会的一种独具特色的文化现象。

## 三、体育的基本功能

从性质上看，体育是社会文化的组成部分。它是一个有机的整体，一个多功能、多目标的系统。体育的功能主要包括：健身功能、娱乐功能、文化功能、教育功能、经济功能和政治功能。

### (一)健身功能

所谓"健身",就是强健体魄,增强体质。在进行体育活动时,身体运动锻炼的多次重复过程,可以对各器官系统起到一定强度和量的刺激,使身体在形态结构、生理机能和生化等方面发生一系列的适应反应,达到促进身体健康发展和增强体质的目的。

适当的体育活动,可以促进大脑兴奋,提高大脑的分析、综合能力,可以促进机体的生长发育,促进骨骼生长,骨密质增厚,抗弯、抗折、抗压能力增强,可以增加肌肉的能量储备,提高体力,可以促进人体内脏器官构造的改善和功能的提高,增强人体免疫力,提高对疾病的抵抗能力。体育锻炼还可以增强意志,催人奋进,培养集体观念,协调人际关系,从而促进心理调节能力的提高,有利于排解各种不健康的心理因素,使个体在环境的和谐统一中获得欢快和轻松,实现精神健康。所以,健身是体育最本质的功能。

### (二)娱乐功能

由于体育本身具有游戏性、艺术性、惊险性、默契性等特征,所以人们结合自己的兴趣,参加一些个人喜爱和擅长的体育运动项目,可以起到调节心理、松弛神经、丰富文化生活和愉悦身心的作用。在完成各种练习的体验中,可以提高自信心和自豪感,提升与同伴的默契,增进相互之间的理解。在欣赏体育运动时,运动员所表现出的高超技艺,使人赏心悦目、心旷神怡。因此,体育是一种积极、健康的娱乐方式。

### (三)文化功能

体育本身就是社会的一种文化现象。体育文化是现代文明的标志之一,其主要从媒体传播、体育服饰、体育竞技、民间体育、体育表演、体育设施等方面反映一个国家的文明程度。体育还是一种高雅的文化生活,它与音乐、舞蹈、艺术和文学一样,是人类文明与智慧的结晶。

### (四)教育功能

在国际体育比赛中,每当有中国运动员取得冠军,赛场上空响起中国国歌,升起中国国旗时,都会激发起全民族的爱国热情。

体育活动不仅能有效地提高人的体育素质,发展人的个性,培养竞争意识,而且有助于基本素质的提高和培养,使人们树立"终生体育"的思想。

### (五)经济功能

在国际体育运动中,体育的经济目的已成为最大特点之一。大大小小的赛事,尤其是奥运会,会给各个举办国带来巨大的商机。

除了极具魅力的体育产业外,老百姓对健康的关心,使得各种各样的体育大踏步地走向生活、进入家庭。群众体育锻炼和休闲体育的市场展现出了不可估量的庞大需求。体育服装、广告、器材、食品、旅游等综合服务获得了十分可观的经济收入。社会体育消费、体育用品、练习器材、场地设施等产品的极大发展,创造了更多的经济价值。

### (六)政治功能

体育作为人类的一项文化活动,不是一种孤立的社会现象,而是同一定的政治、经济、文化相互联系、相互影响的。竞技体育,特别是奥林匹克体育运动,更是从一开始就同政治结缘。

作为社会感情的调节要素之一,体育可以愉悦身心、稳定情绪,从而有助于社会的安定与团结;作为增进友谊的桥梁之一,体育能够促进各国人民相互了解,特定情况下还可以提供灵活的外交场合和机遇。国际比赛中,作为人民使者的各国运动员,通过场上交流和场下的广泛接触,可展示各国人民的风采,加深与他国选手的友谊。

## 第二节　体育运动与现代社会

随着现代化进程的加快与经济发展水平的提高,体育在促进人的全面发展、满足人民日益增长的美好生活需要方面发挥的作用将日益增强。让我们运动起来,锻炼身体,全面发展,为祖国健康工作,在新时代以健康的体魄体验幸福的生活!

### 一、现代社会对人才的要求

社会的变迁和发展,对人才提出了新的要求。现代社会对人才的要求可以归纳为强健的体魄、高超的智能、良好的心理素质,以及高尚的道德情操。

#### (一)强健的体魄

强健的体魄是人才的物质基础。体质良好包括健壮的体格、良好的体能。具体来说,体质良好指人体的形态结构良好,生长发育正常,身体整体指数与比例合适,身体姿势端正。体能全面是指走、跑、跳、攀和爬等身体基本活动能力及力量、速度、灵敏、耐力和柔韧等身体素质得到全面发展,神经系统、呼吸系统、心血管系统、消化系统、泌尿系统和生殖系统等机能协调发展。

#### (二)高超的智能

随着信息时代的到来,现代社会对人才的要求越来越高,除应具备扎实的基础知识和精深的专业知识外,还要具备较强的学习能力、创新能力、观察能力、动手能力。1996年,联合国教科文组织发表了《学习:内在的财富》报告,报告提出了未来教育的四大支柱,即学会认知、学会做事、学会共同生活、学会生存。这对学习的内涵做了新的界定。在知识爆炸时代,不学会学习,很容易就会落伍。

#### (三)良好的心理素质

现代社会对人的心理素质提出了更高的要求,这是因为随着社会的高速发展,人与人之间的交往越来越密切。古代,人们日出而作,日落而息,可以鸡犬之声相闻,互相往来较少。而随着现代社会科技的发展,地球变得越来越"小",人们在工作生活中,除了要精力充沛、奋发向上、思维敏捷、情绪良好外,还要有追求之志、好奇之心、探险之勇、专注之境,以及百折不挠的精神,有经得起失败和挫折的心理承受能力。

#### (四)高尚的道德情操

道德情操内涵十分丰富。作为一个社会人,人生态度、社会公德、职业道德和协作精神是最基本的。其中,职业道德和协作精神尤其重要,这是取得成功必备的品质。一个道德高尚的人,应该敬业乐群,诚实谦虚,敢于担当,勇敢顽强,果断坚毅,坚韧不拔,敬老扶弱。

### 二、体育在现代社会中的地位和作用

体育具有强身健体、调节情感、娱乐身心的特殊作用,它是调节现代社会生活的有效工具,

也是现代人生活方式中不可或缺的重要内容。实践证明,在现代社会中,体育运动已经不仅是某个个体的需要,而且是整个社会的需要;不仅是提高社会生产力的需要,而且是保障人们身心健康发展和正常生活的需要。

现代社会一方面提出了加速发展体育运动的必要性和迫切性,另一方面也为其发展提供了可能性。社会生产和科学技术的发展,人们生活水平的提高,为发展体育运动提供了较好的物质基础;工作时间和工作周期的缩短,假期的增加,人类寿命的延长,使人们的闲暇时间大大增加。这些都为加快体育运动的发展提供了非常有利的条件。

此外,随着现代社会的发展,人们对体育的认识越来越深刻,体育事业越来越受到各国的重视。我国已把体育作为国家的一项事业,设立专门的体育主管部门和管理机构。各国政府也把体育作为教育的一个重要组成部分在学校中广泛开展,不少国家还在政府法令中把体育锻炼列为公民的一项权利。

在人们的日常生活中,体育也逐渐成为不可缺少的重要组成部分。参加体育锻炼的目的有的是预防疾病,强身健体;有的是放松精神,舒缓身心;有的是领略风光,探险挑战。人们通过体育运动不仅直接满足了自身的某种需要,而且从体育运动中汲取了能量,树立了信心,赢得了尊重,获得了相互理解。

近年来,竞技体育也日益成为人们感兴趣的社会活动之一,特别是对重大国际比赛所表现出的观赛热情,达到了狂热的程度。

社会学家在对体育进行研究时,反复强调体育是社会的缩影,体育和政治、经济、文化这些传统的研究领域一样,也是社会生活中普遍的文化生活方式和基本的社会性制度。

在我国全面建设社会主义现代化国家、向第二个百年奋斗目标进军的新征程上,体育所起到的作用越来越受到人们的关注,要充分发挥体育在全面建设社会主义现代化国家新征程中的重要作用,努力将体育建设成为中华民族伟大复兴的标志性事业。

## 三、体育运动参与构建人们的现代生活方式

体育运动并不陌生,在现代生活中较为常见,其已参与到人们现代生活方式的构建中。

### (一)体育运动可以缓解现代生活方式所造成的疲劳

随着科学技术的飞速发展和生产力水平的不断提高,体力劳动者数量相对减少,脑力劳动者数量不断增加,并且脑力劳动的时间不断延长。因劳动而产生的疲劳从以全身性的肌肉疲劳为主,转向以大脑局部高级神经系统的疲劳为主。现代生活方式所造成的疲劳主要是神经系统的疲劳。长时间进行脑力劳动,血液中的葡萄糖、多种氨基酸消耗过多,会引起脑的血流和氧供应不足,脑细胞的兴奋、抑制失去平衡,导致生理功能低下,产生疲劳感,表现为头昏、目眩、头痛、记忆力下降、思维混乱和注意力不集中等。体力劳动只能在一定程度上提高身体灵活性及平衡能力,增加肌肉弹性及肌肉力量,但这些并不能帮助人体改善呼吸系统功能。适当的有氧运动可以提高机体对氧的利用能力,有效改善心血管机能,提高机体免疫力,防止各种生理和心理疾病的发生与发展。

睡眠是消除神经疲劳的最佳方式,除此之外,食疗、推拿按摩、听音乐、静坐等都可以达到消除神经疲劳的效果,但这些方法大多是身体的被动休息。体育运动具有实践锻炼特性,肢体的运动使高度疲劳的神经系统得到休息,使疲劳发生转移,也可以缓解神经紧张,调节全身的

平衡能力,弥补其他消除疲劳方法的不足。例如,在长时间脑力劳动后做一些瑜伽、有氧舞蹈、慢跑等运动不仅可以消除疲劳,还可以提高身体机能。

### (二)体育运动可以提高人们对现代生活节奏的适应性

现代人的社会生活节奏加快。生活节奏加快的积极意义在于提高了生命的效率,使尽可能多的社会成员经过高度的协调配合,为社会创造出更多的物质财富和精神财富。人们生活在快节奏的环境里会精神振奋、生活充实、朝气蓬勃。然而,生活节奏的加快,也会给人带来许多健康方面的问题,如浮躁、淡漠、亚健康等。

随着工作生活节奏的加快,高脂血症、动脉硬化、高血压、冠心病、糖尿病等现代文明病大量出现,严重困扰着人们的日常工作和生活。如何有效地预防和治疗这些疾病成为现代人不断追寻和探索的问题。合理的体育运动是预防这些疾病的有效途径。

体育运动和娱乐活动是人们调整、顺应新的生活节奏的重要辅助手段。一些社会调查研究证明,运动员和经常参加运动者,对生活节奏的改变具有较强的适应能力。这是因为在体育运动中人们所掌握的多种运动技能和快速活动的方式,有利于其在完成各种活动时做到准确、协调、敏捷,避免多余动作的出现。参加体育运动可以提高人体各个系统尤其是神经系统和心血管系统的功能,更可以提高人体对快节奏生活的应变能力和耐受能力。同时,也可以帮助人们克服对快节奏生活的抵触、恐惧、厌烦和焦虑等心理,缓解身心紧张。

### (三)体育运动可以丰富闲暇时间的活动内容

闲暇时间在人类创造精神文明方面起着重要的作用。闲暇时间的长短和支配闲暇时间的质量直接影响人们的生活方式。现代社会经济快速发展,人们的物质生活空前丰富,社会文明程度不断提高,高科技的工作手段把人们从单调、紧张、高强度的肢体活动中解放出来,从而使得工作效率成倍增加,工作时间不断缩短。

积极引导人们用科学、文明、健康的方式度过闲暇时间是一项重要的社会任务。而把闲暇时间用于体育运动和娱乐活动,也是一项重要的任务。今天,人们支配闲暇时间的方式发生了巨大的变化,旅游、远足、登山、泛舟、探险和漂流等活动方式日益成为社会时尚。这些活动不仅可以消除大脑和肢体的疲劳,使疲惫的身体得到积极休息,使人们精力充沛地投入工作,还可增强个体体质、健壮体格、提高适应能力。随着人们健康观念的增强,越来越多的人在闲暇时间进行体育运动。

### (四)体育运动可以拓展人们的生活空间

在现实生活中,每个人、每个家庭都有属于自己的生活空间。生活空间是人们日常生活中不可忽视的一个要素,也是提高生活质量的重要前提。

适度的生活空间有利于人们的身心健康。生活空间过大,人们难以适应,会感到空旷、孤独、漫无目的、过度自由。生活空间狭小,则会产生惩罚感、封闭感,也会影响人们的身心健康。因此,在闲暇时间走到户外,暂时离开自己生活的空间,在参与体育运动的过程中体验新鲜事物带来的快乐与刺激是一种很好的拓展生活空间的方式。户外运动正好为人们提供了这样一个拓展空间的机会。户外运动鼓励人们回到大自然的怀抱中去,人们可以在森林、山麓、雪原、河川和海洋等大自然的环境中尽情地参与登山、攀岩、探险、横渡、漂流等各类户外活动。

随着社会的进步,人们的需求不断提高,体育运动为满足人们社会交往与参与等较高层次的追求提供了有效的途径。人们可以通过体育运动展示自己的价值取向,发展自己的能力,结交新的朋友,提高生活质量,增添生活乐趣。通过参与体育运动,人们不但可以增强体质,提高身体的免疫力,减缓生活工作的压力,而且可以促进人与人之间的交流,避免各种心理疾病的发生与发展。体育运动日益成为现代人生活中不可缺少的有机组成部分。

# 第三节 大学体育的目标与使命

2020年10月,中共中央办公厅、国务院办公厅印发的《关于全面加强和改进新时代学校体育工作的意见》中强调:"学校体育是实现立德树人根本任务、提升学生综合素质的基础性工程,是加快推进教育现代化、建设教育强国和体育强国的重要工作,对于弘扬社会主义核心价值观,培养学生爱国主义、集体主义、社会主义精神和奋发向上、顽强拼搏的意志品质,实现以体育智、以体育心具有独特功能。""高等教育阶段体育课程与创新人才培养相结合,培养具有崇高精神追求、高尚人格修养的高素质人才。"

教育是国之大计、党之大计,是提高整体国民素质的根本所在,大学体育作为高等教育、学校体育的重要组成部分,在增进学生身心健康,提高整体素质方面具有不可替代的作用。因此,全面提高大学生身心健康水平是学校教育工作的基本内容,更是大学体育责无旁贷的历史使命和工作重心。

## 一、大学体育的价值

体育有其独特的价值,大学体育也有其独特的价值,具体如下:

### (一)大学体育的文化价值

体育属于文化的范畴,是大众文化的一个有机组成部分。体育一词的英文之意就直白地表述为身体文化(Physical Culture),说明体育与文化联系紧密。如今,体育文化以无穷的活力与魅力融入人们的现代生活,成为文化消费不可缺少的内容。同其他文化方式相比,体育文化具有覆盖范围大、渗透能力强、感染力与震撼作用大、群众喜闻乐见和雅俗共赏等特点,它还不受性别、年龄、文化程度、地域及语言等因素的限制。

体育是通过人们自身行为改变自己的自然属性和社会属性的一种有意识、有目的的活动。随着时代的发展,现代体育的内涵和外延发生了重大的变化,与人们的生活联系得更加紧密,成为一种十分显著而复杂的文化现象,对个体的身心成长、发展,以及社会政治、经济、文化等方面都会产生重大的影响。随着当今体育的发展及其人文价值、教育和娱乐等多种价值的凸显,体育已成为人类社会共有的精神文化产品,改变着越来越多人的生活,并融入人们的日常活动。体育给人们带来的影响是独特和无可替代的,它所产生的心理与精神效应是积极向上、正面深刻的。大学体育活动可以提高大学生的精神追求和文化品位,丰富课余文化生活,调节精神,锤炼品格。大学体育的文化价值可概括为体育文化的传承、体育情趣的熏陶、精神需求的满足和文明修养的塑造。

### (二)大学体育的教育价值

体育是一种复杂的社会现象,它集健身、健心于一体,是身心健康的塑造过程。大学体育是滋养身心的课堂,是历练品行的场所。

大学体育是以身体与智力活动为基本手段,根据人体生长发育、技能形成和提高的规律,通过体育教学、课外体育锻炼等形式,达到促进身体健康发展,提高身心素质水平,提升运动能力,丰富和改善生活方式,调节心理,陶冶情操,完善个性品质,提高生活质量的一种有意识、有目的、有组织的社会活动。在人类发展史上,体育作为一种积极的人类行为和特殊的社会现象,一直伴随着社会的发展、文明的发展而发展,并对人类的进化和社会的发展起到了巨大的促进作用。大学体育作为调节、培养心理品质,塑造健全的人格,形成文明健康生活方式的重要内容,对大学生的健康始终起着独特的作用,是维护学生身心健康最有效、最有益的方法,是学生调节情绪、历练品行、培养良好人格的最有效的途径之一。体育锻炼已经成为大学生用以调节精神生活、陶冶性情、改善心态的有效途径,成为拓宽生活空间、扩大信息来源和人际交往的重要渠道。学生自主地参加适合自己的体育锻炼,可以充分体验运动的乐趣和意义,进而培养对体育运动的爱好和兴趣。同时,大学生掌握从事终身体育活动所需的体育知识与技能,可以提高自我锻炼的能力,形成终身体育的态度和习惯,从而奠定终身体育的基础。

当今,人们日益重视在体育活动过程中心理变化的特点与过程,关心体育锻炼对人心理的作用与影响。人们普遍感觉到,在参加体育活动的过程中,人的情绪变化对机体的影响、对健康的作用要比生理指标重要得多,有许多研究把研究的方向瞄向体育锻炼的心理价值层面。在体育锻炼与心理健康方面,研究者主要把目光集中在体育锻炼对人的情绪改善、对自我概念的影响及与认知功能的关系等课题上,还涉及体育锻炼所产生的心理效益机制等领域。人们通过体育活动调节日常生活,扩大人际交往,缓解社会压力,调整失衡心态,体验幸福生活。

### (三)大学体育的美学价值

体育竞赛是体育的重要组成部分,其观赏性及比赛结果的不确定性能够满足人们的审美需求。运动员或运动队在赛场上所表现出来的精湛技艺,让人赏心悦目,叹为观止,拍手称绝,人们能从中得到极大的心灵震撼和美学享受。重大体育比赛能够极大地满足一个人乃至多个民族的社会需求和表现欲望,从精神、心境、情感、意志和思想等方面影响人们的生活与行为,使精神得到升华,品质得到陶冶,境界得到提高。体育负载着人们的情感,包含人们的智慧、信仰、艺术道德、风俗习惯等内容。大学体育的审美价值是奋斗进取、追求卓越、净化心灵、培养情趣。

体育比赛在竞争中充满着合作,严谨中渗透着欢乐,既有静态的雕塑美,也有运动的动态美,这些都带给人们深刻的心理体验。在体育比赛中,喜与悲、乐与忧、期望与失望、成功与失败等融为一体,带给人无限的遐想和无尽的回味。情感得到升华,痛苦得以释怀,愤怒得到宣泄,心态得到平衡,这就是体育的独特与精彩之处,这就是体育文化的神奇与魅力所在。提高大学生的体育审美品位和在体育比赛中欣赏美、创造美的能力,也是大学体育的目标之一。

"健康第一"是在科学人文主义教育观的基础上提出的指导思想,是先进教育理念的体现,是顺应世界教育、体育发展潮流,符合社会发展趋势并满足人们关心健康、追求可持续发展客观需求的。体育是通过人类自身行为,改变其自身的自然属性和社会属性的一种社会运动,标志着人类对自己身体发展的审美理想。大学体育就是对学生身心健康发展进行积极维护和美化教育的实践过程,大学体育知、情、意、行的高度统一,以及实际身体活动中的即时性反馈、群体的互动与情境作用,除有助于提高学生的身体素质与技能训练之外,还对培养学生的自尊自信、坚韧不拔、沉着果断、开拓进取等心理品质具有特殊的功能。以人为本,追求健康,使受教育者全面协调发展,达到增强体魄、陶冶情操、塑造品质的目的,是新时代教育不可缺少的重要内容,是人的价值和人文精神的核心,也是大学体育的真谛所在。

## 二、大学体育的目标

新时代,我国学校体育的目标、内容和形式发生了变化。2018年9月10日,全国教育大会指出,要树立健康第一的教育理念,开齐开足体育课,帮助学生在体育锻炼中享受乐趣、增强体质、健全人格、锤炼意志。近年来,为全面贯彻落实全国教育大会精神,积极推进新时代学校体育工作的创新发展,我国先后印发《关于全面加强和改进新时代学校体育工作的意见》《关于深化体教融合 促进青少年健康发展的意见》《〈体育与健康〉教学改革指导纲要(试行)》《义务教育体育与健康课程标准(2022年版)》等一系列文件。这些政策文件的颁布,对指导全国体育教师科学、规范、高质量地上好体育课,强化"教会、勤练、常赛"的要求,进一步深化体育教学改革,不断推动教育高质量发展等具有积极的作用。大学体育的目标从关注体质的生物性机能改善,发展为全面关注大学生身体健康、心理健康和社会适应能力的协调发展。大学体育的内容呈现出个性化和多样化的倾向,大学体育内容的选择,比以往更加强调大学生的主体地位。大学体育的形式比以往更加灵活多样。

大学体育是培养全面发展人才的重要内容,是造就一代有竞争力、创造力、高素质的有用人才的有效渠道,是提高当代大学生身心素养,为祖国健康工作50年的基础平台。塑造健康之体魄、陶冶健全之精神、提高社会适应能力、形成体育锻炼习惯是大学体育的最终目标。

这里所谈的大学体育是指各种各样的以增强体质、促进身心健康、丰富生活、调整心态、愉悦身心为目的的体育活动方式,包括体育教学、课余体育活动中进行的实际体育锻炼,是进行身体运动的最直接、最普遍的形式,充分反映了体育的本质特点与价值。大学体育是学生日常生活的一个重要组成部分。通过参加体育活动,大学生可以拓宽生活空间,不断提高身体素质;在增进健康的同时,不断地完善自己的精神能力,追求卓越,展示才华,挖掘潜能,实现理想。通过体育锻炼,大学生还能调节自己的心理状态,陶冶性情,磨炼意志,满足不断增长的身心发展的需要,增强自信心、自尊心,进而丰富生活内容,提高生活质量。体育锻炼是人们获得身心健康最直接的方法与形式。大学体育对大学生身体、心理的教育培养,以及人格、品质的陶冶塑造有着积极、独特的作用。

## 三、大学体育的使命

作为一种社会时尚或生活方式,体育已经融入人们的生活之中,成为日常生活的重要内容。通过体育实践,大学生不仅可以形成体育锻炼的正确观念,增强自我保健的意识,还可以逐步养成健康的行为习惯和生活方式。

联合国开发计划署在《1994年人类发展报告》中就曾指出:人类发展是一个提高人们生存机会的过程,从总体上说,健康、长寿、接受良好的教育和生活幸福美满是人类发展的基本标志。人们在拥有物质财富的同时,开始向往精神生活的满足。现代生活的含义是多元的,在一定程度上它表现着人们生存、享受和发展的现实状态。人们所期盼的高质量生活,其实就是一种和谐、丰富、愉快的生活,其中就必须有体育的存在。有了它的存在,也就有了人生的和谐、社会的和谐,体育也就完全融入了人们的生活。人们在闲暇时间,通过体育休闲及对身体的锻炼,不仅获得了身心的满足、精神的愉悦和幸福的发展,而且对社会的发展也产生了巨大的促进作用。大学体育有助于大学生进一步理解和习惯在一定的社会规范中生活,根据社会规范约束和调整自己的行为。

大学体育的首要目标与使命就是实现"享受乐趣、增强体质、健全人格、锤炼意志",此外还要帮助学生进一步理解个人健康与群体健康的关系,培养合作精神、竞争意识和交往能力,提高对他人、集体和社会的关心程度,培养良好的体育道德和团队精神,并能把体育活动中培养的社会适应能力迁移到日常的学习、生活和工作中。

体育锻炼是现代人生活方式的重要组成部分,大学体育的熏陶、身体素质的提高、体育锻炼习惯的养成,将使大学生终身受益。体育活动可以使持续积累的心理紧张与压抑的情绪在体育运动中得到化解和宣泄,使广大学生能享受生活的乐趣,感悟生命的意蕴,体味成功的价值,在愉快和谐的运动交往中,躯体与精神融为一体,心灵得到慰藉,身心得到满足,人格得到升华,心胸更加乐观豁达,激发出积极向上的生活热情。从某种意义上讲,人们把休闲上升到工作和生活的目的,是经济发达、社会文明的标志,与满足人们享受与发展的需要、全面提高生活质量的目标是一致的。

在高压力、快节奏的社会中,人们以前所未有的热情关注健康问题。随着人们对生活质量要求的提高和对幸福体验的深化,身体、心理、社会三位一体的健康模式已被普遍接受。健康的概念已远远超出了医学的范畴,而是更多地包含了社会和心理层面。经济的繁荣、物质产品的丰富、生活水平的提高、闲暇时间的增多,使人们的精神需求大大增加。而竞争的日趋激烈、社会压力的增大、人际关系的淡化,往往导致人们心理失衡,从而使心理健康成为热门的话题。体育是人类对自身健康进行积极维护和美化的过程,关注健康,追求愉快、健康的生活是现代人的必然选择。大学体育的健身功能是不言而喻的,大学体育的健心功能与育人功能正逐渐为人们所认识和推崇。

人的生活方式总是与文化密切相关。休闲作为一种生活方式、一种文化,贯穿于人的整个生命过程之中。体育锻炼与休闲能够增进人的健康,使人得到自由和谐的发展,它是人的本质需要和生活质量的重要组成部分,提高人们的生活质量应当成为社会发展的一个重要标志。

体育锻炼就是提供休闲的一种方式,是人们学习、工作之余追求健康、愉悦身心的一种手段。大学体育不是以竞赛争冠军为目的,而是以健康、娱乐为主旨,追求身心健康与精神满足的各种各样的身体活动。体育锻炼不仅能够增强体质、提高身体素质,还可以消除紧张情绪、调节心理状态,成为现代人善待生命、慰藉躁动与调节快节奏生活的一种方式。

# 第二章 健康体适能

健康体适能致力于研究体力活动与健康的关系，阐述体力活动促进身心健康的理论和方法，分析缺乏体力活动行为的心理原因并提出有效干预措施等。

## 第一节 健康体适能概述

健康概念的内涵和外延在不断发展和深化。长时间以来，人类对健康的认识一直停留在无病即健康，把健康的含义仅局限在身体是否健全层面。我国传统的中医理论提出了"阴平阳秘，精神乃治"的整体观，进而把人的健康与人自身的阴阳协调和自然环境的阴阳协调联系起来。随着社会的发展和科学的进步，人类对健康的认识不断深化，许多学者也针对健康提出了不同的解释。美国学者贝克尔认为健康是"一个有机体或者有机体的部分处于安宁状态，它的特征是机体有正常的功能、没有疾病"[①]。

20世纪开始，人们逐渐认识到健康除了没有疾病，还与自然环境、社会环境、遗传、生活方式等因素密切相关。1948年，世界卫生组织成立时就在其宪章中明确指出："健康不仅是免于疾病或虚弱，而且要保持身体上、心理上和社会适应方面的完美状态。"1992年，美国学者奥林斯提出了三维健康模式，强调从生物、心理和社会三个方面来评价人的生命状态。美国美利坚大学国家健康中心提出了"健康五要素"，即个体只有身体、情绪、智力、精神和社交五个方面都健康，才称得上真正的健康，或称完美状态。

### 一、健康的概念

健康是生命之基，是人生幸福的源泉。要创造人生辉煌、享受生活乐趣，就必须珍惜健康，学会健康生活，让健康成为幸福人生的源泉。

#### （一）科学的健康概念

1989年，世界卫生组织重申了健康的概念："健康不仅是没有疾病，而且包括躯体健康、心

---

① 张新萍，屈萍.终身体育：体适能提升与健康促进[M].广州：中山大学出版社，2020.

理健康、社会适应良好和道德健康。"①这个定义从身体、心理、社会和道德四个方面来判定健康，更具有科学性、完整性和系统性。

#### (二)健康的内涵

根据世界卫生组织的健康定义,健康的内容包括身体健康、心理健康、社会适应良好和道德健康。

##### 1.身体健康

身体健康是指具有强壮的体魄和充沛的体能,主要包括身体发育完整、各器官生理机能状态良好、体重适当、没有疾病、能抵御各种疾病侵袭、能适应自然环境的变化。

##### 2.心理健康

心理健康是指在心理上有较好的自控能力,能正确评价自己,能够应对日常生活中的人际关系和环境压力,能正确地对待外界的客观影响,处事态度和谐,有正确的人生目标,能不断追求和进取,能够克服各种困难和消极情绪,对未来充满信心。

##### 3.社会适应良好

社会适应良好是指能很好地通过自我调节适应各种社会环境及其复杂变化,能够建立良好的人际关系,尊重自己和尊重他人,其行为能被他人理解,被社会接受。

##### 4.道德健康

道德健康是指有正确的是非观和价值观,具有辨别善恶、美丑、荣辱、是非的能力,能用社会公认的道德标准和社会准则约束自己的言行,具有能够为他人和社会奉献的思想与行为。

#### (三)亚健康的概念

现代医学将健康称作"第一状态",疾病称作"第二状态",将介于健康与疾病之间的生理机能低下的状态称作"第三状态",也称作"亚健康状态"或"灰色状态"。亚健康状态是近年来医学界提出的新概念,一般指机体虽无明显疾病,却呈现出活力下降、适应能力不同程度减退的一种生理状态。专家认为,亚健康状态包括不良的心理行为、不振的精神面貌、对社会的不适应,以及身体各部位的某种不适等。亚健康虽然不是疾病状态,却是现代人身心不健康的表现。亚健康处于健康与疾病的中间地带,是健康与疾病相互转化的中介点,是一种不稳定的平衡,一旦环境稍有变化或精神受到某种刺激,这种平衡就极易被破坏,并将大大降低机体工作的效率。

亚健康产生的原因主要有以下两方面：一是对健康没有正确的认识,降低了对威胁自身健康的各种因素的应激反应能力;二是不良的生活习惯、疲劳、社会和工作造成了精神压力。

当知道自己处于亚健康状态时,既不能掉以轻心,也不要过分紧张,应当积极应对。具体来说,要注意以下几点：

(1)克服不良的生活习惯。吸烟、过度饮酒、高脂肪膳食或过量饮食、缺少运动、睡眠不足、不吃早餐及经常熬夜等不良生活习惯,都会使身体由健康状态逐渐转变成亚健康状态,最后导致各种疾病的发生。

(2)调整好个人心态。当今社会工作、生活节奏加快,竞争激烈,人们的心理压力增加,精神负担加大。心理压力过大,会导致心态失衡,使人体神经系统功能失调,内分泌紊乱,抵御疾

---

① 于素梅.体育与健康[M].北京：教育科学出版社,2022.

病的能力下降,进而引发各种疾病。

(3) 及时消除疲劳。经常感到疲惫不堪是典型的"亚健康状态"。长期处于紧张的学习状态会造成体力和脑力的疲劳。疲劳是人体一种生理性预警反应,长时间的超负荷工作会产生疲劳积累,长此以往也会引发疾病。

(4) 有针对性地选用保健食品。有针对性地服用一些适宜的保健食品,可以帮助消除亚健康状态。

## 二、衡量健康的标准

从健康的概念演变可以看出,健康包括身体、心理、社会和道德四个方面。世界卫生组织对健康的标准做了代表性的表述,提出了健康的十条标准:

(1) 精力充沛,能从容不迫地应对日常生活和工作的压力而不感到过分紧张。
(2) 处事乐观,态度积极,乐于承担责任,事无巨细,不挑剔。
(3) 善于休息,睡眠良好。
(4) 应变能力强,能适应外界环境的各种变化。
(5) 能够抵抗一般性感冒和传染病。
(6) 体重得当,身体匀称,站立时头、肩、臂位置协调。
(7) 眼睛明亮,反应敏锐,眼睑不发炎。
(8) 牙齿清洁,无空洞,无痛感;牙龈颜色正常,不出血。
(9) 头发有光泽,无头屑。
(10) 肌肉、皮肤富有弹性,走路轻松有力。

## 三、影响健康的因素

世界卫生组织调查证实,个人健康 15% 取决于遗传因素,10% 取决于社会因素,8% 取决于医疗条件,7% 取决于生活环境和地理气候条件,而 60% 取决于自身行为。

### (一) 自身因素

自身因素包括对健康的认知水平、生活方式和行为习惯、饮食、体育锻炼、休息、情绪和精神状态、社交活动等诸方面因素,体育锻炼是其中最重要的因素。除了体育锻炼,以下因素也很重要:

#### 1. 对健康的认知水平

有宏观与正确的认知,才能指导正面而有意义的行为。对大学生而言,对健康概念有一个全面、科学的认识,将指导自己规范行为,进行自我保健和锻炼,养成良好的生活习惯。同时,也能克服和避免"没有疾病就是健康""亚健康状态不危害人体健康""疲劳不危害人体健康"等不正确的观念。现代人应具备自我保健的意识和常识,及时注意身体传递给自己的各种信号,并快速做出反应,做到定期体检,有病及时就医。

#### 2. 生活方式和行为习惯

美国疾病控制中心对心脏病、癌症、中风、流感、肺炎、糖尿病、肝病、自杀和他杀、车祸、其他意外事件 10 种最常见的导致死亡的原因的调查结果显示,不良的生活方式是造成这些死亡现象的主要因素之一。身体健康的人,常得益于良好的生活方式和行为习惯,包括不吸烟,节制饮酒,每天吃早餐,注意饮食营养,维持正常体重,保证高质量的睡眠,坚持科学、系统的体育锻炼等。

#### 3. 情绪和精神状态

健康的人一般都有积极向上的乐观态度，有着充实的精神世界；在日常生活中能保持良好稳定的情绪，能够控制好自己的情绪。

#### 4. 社交活动

生活于社会之中的人必须承担起一定的社会责任，"扮演"好自己的社会角色，不断提高自己的社会适应能力，保证有适量的社交活动，与他人形成、保持和谐的人际关系，在交往中有自信感和安全感。

### （二）遗传因素

遗传是指子代和亲代之间在形态结构及生理机能上的相似，是一切生物共有的基本特征。有的草本植物只有一年的寿命，有的树木却可以存活几百年，说明生物的寿命随物种不同有很大差异。对人类来说，除了遗传影响人的自然寿命，在人的生长发育过程中，身高、体重、皮下脂肪、血压等多项形态、生理指标都有不同程度的家族性倾向，尤以身高最为明显。遗传病是当前医学领域中严重危害人类健康的疾病之一。

### （三）社会因素

社会经济发展状况、社会秩序、伦理道德、宗教、风俗和教育等因素构成的社会环境都可能直接或间接地影响人的健康状况。美国学者弗莱齐尔的研究表明，一些遭受虐待、歧视的儿童、青少年，生长发育缓慢、身材矮小、骨龄落后、性发育迟缓，他们并无明显的家庭遗传倾向，可能是由于不良环境对中枢神经系统形成长期的恶性刺激，导致生长激素释放因子分泌缺乏而引起的。一旦改变他们的社会处境，他们的生长速度会大大加快，甚至最终可恢复正常水平。

### （四）自然环境因素

人类的各种生命活动都与自然环境的变化息息相关。人类可以适应一定的环境变化，如人体可以通过体温调节来适应环境中气象条件的变化。当环境异常，超出了人体适应的范围时，人体就会发生某些病理性的变化。人体的疾病绝大部分是由环境因素引起的，在环境致病因素中，环境污染又占了很大比重。

## 四、体适能

了解体适能十分重要，对提高健康观念可起到一定的作用。

### （一）体适能的概念

体适能（Physical Fitness）也称体能，是指人体器官系统的主要生理机能以及在体育活动中表现出来的能力。体适能是衡量人体体质强弱的重要标志之一，包括走、跑、跳、投、攀、爬、悬垂和支撑等基本活动能力，以及力量、速度、耐力、灵敏和柔韧等基本身体素质。体适能又分为运动体适能和健康体适能。

运动体适能通常又称运动素质，是指在中枢神经系统的控制下，人体在体育运动中所表现出来的力量、速度、耐力等素质，主要包括肌肉力量和耐力、柔韧、速度、灵敏、平衡及协调等素质。

健康体适能又称健康素质，相对于运动素质，健康素质更能代表人体的综合健康状况，它反映了人们在日常生活中表现出来的身体机能能力，是个体为了提高学习和工作效率、预防疾病及增进健康所需要的体适能。健康体适能包括身体成分、心血管系统的功能、肌肉力量和耐力及柔韧。

健康体适能和运动体适能之间既有区别又紧密联系，主要区别在于：

（1）目的不同。健康体适能主要是健康生活所必需的素质，运动体适能则是指为了提高运动成绩所必需的素质。

（2）测量方法和评价标准不同。健康体适能主要通过身体成分、肌肉力量和耐力、心肺功能、柔韧等指标来评价，运动体适能主要通过运动指标来评价。

健康体适能和运动体适能之间的联系是：二者内容相互交叉，健康体适能的提高有赖于运动体适能的提高，一般通过体育锻炼或运动训练来实现。

### (二) 健康体适能的评价内容

健康体适能包括的内容具体如下：

#### 1. 身体成分

人体由骨骼、肌肉、脂肪等组织及内脏器官组成，体重就是这些组织和器官重量的总和。身体成分通常用体脂百分数来表示，可通过测量去脂体重来测量人体体脂含量。研究身体成分是为了了解人的体质、健康及衰老的状况，有利于人们将体重控制在一定范围内，保持适宜的体脂含量。若人体体脂比重过大，机体做功能力相对就小，从而会影响机体内某些物质的代谢。此外，脂肪过多，体重过重不仅会影响人体健美，而且会给健康带来一系列不良的影响。大量的流行病调查显示，肥胖与冠心病、动脉粥样硬化、高血压、糖尿病及某些肿瘤的发生有关，肥胖还会显著缩短寿命，增加新陈代谢和心脏的负担。改善身体成分，控制体脂含量，对于维持健康和预防疾病有重要意义。

#### 2. 心血管系统的功能

心血管系统由心脏、各种血管及其中的血液构成，其功能是将消化系统吸收的营养物质和呼吸系统摄取的氧运送到全身各器官、组织和细胞，并将它们的代谢产物，如二氧化碳、尿素等运到肺、肾或皮肤并排出体外，保证人体新陈代谢的正常进行。大量的研究结果表明，不同的心血管危险因素同时存在时，对心血管疾病的发病有累加效应。这些危险因素有吸烟、高血压、高脂血症、糖尿病、肥胖、运动不足、饮食摄取热量过多和情绪紧张等。坚持体育锻炼，改变不良的生活习惯，保持良好心态是远离心血管疾病的良方。

#### 3. 肌肉力量和耐力

肌肉力量与肌肉生理横断面密切相关，和性别、年龄没有直接关系。女性的力量不如男性，是因为女性的肌肉不如男性粗大。肌肉大小由肌纤维的粗细决定，人的肌纤维蛋白含量会随着运动负荷的增加而逐渐增加。因此，经常进行训练的运动员会拥有发达的肌肉，而普通人则很单薄。有的人并不经常锻炼，但是跑得很快，有的人再怎么锻炼也跑不快，这种差异是由肌纤维的类型不同造成的。研究表明，肌肉存在三种不同类型的肌纤维，即快肌纤维、慢肌纤维和中间型肌纤维。它们在粗细、收缩速度、耐疲劳程度和能量供应效率上都有区别。快肌纤维收缩速度快、爆发力强，但容易疲劳，短跑、跳远、投掷、足球等项目运动员的肌纤维中此类型较多；慢肌纤维收缩速度慢、耐力好，马拉松、长跑等耐力项目运动员的肌纤维中此类型较多；中间型肌纤维具备快、慢两种肌纤维的特点，收缩速度快、耐力好，全能运动、400～1 500米跑等项目运动员的肌纤维中此类型较多。因此，大学生可有目的地选择适合自己肌纤维类型的运动项目进行锻炼，充分发挥自己的长处。但注意进行锻炼的根本目的是增强体质，所以不必过多地介意肌纤维类型，应当注重全面发展，塑造健美体形，进而不断提高健康水平。

肌肉耐力是指肌肉长时间工作的能力，它是从事耐力性活动的基础。肌肉耐力取决于肌肉中毛细血管的发达程度和肌肉血流量。反复进行活动，能激活那些没有进入工作状态的毛细血管的活力。因此,进入肌肉的血流量增多,肌肉中的血液循环得到加强,就能更好地保证氧和营养物质的供应,及时排出运动中产生的二氧化碳和乳酸等代谢废物,保证肌肉能进行较长时间的活动。经常参加锻炼,可使肌肉耐力逐步加强。

**4. 柔韧**

柔韧是指跨过关节的肌肉、肌腱、韧带的伸展能力,通常指关节的活动幅度。经常参加体育锻炼,可以保持和提高人体关节、肌肉的伸展性,从而使人的灵活性得到增强,这样不仅有利于防止身体扭伤、拉伤和摔伤,还可预防腰背疼痛,提高人的生活质量。

### (三)健康体适能对生活的作用和意义

健康体适能对人体健康有着重要的作用。健康体适能是人们进行适量运动的基础。体育锻炼是保持身体健康的关键因素。经常运动有助于消耗体内多余的热量,改善心血管系统的功能。健康体适能有助于保持良好、规律的睡眠习惯,有助于调节身体器官,促进食物的消化及废物排泄。健康体适能使人有乐观的心态,有利于减轻日常学习和生活中的压力。

## 第二节　大学生体质健康的测量与评价

体质是指人体生命的质量,是个体在先天遗传性和后天获得性的基础上表现出来的人体形态结构、生理机能、身体素质、心理品质和适应能力等方面相对稳定的特征。

体质是人的生命活动的物质基础,体质在其形成、发展和消亡的过程中具有明显的阶段性,从最佳状态到严重疾病或功能障碍,呈现出各种不同阶段的体质水平。一个人体质的好与坏,既依赖于先天因素,又与后天因素相关,而后天因素起着决定性作用。因此,在测定和评价体质时,必须注意体质的综合性特点并采用多项指标予以评价。

### 一、体质的构成

人体的形态结构、生理机能、体能、心理条件,以及对外界环境的适应能力是构成体质不可分割的五个重要因素。身体的形态结构是体质的物质基础;生理机能、体能和心理条件是体质的主客观表现;对外界环境的适应能力是它们的综合反应。构成体质的这五个因素相互统一、密切联系。体能是各器官系统的机能能力在人体运动过程中的客观反映。发展和提高体能的过程会相应地引起机体形态结构、生理机能的一系列变化。而伴随着形态结构、生理机能的变化及体能的发展提高,机体又会产生一定的心理过程和个性心理特征,从而促进人的心理发展。

### 二、体质与健康的关系

体质与健康之间有着密切联系。二者都是对人体状况的描述,都涉及人体的形态结构、生理机能、体能、心理状况及对社会(包括人际关系)的适应能力等方面,它们之间既有联系,又有所不同。体质是生命活动的基本要素,也是健康的物质基础;而健康则是人体理想状态的标志,是体质所追求的目标体现。体质侧重于体格、体型、身体素质、运动能力等,而健康则侧重于研究人体的心、肝、脾、肺、肾及血管组织结构和生理机能的异常、疾病、死亡。体质是从"外观"上研究人体,健康是从"内部"研究人体。体质是人体的质量,健康则是体质状况的反映和表现,所以在评价体质和健康状况时,有些指标很难说是纯属体质检测的指标,另一些指标也很难说是纯属健康检测的指标。

## 三、体质测试与评价

体质测试是指选择能够客观地反映体质状况的各种指标和方法,对人体进行定量的测试,获得反映体质状况的资料,为更好地进行身体锻炼和促进人体健康成长提供科学依据。对体质测试所得的资料进行科学的统计与分析,做出某一方面或综合的健康判断,这一过程被称为体质评价。

体质测试的基本内容及指标有:

(1)身体形态指标,主要包括身高、体重、胸围、臀围、坐高和身体组成(皮脂厚度、体脂比重、去脂体重等),是人体生长发育的重要指标之一。

(2)生理机能指标,主要包括安静心率、血压、心肺功能相关指标等。

(3)身体素质指标,主要包括力量指标、爆发力指标、悬垂力指标、柔韧相关指标、灵敏和协调相关指标、平衡相关指标及耐力相关指标。

(4)运动能力指标,主要包括跑、跳、投等相关指标。

(5)心理发展水平指标,包括智力、情感、性格、意志等方面相关指标。

(6)适应能力指标,包括对环境的适应能力和对疾病的抵抗能力等相关指标。

## 四、大学生体质健康测试与评价概述

为建立健全国家学生体质健康监测评价机制,激励学生积极参加身体锻炼,引导学校深化体育教学改革,推动各地加强学校体育工作,促进青少年身心健康、体魄强健、全面发展,结合新时期青少年体质健康状况和学校体育工作实际,教育部组织专家对原《国家学生体质健康标准》进行了修订,并于2014年7月颁布新版《国家学生体质健康标准》。

### (一)说明

(1)《国家学生体质健康标准》(以下简称《标准》)是国家学校教育工作的基础性指导文件和教育质量基本标准,是评价学生综合素质、评估学校工作和衡量各地教育发展的重要依据,是《国家体育锻炼标准》在学校的具体实施,适用于全日制普通小学、初中、普通高中、中等职业学校和普通高等学校的学生。

(2)本标准的修订坚持健康第一的教育理念,落实《国家中长期教育改革和发展规划纲要(2010—2020年)》《国务院办公厅转发教育部等部门关于进一步加强学校体育工作若干意见的通知》(国办发〔2012〕53号)和《教育部关于印发〈学生体质健康监测评价办法〉等三个文件的通知》(教体艺〔2014〕3号)有关要求,着重提高《标准》应用的信度、效度和区分度,着重强化其教育激励、反馈调整和引导锻炼的功能,着重提高其教育监测和绩效评价的支撑能力。

(3)本标准从身体形态、身体机能和身体素质等方面综合评定学生的体质健康水平,是促进学生体质健康发展、激励学生积极进行身体锻炼的教育手段,是国家学生发展核心素养体系和学业质量标准的重要组成部分,是学生体质健康的个体评价标准。

(4)本标准将适用对象划分为以下组别:小学、初中、高中按每个年级为一组,其中小学为六组、初中为三组、高中为三组。大学一、二年级为一组,三、四年级为一组。

(5)小学、初中、高中、大学各组别的测试指标均为必测指标。其中,身体形态类中的身高、体重,身体机能类中的肺活量,以及身体素质类中的50米跑、坐位体前屈为各年级学生共性指标。

(6)本标准的学年总分由标准分与附加分之和构成,满分为120分。标准分由各单项指标得分与权重乘积之和组成,满分为100分。附加分根据实测成绩确定,即对成绩超过100分的加分指标进行加分,满分为20分;小学的加分指标为一分钟跳绳,加分幅度为20分;初中、高中和大学的加分指标为男生引体向上和1 000米跑,女生一分钟仰卧起坐和800米跑,各指标加分幅度均为10分。

(7)根据学生学年总分评定等级:90.0分及以上为优秀,80.0～89.9分为良好,60.0～79.9分为及格,59.9分及以下为不及格。

(8)每个学生每学年评定一次,记入《〈国家学生体质健康标准〉登记卡》。特殊学制的学校,在填写登记卡时可以按规定和需求相应地增减栏目。学生毕业时的成绩和等级,按毕业当年学年总分的50%与其他学年总分平均得分的50%之和进行评定。

(9)学生测试成绩评定达到良好及以上者,方可参加评优与评奖;成绩达到优秀者,方可获体育奖学分。测试成绩评定不及格者,在本学年度准予补测一次,补测仍不及格,则学年成绩评定为不及格。普通高中、中等职业学校和普通高等学校学生毕业时,《标准》测试的成绩达不到50分者按结业或肄业处理。

(10)学生因病或残疾可向学校提交暂缓或免予执行《标准》的申请,经医疗单位证明,体育教学部门核准,可暂缓或免予执行《标准》,并填写《免予执行〈国家学生体质健康标准〉申请表》,存入学生档案。确实丧失运动能力、被免予执行《标准》的残疾学生,仍可参加评优与评奖,毕业时《标准》成绩需注明免测。

(11)各学校每学年开展覆盖本校各年级学生的《标准》测试工作,《标准》测试数据经当地教育行政部门按要求审核后,通过"中国学生体质健康网"上传至"国家学生体质健康标准数据管理系统"。测试和数据上传时间由教育行政部门确定。

### (二)单项指标与权重

大学各年级学生单项指标与权重见表1-1。

表1-1　　　　　大学各年级学生单项指标与权重

| 测试对象 | 单项指标 | 权重/% |
|---|---|---|
| 大学各年级学生 | 体重指数(BMI) | 15 |
| | 肺活量 | 15 |
| | 50米跑 | 20 |
| | 坐位体前屈 | 10 |
| | 立定跳远 | 10 |
| | 引体向上(男)/一分钟仰卧起坐(女) | 10 |
| | 1 000米跑(男)/800米跑(女) | 20 |

注:体重指数(BMI)=体重/身高的平方(体重的单位为kg,身高的单位为m)。

## 第三节 《国家学生体质健康标准》测试项目的操作方法和锻炼方法

《标准》测试强调的是促进学生身体的正常生长和发育、形态机能的全面协调发展、身体健康素质的全面提高,激励学生主动、自觉地参加经常性的体育锻炼,是"学校教育要树立'健康第一'的指导思想,切实加强学校体育工作"的具体措施。

## 一、《国家学生体质健康标准》测试项目的操作方法

《标准》在具体实施时,需要按照相应的操作方法来进行,具体如下：

### (一) 身高标准体重

身高是反映人体骨骼生长发育和人体纵向高度的主要形态指标。体重是反映人体横向生长和重量的指标。身高标准体重是将身高和体重综合起来,测试值以每厘米身高的体重分布,直接查表就可以判断学生体形的匀称度,体重是否超重,超了多少千克;体重是否过轻或营养不良,轻了多少千克。该指标对于学生形成正确的身体形态观具有非常直观的教育作用。

#### 1. 身高

测试方法:受测者赤足,立正姿势站在调整好的身高计的底板上,上肢自然下垂,足跟并拢,足尖分开约60°,足跟、骶骨部及两肩胛区与立柱相接触,躯干自然挺直,头部正直,两眼平视,耳屏上缘与两眼眶下缘最低点呈水平位。测试人员站在受测者右侧,将水平压板轻轻沿立柱下滑,轻压于受测者头顶。测试人员读数时双眼应与压板水平面等高。记录以厘米为单位,精确到小数点后一位。测试误差不得超过0.5厘米。

注意事项:

(1)严格掌握"三点靠立柱""两点呈水平"的测量姿势要求。测试人员读数时,两眼一定要与压板等高。

(2)水平压板与头部接触时,松紧要适度。

(3)测量身高前,受测者不应进行体育活动和体力劳动。

#### 2. 体重

测试方法:测试时,将秤放在平坦地面上,调整0点至刻度尺水平位。受测者赤足,男性受测者身着短裤,女性受测者身着短裤、短袖衫或背心,站于秤台中央。读数以千克为单位,精确到小数点后一位。电子体重计读显示数值即可。测试误差不超过0.1千克。

注意事项:

(1)测量体重前,受测者不得进行剧烈的体育活动和体力劳动。

(2)受测者站在秤台中央,上、下秤时动作要轻。

(3)每次使用秤时均需校正。测试人员每次读数前都应校对重量,避免差错。

### (二) 肺活量

测试方法:各种肺活量计在每次使用前都必须进行测试检验,仪器误差不得超过3%。使用电子肺活量计时,首先将肺活量计接上电源,按电源开关,肺活量计通电并进入工作状态。测试时,先将口嘴装在叉式管的进气端,受测者手握叉式管,保持导压软管在叉式管上方位置,以免口水或杂物堵住气道,面对肺活量计站立,头部略后仰,尽力深吸气,直至再不能吸气为止;然后将嘴对准口嘴,以中等速度和力度深呼气直至不能呼气为止。此时液晶显示器上显示的数字即为肺活量值。测试两次,选取最大值作为测试结果。记录以毫升为单位,不保留小数。使用桶式肺活量计时,注意待浮筒停稳后再进行读数。

注意事项:

(1)测试前,受测者应了解测试方法和工作要领,可做必要的练习。

(2)受测者吸气和呼气均应充分,呼气不可过猛,并防止从嘴与口嘴接触部位漏气,防止用

鼻呼气。呼气时允许弯腰,但呼气开始后不得再吸气。测试人员应注意观察,防止因呼吸不充分、漏气或再吸气影响测试结果。

### (三)50米跑

测试方法:受测者至少两人一组测试,站立式起跑。受测者听到"跑"的口令后开始起跑。发令员在发出口令同时要摆动发令旗。计时员视旗动开表计时,当受测者躯干到达终点线的垂直面时停表。记录以秒为单位,精确到0.1秒。

注意事项:

(1)受测者测试时最好穿运动鞋,不得穿钉鞋、皮鞋或塑料鞋。

(2)发现有抢跑者,要当即召回重跑。

(3)遇风时一律顺风跑。

### (四)立定跳远

测试方法:受测者两脚自然分开站立于起跳线后,脚尖不得踩线,然后两脚原地同时起跳,不得有垫步或连跳动作。丈量起跳线后缘至最近着地点后缘的垂直距离。每人试跳三次,记录其中最好一次成绩。记录以厘米为单位,不计小数。

注意事项:

(1)发现犯规时,此次成绩无效。三次试跳均无成绩者,再跳至取得成绩为止。

(2)可以赤足,但不得穿钉鞋、皮鞋或塑料鞋测试。

### (五)坐位体前屈

测试方法:受测者上体垂直坐,两腿并拢伸直,两脚平蹬测试纵板,两脚尖分开10~15厘米,上体前屈,两臂伸直向前,用两手指尖轻轻地向前推动游标,直至不能前推为止,保持这一姿势三秒。测量三次,取最大值,记录以厘米为单位,数值精确到小数点后一位。

注意事项:

(1)测试前应做短时间的热身活动。

(2)测试中动作要缓慢,以避免受伤。

(3)身体前屈,两臂向前推游标时,两臂用力要均匀,两腿不能弯曲。

### (六)1 000米跑(男)/800米跑(女)

测试方法:受测者至少两人一组进行测试,站立式起跑。受测者听到"跑"的口令后起跑。发令员在发出口令同时要摆动发令旗。计时员视旗动开表计时,当受测者躯干到达终点线的垂直面时停表。记录以秒为单位,精确到0.1秒。

注意事项:

(1)受测者测试时最好穿运动鞋或平底布鞋,但不得穿钉鞋、皮鞋或塑料鞋。

(2)发现有抢跑者,要当即召回重跑。

(3)遇风时一律顺风跑。

### (七)仰卧起坐(女)

测试方法:受测者全身仰卧于垫上,两腿稍分开,屈膝90°左右,两手手指交叉贴于脑后。另一同伴压住其踝关节,固定下肢。受测者起坐时,两肘触及或超过双膝为完成一次。仰卧时两肩胛骨必须触垫。测试人员发出"开始"口令的同时开表计时,记录一分钟内完成的次数。一分钟到时,受测者虽已坐起但肘关节未达到双膝者不计该次数,精确到个位。

注意事项：
(1)如发现受测者借用肘部撑垫或臀部起落的力量起坐时，该次不计数。
(2)测试过程中，观测人员应向受测者报数。
(3)受测者双脚必须放于垫上。

### (八)引体向上(男)

测试方法：受测者面向单杠，自然站立，然后向后摆动双臂，跳起，双手分开与肩同宽，正握杠，身体呈直臂悬垂姿势。待身体停止晃动后，两臂同时用力，向上引体(身体不能有任何附加动作)。当下颌超过横杠上缘时，还原，呈直臂悬垂姿势，此为完成一次。

测试人员记录受测者完成的次数。记录以次为单位。

注意事项：
(1)若受测者身高较矮，不能自己跳起握杆时，测试人员可以提供帮助。
(2)测试时，受测者要保持身体挺直，不得屈膝、挺腹等。若受测者借助身体摆动或其他附加动作完成引体，该次不计数。
(3)测试时应有相应的保护措施，防止伤害事故的发生。
(4)下降过程身体不能猛然放松，身体要稍微紧张，双脚在此时应迅速向前伸(幅度不要过大，以免造成违规)。

## 二、《国家学生体质健康标准》测试项目的锻炼方法

《标准》测试项目的主要锻炼方法如下：

### (一)肺活量

肺活量是指在不限时间的情况下，一次最大吸气后再尽最大力量所呼出的气体量。肺活量是反映人体生长发育水平的重要机能指标之一。

锻炼方法：经常运动的人比不经常运动的人的肺活量要大，他们的呼吸次数、呼吸深度、肺活量和肺通气量这4个指标都会出现良好的变化。长跑、游泳、健美操、跳绳、跑楼梯、上下台阶、长距离竞走、篮球和足球等项目都是提高人体肺活量的有效方法。

### (二)50米跑

50米跑是国际上通用的测试项目，通过较短距离的高强度跑测试速度素质。

速度素质可以反映人体中枢神经系统的机能状态和神经与肌肉的调节机能，也可以综合地反映人体的爆发力、灵敏和柔韧等素质。

锻炼方法：
(1)小步跑。体会前脚掌快速扒地的动作，上下肢放松协调配合。
(2)高抬腿跑。提高大腿抬高的幅度，增强腿部力量和动作频率。
(3)后蹬跑。纠正后蹬用力不充分和"坐着跑"等缺点，增强腿部力量。
(4)小步跑转入加速跑，50~60米。
(5)高抬腿跑转入快速跑，50~60米。
(6)后蹬腿跑转入快速跑，50~60米。
(7)顶风跑、顺风跑、上坡跑、下坡跑。
(8)30米、50米计时跑。
(9)重复跑60~80米。以中等速度反复练习。

此外，还可采用负重练习，以增强腿部力量。方法参照立定跳远项目的锻炼方法。

### （三）立定跳远

立定跳远是发展下肢肌肉力量、腰腹力量、协调性及跳跃能力的指标之一，是测试爆发力的项目。爆发力要求在最短时间内发挥最大的力量。爆发力不仅取决于力量，而且取决于力量和速度的结合。它在人们的日常生活、劳动中有重要的意义和作用。

锻炼方法：采用各种跳跃练习及负重练习，能够有效地发展腿部肌肉力量和肌肉速度，提高弹跳能力。

(1)深蹲跳。全蹲下去，双脚同时用力向上跳起，连续做。

(2)单脚跳。用左脚连续向上或向前跳一定的次数，再换右脚做连续跳。

(3)多级跨步跳。连续以最少的步数，跨出最远的距离。

(4)多级蛙跳。屈膝半蹲，上体稍前倾，双脚同时用力蹬地，充分伸直髋、膝、踝三关节，同时两臂迅速上摆。身体向前跃出，双腿屈膝落地缓冲后再接着向前跳。

(5)跳台阶。原地双脚起跳，跃上台阶或其他物体，然后再跳下，反复进行。

(6)跳绳。各种方式的跳绳练习。

(7)身体负重跳。肩负沙包、腰和腿绑沙袋、身穿沙衣等做各种跳跃练习。

### （四）坐位体前屈

坐位体前屈是反映人体柔韧性的测试项目。柔韧是指人体完成动作时，关节、肌肉、肌腱和韧带的伸展能力。一个人的韧性程度越好，其关节的活动幅度就越大，关节灵活性就越强。

柔韧素质与健康的关系极为密切。柔韧性的提高，对增强身体的协调能力，更好地发挥力量、速度等素质，提高技能和技术，防止运动创伤等都有积极的作用。

锻炼方法：

(1)正压腿。一腿直立，另一腿举起放于高度适当的高物上，身体正对高腿，上体向前尽量用胸部贴腿，双膝不得弯曲，还原后连续再做。

(2)侧压腿。一腿直立，另一腿举起放于高度适当的高物上，身体侧对高腿，上体尽量侧屈，用头的一侧贴腿。不要前倾或后仰，还原后连续再做。

(3)正踢腿。直立，两臂平举，左脚向前迈出一小步，右脚绷脚面，右腿休直，急速有力地向上踢，落下时要有控制。两腿交替练习。

(4)并腿体前屈。两腿并立，上体前屈，两手触地，上体与腿尽量贴近，还原后连续再做。

(5)两腿左右开立，大于肩宽，上体前屈，臀部自然后移，双膝伸直，两手先向左腿外侧摸地面，还原后再向右腿外侧摸地面，连续做。

(6)双腿伸直坐于垫上或床上，上体前屈，两臂向前伸，尽力用双手触脚尖，膝关节不得弯曲，还原后连续再做。

### （五）1 000米跑（男）/800米跑（女）

1 000米跑、800米跑项目，既测试有氧耐力水平，也测试无氧耐力水平。由于耐力是衡量人的体质健康状况和劳动工作能力的基本因素之一，是从事各项运动必不可少的一种运动素质，因此，测试耐力水平对于评价学生的体质健康状况有着非常重要的意义。

长跑测验既可以反映肌肉耐力，又可以反映心肺功能，测试方法简单易行，具有其他测验项目不可替代的作用。更为重要的是，《标准》把长跑测试作为一种手段，可以引导学生更多地关注自己的耐力和心肺功能，主动积极地参加长跑等体育锻炼，发展体能，增强耐力，提高体质健康水平。

锻炼方法：

(1)匀速跑800～1 500米。全程以均匀的速度跑完。

(2)中速跑500～1 000米。要求全程轻松自然,动作协调,迈开步子。

(3)重复跑。反复跑几个段落,如200米、400米或800米等,中间休息时间较长。跑步的距离、重复次数、速度、强度可根据自己的情况而定,发展速度耐力。

(4)加速跑60～80米。同样的距离反复跑,中间有较短的间歇。

(5)变速跑1 500～2 500米。要求快跑与慢跑结合,如采用100米慢跑、100米快跑或100米慢跑、200米快跑等交替进行的方法,发展速度耐力。

(6)越野跑。利用自然地形条件进行练习,如在田野或山坡上进行跑步练习,可以发展耐力、灵敏、弹跳等素质。

(7)跑台阶、跑楼梯练习。

### (六)仰卧起坐(女)

仰卧起坐是测试腹肌力量和耐力的一个项目。测试方法简单易行,多年来在学校体育的锻炼和测验中受到重视。

锻炼方法：

**1. 垫上练习**

(1)直腿仰卧起坐。仰卧于垫上,双腿并拢伸直,两臂上举。上腹用力,使上体坐起,两臂前伸用手触脚。还原后连续做。

(2)仰卧团身。两手上举仰卧于垫上,双腿并拢屈膝,大小腿呈90°。收腹起上身,同时双膝往上提,臀部随之离地,两臂抱腿,头尽量碰膝,仅腰部贴地。还原后再连续做。

(3)左右交替仰卧起坐。两手抱头仰卧于垫上,双腿屈膝大于90°。左膝上提,同时收腹夹肘起上身,尽力用右肘碰左膝。还原后,右膝上提,同时收腹夹肘起上身,尽量用左肘碰右膝。连续做。

(4)仰卧举腿。直体仰卧于垫上,两手抓垫,连续做向上直腿举腿动作。

**2. 垫上负重和其他器械练习**

(1)斜板仰卧起坐。两臂上举,仰卧在稍有高度的斜板上,脚朝上,头朝下,将双脚固定。当上身起坐时,两手尽量往脚尖伸去。还原后连续做。

(2)支撑举腿。两臂伸直,支撑在双杠或其他物体上,身体保持正直,双腿并拢后,快速收腹举腿,使大腿与上体呈90°,保持几秒后,还原再做。

(3)悬垂举腿。双手正握单杠或肋木(背向肋木)呈悬垂,双腿伸直,最大限度地向上举起、还原再做。

(4)仰卧双腿举重物。仰卧于垫上,双手抓住固定物体。双脚夹重物或踝关节绑沙袋向上举起后放下。连续做数次。

(5)负重仰卧起坐。仰卧于垫上,双腿伸直,双手在头后持重物。腹肌迅速收缩,使上体坐起并前屈,然后再慢慢还原。反复练习。

### (七)引体向上(男)

引体向上主要测试上肢肌肉力量的发展水平。引体向上是最基本的锻炼背部肌肉的方法,也是衡量男性体质的重要测试项目。

引体向上要求男性有一定的握力、上肢力量和肩带力量,这个力量必须能克服自身的体重才能完成一次。引体向上是一种力量耐力项目,对发展上肢悬垂力量、肩带力量和握力有重要作用。它以按动作规格完成的次数来计算成绩,做得多则成绩好。

锻炼方法:在练习引体向上时,一般每次3～5组,每组8～12次,组间休息一分钟左右。也可以在做第一组时做到几乎竭尽全力(无论是3个还是4个)。然后再做两组,每组尽力而为,能做多少做多少。下次再做时,尝试每组多做一两个。

当引体向上每组次数超过12次时,即可考虑负重练习。一般要做3～8组,每组8～12次,组间休息1～2分钟。休息时间长短因人而异。还可按照规定次数做,如第一组采用顶峰收缩法做8次,有余力也不多做,组间休息一分钟,第二组也按规定做8次,直至最后几组,用尽全力,即便借助外力,动作不太规范,也要完成规定的8次,总共做50次左右。

# 第三章 体育锻炼的理论基础

学生在掌握运动技能的同时,也需要掌握必需的运动心理知识、体育健康知识、体育教育理论等内容。这些理论知识的掌握,能够提升学生自我锻炼的水平,使他们对自己的健康状况、锻炼效果做出准确的评价,从而增强体育锻炼的兴趣和信心。

## 第一节 体育锻炼的生理学基础

运动的主体是人体,生命在于科学地运动,因此,大学生有必要了解人体的结构、功能及其与运动的关系。人体由运动系统、消化系统、呼吸系统、泌尿系统、心血管系统、神经系统、内分泌系统、生殖系统和感受器官构成。在人生的不同时期,在不同的环境条件下,选择不同的运动项目、不同的运动方式和不同的运动方案,对人体各器官系统产生的效果不同。了解人体各器官系统的结构与功能,了解运动对人体器官系统的正、负面影响,根据人体不同发展时期的特点,科学地从事运动是终身健康的基本前提与保障。

### 一、运动系统与运动

运动系统主要的功能是运动。简单的移位和高级活动如语言、书写等,都是由骨、骨关节和骨骼肌实现的。运动系统的第二个功能是支持。其构成人体基本形态,头、颈、胸、腹、四肢,维持体姿。运动系统的第三个功能是保护。骨、骨关节和骨骼肌形成了多个体腔,如颅腔、胸腔、腹腔和盆腔,保护脏器。

从运动角度看,骨是被动部分,骨骼肌是动力部分,关节是运动的枢纽。能在体表看到或摸到的一些骨的突起或肌的隆起,称为体表标志。它们对于定位体内的器官、结构等具有标志性意义。

#### (一)运动系统的构成

运动系统由骨、骨关节和骨骼肌组成。在神经支配下,肌肉收缩,牵拉其所附着的骨,以可动的骨关节为枢纽,产生杠杆运动。

**1. 骨**

(1)骨的形态与结构。正常人体共有 206 块骨,根据形态可分为长骨、短骨、扁骨和不规则骨。骨由骨膜、骨质和骨髓构成。骨膜上有血管和神经,有营养和感觉的功能。骨质可分为骨密质和骨松质。骨髓可分为红骨髓和黄骨髓,红骨髓具有造血功能。

(2)骨的理化特性。成人骨中的有机物约占骨重量的1/3,主要成分是骨胶原纤维和黏多糖蛋白。有机物使骨具有一定的弹性和韧性。成人骨中的无机物约占骨重量的 2/3,主要成分是磷酸钙、碳酸钙,它们沉积在骨胶原纤维的周围。无机物使骨具有很大的硬度。

骨在运动中充当杠杆的角色,具有支持体重、保护器官、造血等功能。此外,骨也是体内最大的钙、磷储存库。

(3)骨龄。骨龄指骺及小骨骨化中心出现的年龄以及骺与骨干的愈合年龄。

测量骨龄可以预测身高,了解、评价儿童青少年生长发育的情况与规律。在参加全国中小学生的某些比赛时,小运动员通常需要拍一个手骨的X线片,为运动会的主办单位提供判断运动员年龄的依据。

**2. 关节**

骨与骨之间借结缔组织相连接,形成骨连接。其中,活动性较大的骨连接称为关节。

(1)关节结构。关节包括关节面、关节囊和关节腔等基本结构,还包括关节内外的韧带、关节内软骨等各种辅助结构。

(2)关节类型。人体有球窝、平面、椭圆、鞍状、滑车、车轴等各种类型的关节,不同类型的关节可以完成不同的运动。

(3)关节的运动。关节可以完成屈伸、外展内收、旋转和环转等多种运动。

**3. 骨骼肌**

(1)骨骼肌的结构与功能。骨骼肌由中部的肌腹(骨骼肌细胞)和两端的肌腱(排列紧密胶原纤维)构成,里面有丰富的血管和神经。

骨骼肌是人体运动的动力来源,通过骨骼肌的收缩与舒张,可引起其附着的骨以关节为支点进行运动。骨骼肌的收缩与舒张,对血管具有按摩作用,可以促进血液循环。骨骼肌除具有一般感觉功能外,还具有本体感觉功能,能感受肌肉收缩时长度与力量的变化,及时调整运动动作。

(2)人体运动的主要肌群。

运动肩胛骨的肌群:主要有位于胸前外侧的前锯肌、胸小肌和位于颈背部的斜方肌。

运动肩关节的肌群:屈肌群主要有胸大肌、三角肌前部、肱二头肌等胸、肩部肌群和上臂前肌群,伸肌群主要有背阔肌、三角肌后部、肱三头肌等肩、背部肌群和上臂后肌群。

运动肘关节的肌群:屈肌群主要有肱肌、肱二头肌、肱桡肌等上臂肌群和前臂前肌群,伸肌群主要有肱三头肌和肘肌等上臂后肌群。

运动腕关节的肌群:屈肌群主要有前臂前肌群,伸肌群主要有前臂后肌群。

运动髋关节的肌群:屈肌群主要有髂腰肌、股直肌、缝匠肌等骨盆与大腿前肌群,伸肌群主要有臀大肌、股后肌群等骨盆后外侧与大腿后肌群。

运动膝关节的肌群:屈肌群主要有股后肌群和小腿三头肌等小腿后肌群,伸肌群主要有股四头肌。

运动足关节的肌群:屈肌群主要有小腿三头肌等小腿后肌群,伸肌群主要有胫骨前肌等小腿前肌群。

运动脊柱的肌群:屈肌群主要有胸锁乳突肌、腹肌等,伸肌群主要有斜方肌、竖脊肌、臀大肌等。

(3)肌肉的物理特性。肌肉的物理特性包括伸展性与弹性以及黏滞性等。伸展性是指在外力作用下,肌肉可以被伸展拉长的特性;弹性是指除去外力后可恢复原长度的特性。肌肉伸展性越好,关节运动幅度越大。肌肉弹性好,收缩时的弹性回缩力越大,肌肉的力量越大。

黏滞性指肌肉收缩与舒张时,肌纤维内部分子间因摩擦产生的阻力。肌肉的黏滞性大,工作时易拉伤,且妨碍肌肉的快速收缩与舒张。黏滞性受温度影响,温度升高,黏滞性降低,肌肉的收缩速度快,且不易拉伤。因此,运动前应做好充分的准备活动,使体温升高,以降低肌肉的黏滞性。

### (二)体育锻炼对运动系统的影响

经常进行合理的体育锻炼,除能学习和掌握运动的技能之外,还能提高人体器官的机能,对运动系统起到重要的作用,使得人体能够适应自然和社会环境的变化,并且有利于身心健康。

**1. 体育锻炼对骨的影响**

(1)促进骨的生长发育。在运动过程中,骨承受各种运动负荷的刺激,可促使骺软骨细胞增殖,有利于骨的增长;在运动过程中,血液循环加快,可保证骨的营养供给,促进新陈代谢,从而促进骨的生长发育;在进行户外运动时,阳光中紫外线的照射,可使人体皮肤内的部分胆固醇转化为维生素D,有助于人体对钙的吸收,这对儿童青少年骨骼的生长发育特别有帮助。

(2)使骨增粗。经常参加体育锻炼的人,骨表面的隆起更为显著,骨密质增厚,管状骨增粗,骨小梁分布更符合力学规律。

(3)提高骨的机械性能。经常参与体育运动,可使骨在形态结构方面获得良好变化,使骨的抗压、弯,抗折断和抗扭转等机械性能得到提高。如一般人股骨仅能承受236~400千克的重量,而运动员的股骨能承受700千克以上的重量。

(4)不良运动对骨的负面影响。持续、过量的运动负荷,可能会使骨骼疲劳,形成疲劳性骨折;过早地从事大强度负重练习,可能会使骨过早钙化,影响骨的正常发育。

**2. 体育锻炼对关节的影响**

(1)增强关节的稳固性。经常运动,可使关节周围的肌肉力量增强,关节软骨和关节囊增厚,韧带增粗,关节的稳固性增强。

(2)增大关节的运动幅度,提高灵活性。经常参与运动锻炼,可在肌肉力量增强的同时提高伸展性,从而使关节的运动幅度增大、灵活性提高。

(3)不良运动对关节的负面影响。冲击性过大、持续时间过长的运动,可能会造成关节软骨的损伤;运动幅度过大、准备活动不充分或动作不合理,可能会造成关节周围软组织的损伤。

**3. 体育锻炼对骨骼肌的影响**

(1)肌肉体积增大,重量增加,肌力增大,脂肪减少。经常参加体育运动者,肌肉体积显著增大,这种增大常以肢体的围度作为评定指标。线粒体是细胞中进行有氧氧化供能的结构,系统地进行有氧运动者,肌肉中线粒体数量增多、体积增大。线粒体的增加,可为肌肉收缩提供更多的能量以适应耐力项目等有氧训练的需要。有氧运动可使肌纤维中的脂肪和肌膜上的脂肪相应减少,脂肪的减少可使肌肉收缩时的黏滞阻力变小,肌肉的收缩效率可相应提高。

(2)肌肉中毛细血管数量及其分支吻合增多。经常参与运动锻炼,可使肌肉中毛细血管的数量增多,肌肉的血液供给得到改善;静力性负荷练习可使肌肉中毛细血管行程迂曲,分支吻合丰富,毛细血管吻合处出现膨胀状;动力性负荷练习可促使毛细血管分支吻合增多。

(3)肌肉的结缔组织增厚。在运动过程中,肌肉收缩的反复牵引能促使肌腱和韧带增厚,肌外膜、肌束膜和肌内膜也会增厚,肌肉变得坚实,抗张强度提高,从而增强肌肉的抗断(拉伸)能力。

(4)肌肉的化学成分发生变化。肌球蛋白和肌动蛋白是肌肉收缩的基本物质。经常进行运动,能增加肌肉中的肌球蛋白和肌动蛋白,提高肌肉的收缩能力;可使肌红蛋白增加,酶活性提高,氧化供能的能力增强;可使肌糖原含量增加,使肌肉储能能力提高。

(5)不良运动对骨骼肌的负面影响。运动幅度过大、准备活动不充分或动作不合理都可能造成肌肉拉伤;从事不适应的运动或运动中肌肉以离心收缩为主,则会出现肌肉酸痛的现象。

## 二、呼吸系统与运动

首先,锻炼可以提高肺部的肺活量,增强肺组织的弹性,从而改善气体交换效率。其次,适度的锻炼可以增强心血管系统的功能,提高心脏的泵血效率,进而增加氧气输送到身体各个组织的能力。最后,最重要的是,体育锻炼可以促进身体代谢,降低体重,从而减轻肺部负担,降低患上呼吸系统疾病的风险。

### (一)呼吸系统的组成与功能

呼吸系统由呼吸道与肺组成。呼吸道包括鼻、咽、喉、气管和支气管,主要功能是运输气体;肺的功能是进行气体交换。

#### 1. 呼吸道

呼吸道各器官的内腔面由具有纤毛的上皮构成,形成呼吸的第一道屏障,具有湿润、加温和净化空气的功能。

#### 2. 肺

肺位于胸腔内,呈圆锥形,上部是肺尖,下部是肺底。肺由 50~80 个肺小叶组成。肺泡与肺泡周围毛细血管之间有气血屏障,可限制细菌、异物进入血液。

### (二)运动对呼吸系统的影响

呼吸系统是人体氧气供应和废物排出的重要通道,而体育锻炼则对呼吸系统有着积极的影响。

#### 1. 长期坚持合理运动的正面影响

(1)呼吸肌得到发展,胸围加大,呼吸深度加大。

(2)安静时的呼吸次数减少,肺活量增大,肺通气量增大。

(3)组织利用氧的能力增大,能适应和满足运动对呼吸系统的需求。

#### 2. 过量运动的负面影响

研究表明,随着负荷的增加,呼吸膜的厚度会发生从正常到增厚,再到变薄,最后破裂的变化过程,使呼吸膜失去呼吸作用。

## 三、心血管系统与运动

越来越多的证据表明,运动训练可以预防和治疗心脏疾病,改善心脏功能。

### (一)心血管系统的组成与功能

心血管系统由心脏与血管组成,在人体内构成一个封闭的管道系统,具有运输氧、营养、激素等物质到组织器官,将组织器官在代谢中产生的二氧化碳、废物排出体外的功能。

### 1. 心脏
心脏是血液循环的动力器官。通过心脏的舒缩推动,血液在心血管系统中周而复始地流动。

### 2. 动脉
动脉是运送血液离心的血管。动脉自心脏发出,经反复分支,血管口径逐步变小,数目逐渐增多,最后分布到全身各组织内,成为毛细血管。

### 3. 静脉
静脉是引导血液回心的血管。静脉在其行进中逐步汇集成为大的静脉,进入心房。

### 4. 毛细血管
毛细血管是连接小动脉与小静脉之间的微细血管,是血液与组织之间进行物质交换的场所。

## (二)血液循环
血液循环是指血液从心脏出发,经动脉及其分支到达全身各组织器官的毛细血管进行物质与气体交换后,经各级静脉返回心脏的周而复始的流动过程,包括体循环与肺循环。

### 1. 体循环
体循环指心脏与全身各组织器官之间的血液循环,血液在毛细血管处完成与组织之间的物质与气体交换。

### 2. 肺循环
肺循环指心脏与肺之间进行的血液循环,肺部毛细血管中的二氧化碳与肺泡中的氧气进行交换,使静脉血变成动脉血运回心脏。

## (三)运动对心血管系统的影响
经常从事体育运动的人,心血管系统会获得良好的发展,表现为心脏动员快、效率高、储备大、恢复快,血管的弹性好,缓冲血压的能力强。

### 1. 动员快
在比赛或运动开始时,经常运动的人,心脏能很快地通过心收缩力的增加和心跳的加快适应运动的需要。

### 2. 效率高
在进行相同负荷量的运动时,经常运动的人心脏的反应小,能以较少的心跳次数保证运动的需要,在负荷增大时,能更大限度地动用心力储备。

### 3. 储备大
(1)心肌收缩能力储备。经常从事力量项目训练的人,心肌纤维增粗,心肌层增厚,心肌收缩力增强;经常从事耐力项目训练的人,心腔容积扩大,心舒期回心血量增多,心缩力增强,每搏输出量较不运动的人大。

(2)心力储备。经常从事有氧运动的人,安静时的心率会降低,运动时心率上升的幅度增大,心力储备大。

### 4. 恢复快
运动结束后,经常从事运动的人心率能很快恢复至安静时的水平。

### 5. 对血管的影响
(1)动脉。动物实验表明,运动使动脉管壁的中膜增厚,平滑肌细胞(中动脉)、弹性纤维

(大动脉)增多,口径增粗。

(2)毛细血管。运动可使毛细血管数量增加,行程迂曲,分支吻合增加,有利于器官的供血。

#### 6. 大运动负荷或超大运动负荷的影响

超大负荷的过度运动会造成心肌纤维中线粒体损伤,供能不良。此外,还会造成肌节变长或变短,肌丝断裂,心肌收缩力下降,出现一系列不良反应。但以健康为目的的适量运动,通常不会达到损伤心血管的程度。

### 四、神经系统与运动

人体动作主要是通过人体的三个系统(神经系统、骨骼系统和肌肉系统)的功能性整合来实现的。神经、肌肉和关节必须协同工作,或互相联系(形成链条),才能做出某种人体动作。这三个系统也被称为动力链。如果有一个系统不能正常运转,那么势必会影响其他系统的工作,最终影响人体动作的完成。

#### (一)神经系统的组成与功能

神经系统由中枢神经系统与周围神经系统组成。中枢神经系统包括位于颅腔的脑和位于椎管的脊髓;周围神经系统包括与脑相连的12对脑神经和与脊髓相连的31对脊神经。

(1)协调各器官系统的功能活动。神经系统借助感受器,接受体内、外各种刺激,引起人体产生各种相应的反应,并能协调各器官系统的活动,使人体成为完整的有机体。

(2)提高人体的适应能力。神经系统使人体能适应内、外环境的变化,并能有效、最大限度地改造自然环境。

(3)语言文字与抽象思维。在人类进化过程中,随着生产劳动、语言文字和社会生活实践的进行,人类的大脑皮质高度发展,不仅能适应客观环境,还能主动地认识和改造客观世界,使之为人类服务。

#### (二)反射与反射弧

反射是指机体对内外刺激有规律的反应,反射弧是指执行反射活动的特定神经结构。

#### 1. 反射

反射是神经系统的基本活动方式,是指在中枢神经系统的参与下,机体对内、外环境变化的刺激产生的有规律的应答反应。它可分为先天由种族遗传的非条件反射和后天在个体生活中获得的条件反射两类。

#### 2. 反射弧

反射弧是完成反射活动的结构基础,包括感受器、传入神经、神经中枢、传出神经和效应器五部分。

#### (三)运动对神经系统的影响

体育运动对神经系统的影响主要有改善神经系统的功能、发育、调节能力、休息,以及提高脑血液循环和氧气供应。体育运动可以促进神经系统的良好发育,提高神经系统的工作效率,增强抵抗疾病和刺激的能力,以适应外界环境的变化。

#### 1. 神经元形态结构的改变

运动时,多种感受器接受刺激,使感觉中枢接收的信息增多。同时,运动中枢也不断地发出大量的信息支配肌肉活动。经常参加运动,在大量传入与传出信息的作用下,中枢神经元会发生形态结构的改变。由于血液循环改善,神经元得到充分的营养和氧供给,这为神经元形态结构的改变提供了物质基础。

**2. 提高神经系统的灵活性与均衡性**

人体的各种运动动作都是在神经系统的支配下完成的。在完成短时间周期性运动项目(如短跑)的过程中,神经中枢的兴奋与抑制快速交替进行,动作的频率越快,神经系统的灵活性越高。在完成长时间周期性运动项目(如长跑)的过程中,神经中枢长时间保持兴奋与抑制交替,提高了神经过程的均衡性。

## 五、能量供应与运动

体育锻炼所需要的能量来自营养物质的化学能。但营养物质不能直接为细胞提供能量,它储存的能量必须经过释放,转变成含有高能磷酸键的化合物后才能被细胞利用。人体内只有三磷酸腺苷(ATP)可以作为肌肉收缩的直接能源。ATP 的含量很少,依靠肌肉的 ATP 做功只能维持 1 秒左右,因此,只有不停地合成 ATP 才能满足肌肉收缩的需要。在进行体育锻炼时,体内代谢过程大大加强,能量消耗增加,各器官系统功能增强。为保持运动的持续性,人的机体还需要其他的供能方式。人体内有两种方式可以合成 ATP:一种是在无氧条件下产生 ATP,称为无氧供能;另一种需要氧的参与,称为有氧供能。

### (一)无氧供能

无氧供能包括在无氧或氧供应不足情况下高能磷酸化合物(ATP 和磷酸肌酸)分解供能及糖酵解供能,前者称为非乳酸能,后者称为乳酸能。

非乳酸供能是指运动开始时,所有能量都由 ATP 和磷酸肌酸(CP)供给。ATP 和 CP 的分解不需要氧也不产生乳酸。磷酸肌酸是由肌酸合成的高能磷酸化合物,存在于肌质中,含量是 ATP 的数倍,CP 在酶的作用下可迅速分解,使二磷酸腺苷(ADP)合成 ATP。非乳酸供能是短时间、大强度运动的主要供能方式。

乳酸供能是指由肌糖原或葡萄糖分解为乳酸时放出的能量由 ADP 接受,合成 ATP 的供能方式。乳酸供能产生乳酸,乳酸的积累可导致疲劳。乳酸供能是速度耐力等体能的基础,人在从事时间较长、运动强度大的身体活动时,乳酸供能比例较大。

### (二)有氧供能

在氧供应充足的条件下,糖类(葡萄糖或肌糖原)和脂肪被氧化成二氧化碳和水,并释放出大量的能量,这一过程被称为有氧供能。有氧供能释放出大量的能量,供 ADP 再合成 ATP。除糖类和脂肪可氧化供能外,蛋白质也可氧化供能,但比例较小。运动初期,糖是主要的供能物质,随着时间的延长和脂肪供能比例的增加,蛋白质也参与供能。有氧供能是耐力运动的基础。

无氧供能和有氧供能是人体在不同运动强度下,根据需氧量的不同,所表现出的两种供能方式,二者紧密相连,不可分割,只是比例有所不同而已。如持续时间在 10 秒以内的最大强度运动几乎完全依靠无氧供能;持续几十分钟甚至几小时的运动,有氧供能占主导地位;而在 800 米跑中,有氧供能和无氧供能的比例相差不大。

### (三)能源物质的消耗与补充

人体运动时直接消耗 ATP,但最终却是消耗糖、脂肪和蛋白质。

#### 1. 糖和脂肪的供能特点

糖和脂肪是运动中合成 ATP 的主要来源,但由于运动持续时间、强度,以及糖和脂肪供能特点的不同,所消耗(能量物质)的比例也不相同。因为糖可以进行无氧酵解和有氧代谢,而脂肪仅能进行有氧代谢。正是这一特点,使不同运动中二者的供能比例不同。例如,运动初期或时间短、强度大的运动,主要是消耗糖,因为这时主要是无氧代谢过程;而时间长、强度较小的运动,脂肪的消耗(供能)比例增加(马拉松跑等长时间持续运动的后期,约有 80% 的 ATP 来源于脂肪的氧化),蛋白质也将参与供能。因此,要消耗体内的脂肪,应进行强度不大,但持续时间较长的运动,才能达到效果。

#### 2. 运动后能量物质的恢复

运动时,体内代谢过程加强,以不断满足运动时能量的需要,运动中及运动停止后,能量物质需要不断进行补充与恢复。能量物质的恢复过程大致可分为以下三个阶段:

第一阶段:在运动进行当中,恢复过程就已开始。这时机体一边进行锻炼消耗,一边进行能量物质的恢复补充,但由于锻炼中消耗多,此时的恢复跟不上消耗的量,因此能量物质储备逐渐下降。

第二阶段:运动结束后,此时体内能量物质消耗逐渐减少,而恢复过程却不断加强,锻炼中消耗的能量物质不断得到补充,直至补充到锻炼前的水平。

第三阶段:超量恢复阶段,即能量物质恢复到原水平时并未停止,而是继续恢复补充。运动后的一段时间,能量物质的恢复可超过原来储备的水平,比锻炼前能量物质的储备量还要多。超量恢复是对未来重复较大运动负荷时能源物质再次耗尽的一种预防性保护机制。一段时间后,能量物质的储备又回到原来水平。

## 第二节 体育锻炼的心理学基础

随着经济的发展和大众生活水平的提高,体育锻炼已经走进了大众生活。心理学在体育锻炼中的重要性不言而喻,特别是运动员的体验绝对称得上是最有说服力的证据。对于那些技术水平已经到达世界一流水准的运动员,在竞争冠军的最后对决中,选手之间的技术水准不相上下,彼此的差异只在毫厘之间,因此最终决定高手之间胜负的关键因素就是临场发挥。换句话说,谁能把自己的心理状态调控到一个最佳水准,谁就拥有更大的胜机。

### 一、心理发展的一般规律

一个自然人从出生、成熟至衰老,其心理状况都在发展与变化之中,这种发展变化表现为从简单到复杂的心理转化和从低级到高级的心理演进。青少年心理发展变化具有明显的阶段性特点,表现出分阶段的由数量积累到质量转化的过程。美国心理学家埃里克森(Erikson)根据其丰富的临床诊断经验,按照个性发展各时期主要矛盾的出现,把人生个性发展分为八个阶段(表 3-1)。

表 3-1　　　　　　　　　埃里克森的心理发展阶段理论

| 阶段 | 年龄 | 心理-社会转变期的矛盾 |
| --- | --- | --- |
| 一 | 婴儿期(0～1.5岁) | 基本信任和不信任的心理冲突 |
| 二 | 儿童期(1.5～3岁) | 自主与害羞(或怀疑)的冲突 |
| 三 | 学龄初期(3～6岁) | 主动和内疚的冲突 |
| 四 | 学龄期(6～12岁) | 勤奋和自卑的冲突 |
| 五 | 青春期(12～18岁) | 自我同一性和角色混乱的冲突 |
| 六 | 成年早期(18～25岁) | 亲密和孤独的冲突 |
| 七 | 成年期(25～65岁) | 生育和自我专注的冲突 |
| 八 | 成熟期(65岁以上) | 自我调整和绝望的冲突 |

这八个心理发展阶段相互联系、相互影响、相互促进、相互制约,如果某一个发展阶段出现问题,就会影响到下一个阶段的发展变化,轻则产生心理障碍,重则出现行为偏离。埃里克森关于心理、社会发展的理论,将人类心理发展划分为八个阶段的学说,是心理动力学的代表作,具有较高的参考价值。这里选择跟大学生年龄特点相关的青春期(12～18岁)和成年早期(18～25岁)两个阶段进行探讨。

### (一)青春期阶段的心理特点

青春期阶段是12～18岁。这个阶段的特征是个体有了统一感、个性感、差异感,即对自己和别人已经形成了一个完整统一的认识,但又有弥散性的"自我"角色和个性的不确定性;逻辑思维能力明显增强,知其然,更想知其所以然;学习动作技能侧重于对"概念"的理解。这个阶段的典型特征是"角色延缓",他们尝试充当各种角色,但是,还没有等他们懂得这些角色的内涵时,一切又很快地过去了。这个时期,环境、人际交往、良性或不良刺激都将对人的一生产生决定性的影响。

### (二)成年早期阶段的心理特点

成年早期阶段是18～25岁。从学习年龄上说,这一阶段是大学学习期并开始走向社会的阶段。这个阶段的特征是心理上需要与他人建立亲密的交流,其中包括对异性的亲近感,既需要朋友的友谊,又渴望爱与被爱。他们在学有所成的基础上,开始考虑自己的恋爱婚姻问题,考虑自己毕业后的社会定位问题等。这一阶段会出现极其复杂的心理变化,自然会产生许多的矛盾。这一阶段常会出现烦恼和孤独感,大学生经常出现两极分化现象,即有的学生性格开朗,喜交朋友,推崇团队活动;而有的学生个性孤僻,独来独往,具有明显的自卑感。这部分学生虽然知道自己和周围环境存在着适应问题,但却不知怎样去解决,或者知道解决的方法,但又不能付诸行动。因此,此阶段的学生情绪波动较大,主动性、创造性等都处于抑制状态。

## 二、体育运动的心理学因素

身心健康离不开体育运动,体育运动与训练也需要琢磨心理。心理学因素十分重要,不能忽视。

### (一)体育与智力

正常的智力水平是人们从事各种活动最基本的心理条件。学习效率是由大脑高级神经系统决定的。经常从事体育活动和身体锻炼,可促进新陈代谢,提高神经系统的活动能力,增强呼吸系统和心血管系统的功能,使大脑供氧充分,进而使记忆力增强,思维更加敏捷灵活,提高学习效率。

### (二)体育与情绪

情绪是因人的自然需要是否得到满足而产生的一种体验。情绪几乎参与人的所有活动,对人的行为活动起着很大的调节作用。良好的情绪对人的行为具有积极作用,而消极的情绪不但会影响人的正常学习工作,还会对人的身体和心理产生许多不良影响。长时期的情绪压抑、忧虑和紧张,还可导致疾病产生。

经常参加体育锻炼,可使机体产生极大的舒适感。在各种运动项目中感受运动的美感、力量感和韵律感,从而陶冶情操、开阔心胸,激发生活的自信心和进取心,形成豁达、乐观、开朗的良好心境。

### (三)体育与人格

人格,也称个性。体育教学的功能之一,就是帮助学生形成正确的世界观和人生目标,以及健康、积极、进取向上的人格。在体育竞赛中,取胜催人奋发向上,有利于个性的形成;而失败也是对人格的考验,可以让学生明白"重要的是参与,而不是取胜"[①],让他们能挖掘失败中的有利因素,看到成功的希望。体育运动能提高学生的心理耐挫水平,使学生能正确地面对和处理各种挫折和困难,形成高尚的人格和独特的个性。

### (四)体育与意志

意志指人们自觉地确定目的,根据目的支配和调节自己的行动,并克服各种困难,最终实现预定目的的心理过程。受意志支配的行动,称为意志行动。

人的行动主要是有意识、有目的的行为。人在从事各种实践活动时,通常是先根据自己对客观规律的认识,在头脑中确定行动目的,然后再选择实现这一目的的方法,并克服各种困难,最终达到预期目的。例如,学生认识到只有加强素质训练才能更熟练地掌握运动技术动作后,会自觉地确定素质训练的目的,并制订训练计划,按照计划一步一步地进行训练,最终较好地提高运动素质水平,从而提高运动技术水平。

良好的意志品质不是先天就有的,而是在后天生活实践中,在教育过程中逐渐形成的。只有经过长期磨炼,才可能逐步养成良好的意志品质。意志是人意识的能动性,是主观见之于客观的心理过程,它受立场、观点、信念的制约,也和一个人的认知水平有关,充分地表现出一个人的立场、观点、信念及认知水平。因此,培养良好的意志品质应当从世界观教育着手,还要提高认知,发展情感,加强锻炼,并把教学过程与有目的地培养意志品质的过程统一为整体,使教学、训练促进意识品质的培养。

### (五)体育与心理素质

心理素质主要包括自信心、勇敢精神、竞争意识、意志力、自制力及自我心理调节能力等。对于体育而言,意志坚韧顽强是十分重要的。参加体育活动既是对身体的锻炼,又是对意志的考验。锲而不舍,勇于拼搏,是体育精神的充分体现。要让学生通过参加体育活动,体验运动的乐趣,展示自己的风采,并自信地加入各项活动,同时初步了解人类意志和精神的力量是不可战胜的。

---

① 赵新世.运动员心理调控与训练方案设计研究[M].北京:人民邮电出版社,2019.

## 三、体育运动动机及其培养

早在20世纪40年代,世界卫生组织就将健康定义为"一种躯体上、心理上和社会上的完满状态,而不仅仅是没有疾病或虚弱。"这一阐释明确将心理健康提升到与身体健康同样的高度。随着社会的发展与进步,老百姓的经济水平不断提高,对高品质健康生活的需求不断提升,人们越来越强烈地意识到,身心健康是个人实现理想、获取成功人生的根本前提与保障。如今,体育运动已经成为无数人日常生活的一部分。体育,正在改变我们每一个人的心灵与生活。体育运动的动机及其培养也是需要研究的一部分。

### (一)体育运动动机的概念

体育运动动机是促进一个人参与体育活动的心理动因或内部动力,它引起并维持人的活动,进而将活动导向一定的目标。动机是个体的内在过程,其作用是引起和发动个体活动;指引个体选择活动的方向;调节功能,即维持、加强或制止、减弱某一活动。

### (二)体育活动动机的产生

引起动机的条件有两个:一是内在需要,二是外部诱因。

**1. 内在需要**

人们参与体育活动的内在需要主要包括生理、心理和社会三个方面的需要。

(1)生理方面的需要。参加体育活动是出于保持身体健康,增强体质,提高力量、速度、耐力素质,解除脑疲劳,促进和保持良好睡眠的需要。

(2)心理方面的需要。参加体育活动是为了调节和控制情绪、保持良好的精神状态、提高注意力、锻炼意志力、培养开朗的性格、养成文明健康的生活习惯等。

(3)社会方面的需要。参加体育活动是为了扩大社交范围、结交更多的朋友、增强集体凝聚力、提高竞争能力和社会适应能力。

**2. 外部诱因**

外部诱因是指能激起参与体育活动的外部原因,它是引起体育活动、满足个体需要的外在刺激。这些刺激包括物质因素和精神因素,统称为环境因素。环境因素有很多,如优良的体育设施器材、老师的表扬或批评、同伴之间的情绪感染、考试分数、竞赛的奖励(包括精神的奖励和物质的奖励)等。

在多数情况下,体育活动动机是由内在条件和外在条件相互影响、交互作用而产生的。人出生后就有身体活动的需要,随着年龄的增长,在学校教育的影响下,个体有了对某项体育活动的兴趣。这时主要是强烈的需要产生动机,为了满足需要,他们积极参与体育活动,但同时也不宜忽视环境因素的影响,如教师的优美示范、学校的传统优势项目、学校的运动竞赛等都可能诱发个体已有的需要,从而产生体育活动动机,最终引发外显行为。由此可见,在形成体育活动动机、产生外显行为的过程中,体育活动需要是根本条件,外部环境因素是必备条件,只有二者相互作用,才能激发积极的体育行为。

### (三)体育动机的培养

一般而言,体育动机需要从以下几方面进行培养:

首先,树立正确的价值观。价值观是一个人对周围客观事物的评价和态度体现,决定着一个人对该事物的态度和行为。对学生进行体育运动价值观教育,使其树立正确的价值观十分重要。通过体育教育,学生可以了解体育运动可以增强体质,身心健康是为祖国做贡献的物质基础；了解体育运动对自身全面发展的意义，提高其对体育的认识水平。

其次，目标设置。在体育教学训练过程中，要为练习者确定一定的目标，如跑、游泳的距离，体操动作的次数和质量等。当这种目标转化为练习者的内心需要时，就会使练习经常处于自己的意识控制之下，提高练习者的努力程度和动机水平，调动其积极性。

再其次，积极反馈。反馈是通过对技能操作或学习结果的评定和自我知觉使学生了解自己学习的情况，并对以后的行为进行调节的过程。在技能练习过程中，反馈的无论是正确的动作信息，还是错误的动作信息，都有利于练习者坚持目标或修正目标。它是最有益的动态调节信息，有利于激发学生坚持目标和努力的欲望，使已有动机得到强化。

最后，情境创设。情境具有诱发动机的功能。学生在体育教师设计的情境中进行学习或锻炼，根据情境的不同，效果会有很大差异。例如，同一教材内容，如果老师教法丰富多变、新颖，学生就会感到有趣，愿意学。反之，学生就可能兴趣黯然，不愿意学。所以，教师应创设问题情境，引起期待心理，满足学生的好奇心，诱发其学习和锻炼的内驱力。

## 第三节　科学体育锻炼的原理与方法

科学锻炼是指按照人体发展的基本规律，合理地进行体育锻炼。参加体育锻炼，必须遵循一定的原则，这样才能达到促进身体生长发育、改善和提高各器官系统的功能、提高身体素质、增强体质的作用。反之，不遵循体育锻炼的基本原则，不但收不到良好的锻炼效果，还有可能造成运动损伤，损害健康。

### 一、科学体育锻炼相关的概念

想要了解科学体育锻炼的方法，首先需要了解与之相关的概念。

#### （一）运动量

运动量是指运动的负荷量，即人体在运动中所完成练习的强度、密度和时间。

#### （二）运动强度

运动强度是指单位时间内的运动量，通常用心率或血乳酸来衡量。

#### （三）运动密度

运动密度是指单位时间内的练习数量，通常用练习间隔时间来衡量。

#### （四）极点

在进行剧烈运动时，由于在运动开始阶段内脏器官的机能增强不能满足运动器官的需要，人体往往会有一种非常难受的感觉，此时会感到呼吸困难、肌肉酸、动作迟、精神低落，甚至不愿再继续下去，这种状态叫"极点"。"极点"出现后，应该继续坚持运动，减速并加深呼吸，各种不良感觉会逐渐消失，动作就会逐渐轻松协调，运动能力又会慢慢恢复，这种现象称为"第二次呼吸"。

#### （五）有氧运动

人体需氧量和吸氧量达到动态平衡的运动称为有氧运动。在进行有氧运动锻炼时，体内不产生乳酸堆积，心率、心排血量和肺通气量等保持稳定状态，因此，可持续时间较长的运动，此过程中可以消耗较多脂肪,并能提高心血管机能。

### (六)最大心率

最大心率是指达到最大运动强度时的心率。最大心率随年龄的逐渐增长而减少,一般可以用"220－年龄"来推算。

### (七)靶心率

通常将以心率作为指标设定的强度称为心率强度,以心率强度设定的心率则称为靶心率或目标心率。靶心率是目前国际上通用的确定运动强度的最好方法之一。可以用以下方法计算靶心率:

$$靶心率＝(最大心率－安静心率)×(0.6－0.8)＋安静心率$$

对于体质较弱的人群,如儿童、中老年人可采用:

$$靶心率＝(最大心率－安静心率)×0.5＋安静心率$$

### (八)极限运动

极限运动是指能够激发人体最大潜力、使人的生理和心理承受能力得到最大限度发挥的运动,如蹦极、攀岩、登山、跳伞等项目。极限运动具有挑战性、冒险性、刺激性、创造性等特点。参与极限运动,能够帮助人们重新认识自我,挖掘自身潜力,并唤起人们面对困难和挑战的勇气。

## 二、体育锻炼的基本原理

体育运动是一个确有实效,而又能不断提高身体能力的实践活动;体育锻炼是人们进行的合理、有效的身体活动。而要使这种身体活动合理和有效,就必须了解体育锻炼的基本原理。

### (一)刺激与适应性的改变和增强

体育锻炼实际上就是对身体施加的一种运动刺激。在运动的刺激下,机体会产生多种反应,并且随着刺激次数的增加、时间的延续、负荷量与强度的增长,人体在形态、机能、素质等方面均会产生适应性变化。

### (二)运动疲劳与恢复

体育锻炼的过程就是运动疲劳和休息恢复的过程。运动中只有出现疲劳,才可能通过休息使体力得以恢复,进而提高身体对疲劳的耐受力。例如,在长跑锻炼中,一个人刚跑1千多米时会感到体力不支,而他通过一段时间的锻炼后,跑两三千米仍不会感到疲劳。可见,人的体力及各种运动能力,必须通过运动所产生的疲劳恢复才能得以增强和提高。这种现象在运动生理学中叫作"超量恢复"。所谓超量恢复,是指通过一定量与强度的运动刺激,使机体出现疲劳,而在休息之后,机体的代谢能力与体力状况可以恢复到比运动前更高的水平。人的各种运动素质与体能,就是经过多次"超量恢复"之后提高起来的。

### (三)能量消耗与补充

运动必然要消耗体内更多的能量物质。因此,运动后必须注意营养物质的补充,这样才能使体内的机能代谢逐步提高到新的水平。这不仅能够加强人体对营养物质的吸收和利用,而且可使体质的增强得到充分的物质保障。

### (四)体育锻炼的持续性

长期坚持体育锻炼能对身体产生良好影响,如肌肉力量增加、肌肉耐力增加、心肺功能提高等。而体育锻炼若不长期坚持，身体获得的益处可能消退，因而，体育锻炼应持续进行。

## 三、体育锻炼的基本原则

体育锻炼的原则是体育锻炼过程中客观规律的反映，是练习者从事体育锻炼实践、达到理想效果所必须遵循的原则。只有科学地理解和遵循体育锻炼的原则，有效地锻炼，才能使体育锻炼获得最佳效果。

### （一）从实际出发原则

从实际出发原则是指锻炼身体应从个人的实际情况和外界环境条件的实际出发，确定锻炼目的，选择适宜的运动项目，合理地安排运动时间和运动负荷。这是增强身体素质及提高运动水平必须遵循的原则。它包括以下两方面内容：

**1. 锻炼者的自身情况**

人体生理结构虽然基本相同，但由于年龄、性别、身体功能、基本活动能力等存在差异，并且每个人的锻炼基础、锻炼条件不同，随着锻炼过程的发展，机体产生的影响也会不同。因此，在选择确定锻炼的内容、方法、负荷时，要想使体育锻炼收到实效，就必须依照每个人的实际情况而定，既要考虑到兴趣、爱好，又要考虑到具体情况和具体特点，在制定锻炼的任务、内容、方法时，必须因人而异，依人制定运动处方。

**2. 外界环境的变化**

进行体育锻炼时，还要根据地理环境、气候条件、季节、场地器材等外界条件，按照科学锻炼的方法，选择适合自身的锻炼方法，这样才能收到良好的锻炼效果。如在冬季应着重发展身体的耐力和力量素质，在春、秋两季多进行技术性较强的项目的练习；在炎热的夏天，游泳是比较理想的运动项目。另外，锻炼时还需注意，不要在强烈阳光下进行长时间的练习，防止中暑；在每次力量练习训练前，要认真检查运动器械，尽可能两人结合，相互保护和帮助，以防止运动伤害的发生。

### （二）循序渐进原则

循序渐进原则是指体育锻炼必须根据人体身心发展规律，在锻炼的内容、方法、运动负荷等方面逐步提高，使机体功能不断得到改善。循序渐进是人体适应环境的基本规律。

人体对内外环境变化的适应是一个缓慢的由量变到质变的过程，只有遵循这个规律，才能取得良好的锻炼效果。

**1. 运动负荷循序渐进**

进行体育锻炼时，当机体对一定运动负荷产生适应后，这种负荷对机体的刺激就会变小，此时，可以适当增加练习时间和练习次数，让机体产生新的适应。但运动负荷的增加要由小到大，逐步提高。体育锻炼的开始阶段或中断锻炼后恢复锻炼时，强度宜小，时间宜短，不要急于求成。

**2. 练习内容循序渐进**

练习内容要由简到繁，在动作要求上应由易到难，逐步加大难度。应首先考虑简单易行、容易收到锻炼效果的项目和内容。在每次练习时，也应先从动作简单、强度不大的内容开始练习，然后逐渐增加动作难度和运动负荷。

**3. 锻炼过程循序渐进**

每次锻炼前要做准备活动，锻炼后要做好整理活动，如长跑前先进行10分钟慢跑，长跑后也不要马上停下来。

### (三)持续性原则

从生物学角度看,人体机能水平的提高,各种运动能力及素质的发展,运动技能的形成与巩固,均有赖于长时间的锻炼,这样才能使机体在身体形态、生理机能、生化过程等方面产生一系列适应性的变化。这些良好的适应性变化,不是一朝一夕或短时期锻炼就能产生的,而是长期坚持锻炼积累的结果。所以,强化终身体育意识,养成良好的锻炼习惯,使身体锻炼生活化是贯彻这一原则的关键。

### (四)全面性原则

全面性原则是指通过各种运动形式、内容、方法和手段,对人体各组织、器官、系统和心理产生全面的良性影响,使人体得到全面协调的发展,消除薄弱环节。

**1. 锻炼的部位要全面**

人体是一个有机的整体,各组织、器官和系统之间相互联系、相互制约。身体运动的主要目的是促进机体整体协调发展,提高整体的健康水平。

**2. 锻炼的项目内容要全面**

大学生在体育锻炼过程中,应结合自身特点选择1~2项体育运动项目作为内容,并辅以其他锻炼内容,既保证各运动对身体素质发展的独特性,又要避免锻炼局限于身体的某个部位。例如,长跑锻炼有益于发展人的心肺功能,若再结合一些徒手体操和力量训练就可发展人的灵敏、柔韧和力量素质。又如在健美运动中进行肌肉力量训练后,可增加一些发展速度的球类练习,这样既可以尽快缓解肌肉黏滞度,又可发展人的速度素质,使身体得到全面锻炼。

### (五)自觉性原则

自觉性原则指身体锻炼是出自锻炼者内在的需要和自觉的行动。锻炼在于自觉,锻炼者应把锻炼的目的、动机和树立正确的人生观联系起来。这样,有助于形成或保持身体锻炼的兴趣,调动和发挥更大的主动性和积极性。贯彻自觉性原则应注意以下几点:一要做到自觉锻炼,明确锻炼目的;二要充分认识体育锻炼的特点和作用;三要使锻炼更具自觉性,还应经常检验锻炼的效果。

## 四、体育锻炼内容的选择

身体锻炼的项目、方法等是多种多样的,科学地选择体育锻炼的内容,对实现身体锻炼的目的有着十分重要的意义。

### (一)体育锻炼项目的选择

在进行体育锻炼项目的时候,需要进行选择。

**1. 按自然环境条件选择**

利用空气、日光、水等自然条件,以及季节、气候的变化选择合适的锻炼内容,是一种促进健康、增强体质的有效的锻炼方法。这些身体锻炼内容的突出特点是与生活紧密相连的。自然力的锻炼,不仅可以增强机体对外界环境的适应能力,而且可以增强心血管系统的功能,加快新陈代谢,改善身体各组织器官的机能,提高身体对各种疾病的抵抗力。

**2. 按身体锻炼的目的和要求选择**

(1)健身运动。健身运动指正常人为增进健康、增强体质而进行的体育锻炼,如慢跑、太极拳、武术、游泳、骑自行车、划船、滑冰、舞蹈及各种球类活动等。

(2)健美运动。健美运动是指为了人体的健美而进行的体育锻炼。健美运动不仅可以增进健康,还可以培养审美能力和身体的表现能力。如为了使肌肉发达,可采用举重和体操器械进行练习;为了形成良好的体型与姿态,可采用艺术体操、健美体操、各种舞蹈和基本体操中的一些练习等。

(3)娱乐性体育。娱乐性体育是指为了调节精神、丰富文化生活而进行的体育活动。进行这类活动可以使人身心愉快,如活动性游戏、渔猎、游园、郊游、保龄球和野外定向活动等。

(4)格斗性体育。格斗性体育是指掌握和运用格斗的攻防技术(包括军事技术)的体育锻炼。参与格斗性体育锻炼项目,既能强身,又能自卫,如擒拿、散打、推手、拳击和射击等。

(5)医疗体育和康复体育。医疗体育和康复体育也称体育疗法。这类体育锻炼的对象是体弱多病者,其目的是祛病健身、增强体质,一般应在医生的指导下进行,其内容主要有步行、跑步、太极拳、按摩、各种保健操、矫正体操和生产操等。

### (二)体育锻炼方法的选择

体育锻炼的方法是指根据人体的发展规律,运用各种身体练习和自然因素锻炼身体的途径和方式。体育锻炼方法是贯彻体育锻炼原则、达到锻炼身体目的的桥梁。

**1. 重复锻炼法**

重复锻炼法是按照一定的负荷要求,多次重复同一动作进行锻炼的方法。在重复刺激机体的过程中,可以起到加速新陈代谢、增强体质的作用。

重复锻炼法要合理掌握重复次数和时间。两次锻炼之间的间歇时间原则上应使机体得到较充分的恢复。强度可达极限强度的90%~100%,使其达到锻炼负荷的有效价值范围(最有锻炼价值负荷量下的心率),并据此调节重复次数。在重复锻炼中,如何控制负荷量以达到理想效果,应视实际情况而定。通常认为,普通大学生的负荷心率在130~170次/分钟是较适宜的。在这个范围内,心室血液充盈,每搏输出量及氧气的运输量等均达到最佳状态,并可以持续地运动;心率低于130次/分钟时,锻炼效果不明显,应增加重复次数;而心率超过170次/分钟时,则需减少重复次数或安排足够的间歇时间。

**2. 间歇锻炼法**

间歇锻炼法是指在锻炼过程中,对安排的多组练习之间的间歇时间做出严格规定并反复进行锻炼的方法。该方法的关键是间歇时间必须严格控制,必须在机体尚处于未完全恢复的状态下进行下一组的练习。该方法的特点是每次锻炼的负荷时间较长,负荷强度适中。

该方法可使锻炼者的心脏功能明显增强。通过调节负荷强度,可使机体机能产生与锻炼项目相匹配的适应性变化;可提高有氧代谢供能能力,从而提高学生的体质健康水平。

同重复锻炼法一样,间歇时间也要依据负荷的有效价值标准去调节。一般来说,当负荷反应(心率)指标低于有效价值标准时,应缩短间歇时间;而高于价值标准时,则可延长间歇时间。通过适当的间歇,把负荷量调节到负荷有效价值范围可以收到良好的锻炼效果。实践证明,间歇中负荷心率为130次/分钟左右时,就应再次开始锻炼。而且间歇时不应做静止方式休息,而应当做积极性休息,如慢速走步、放松手脚、伸腰或做深而慢的呼吸等。因为轻微活动可使肌肉对血管起到按摩作用,以帮助血液回流、加快体内代谢废物的排除。

**3. 连续锻炼法**

连续锻炼法是按一定要求,持续进行规定动作的身体锻炼方法,是指在锻炼的过程中,为了保持有价值的负荷量而不间断地连续进行运动。该方法要求负荷强度较低、负荷时间较长,不间断地连续进行运动。连续的作用在于保证持续负荷量不下降,维持在一定的水平上,使身体充分地受到运动的作用。

连续锻炼时间的长短,同样要根据负荷的有效价值范围来确定。通常认为,在130次/分钟左右心率下连续锻炼20～30分钟,可使机体的各个部位获得充分的血液和氧的供应,因而能有效地发展有氧代谢能力和耐力素质。用于连续锻炼的内容通常是那些比较容易并已为锻炼者所熟悉的运动,如跑步、游泳,也可以是跳健美操或广场舞等。

连续锻炼法多用于发展一般耐力,如较长时间的匀速跑;也可在非周期性项目中用于巩固某一技术动作和发展专门耐力,如篮球投篮训练中连续的原地起跳投篮练习等。

### 4. 循环锻炼法

循环锻炼法是指进行由几个不同练习内容联合组成的练习组合的身体锻炼方法。该方法要求锻炼者必须按照既定的练习顺序和路线依次完成每个练习站的练习任务。一般的组织形式是锻炼者在完成一个练习站的任务后,迅速转移到下一个练习站继续练习,同时下一个锻炼者依次跟上。每一个锻炼者都完成了各个练习站的练习内容时,就算完成了一次循环。其结构因素包括每站的练习内容、运动负荷、练习站点的安排顺序、练习站点之间的间歇形式和时间、每一循环之间的间歇、练习站点的数目和循环组数的设置等。

循环锻炼法对技术的要求不高,且各项目都采用比较低的负荷练习,因此练习起来简单有趣,可有效地提高不同层次和水平练习者的运动情绪和积极性;可以合理地增大锻炼过程的练习密度,并随时根据具体情况因人制宜地加以调整,做到区别对待;可以防止局部负担过重,延缓疲劳的产生,交替刺激不同身体部位,有利于综合锻炼,从而达到全面发展的效果。

运用循环锻炼法的关键是要按照全面性原则去搭配项目。就大学生而言,锻炼时既要发展四肢,又要发展躯干;既要运动胸背部,又要运动腰腹部;既要追求形态的健美,又必须注意机能、素质的全面发展。因此,必须科学地搭配项目,一般可以选择6～12个简单易行的项目。锻炼时,注意上肢动作与下肢动作、剧烈的跑跳练习与静力动作之间的合理交替。

在健身锻炼中,可根据锻炼项目循环练习各练习站的任务,还可分队比赛,增加竞争性,以提高练习兴趣。

### 5. 变换锻炼法

变换锻炼法是指通过不断变换运动负荷、练习内容、练习形式及练习条件等,提高锻炼者的积极性、适应性及应变能力的方法。该方法可以有效地调节锻炼者的生理负荷,提高兴奋性,强化锻炼意识,克服疲劳和厌倦情绪,最终达到提高锻炼效果的目的。

如刚参加锻炼时,可多做些诱导性和辅助性练习。随着锻炼水平的提高,应加大练习的难度,如用越野跑代替在田径场的长跑等。锻炼条件的变化,可对锻炼者的大脑皮质不断产生新的刺激,提高兴奋性,激发锻炼兴趣,从而提高机体对负荷的承受能力,提高锻炼效果。

另外,不断对锻炼内容、时间、动作速率等提出新的要求,可有效地调节生理负荷,使机体不断产生适应性变化,从而达到更好地锻炼身体的目的。

## (三)体育锻炼项目、方法选择的原则

### 1. 根据体育锻炼者的体质状况进行选择

(1)健康型。健康型指身体强健者。这类人对身体锻炼一般都具有强烈的欲望和热情,并能承受较大的运动负荷。在选择锻炼内容时,可根据自己的实际情况和兴趣选择1～2个运动项目作为健身的手段。一般来说,年轻人可选择球类、健美操、韵律操、游泳和健身跑等项目或自己喜爱的其他体育项目。可用循环锻炼法、重复锻炼法和间歇锻炼法等进行有计划的锻炼。

(2)一般型。一般型指身体虽不健壮但也无疾病者。这种类型的人在群体中所占比例较

大,在青少年学生中约占60%。一般型的人身体无疾病,但往往缺乏锻炼的热情和持久精神,不经常锻炼,锻炼流于形式。对这类人来说,最好选择形式灵活又对增强体质有实效的项目,从而激发锻炼的热情,培养锻炼的兴趣,逐步养成良好的锻炼习惯。若选择球类、武术、游泳、健美操等项目,则宜采用循环锻炼法和重复锻炼法。

(3)体弱型。体弱型指体弱多病或发育不良者。为了增强体质、战胜疾病、增进健康,体弱者可选择健身跑、定量步行、太极拳等内容进行锻炼,待体质得到改善后,再选择其他内容。在运动负荷上更要注意循序渐进,切不可急于求成。可先采用重复锻炼法、循环锻炼法进行力所能及的锻炼,待体质有所增强时再考虑改用其他方法锻炼。

(4)肥胖型。肥胖型指体重超过正常标准者。肥胖型的人参加身体锻炼,通常希望能减肥健身,因此,在内容的选择上要有针对性。在身体无其他疾病的情况下,可选择耐力跑、长距离游泳、健美运动或按照减肥"运动处方"进行锻炼。若患有冠心病等心血管系统疾病,在锻炼时则应遵循治病为主、减肥为辅的原则,掌握好运动负荷,防止发生意外事故。这类人可多采用重复锻炼法、循环锻炼法进行锻炼。

(5)消瘦型。消瘦型指体重低于正常标准者。消瘦型的人参加身体锻炼,是希望能使身体健壮、丰满。这类人宜选择举重、体操、健美运动等项目,可采用重复锻炼法、循环锻炼法进行锻炼。

**2. 根据季节进行选择**

(1)春季锻炼的内容和方法。一年之计在于春。经过寒冷的冬季,身体各器官的功能与肌肉的功能都处于较低水平,肌肉、韧带也较为僵硬,所以春季进行体育锻炼,主要以加强体内的新陈代谢为主,逐渐提高各器官的机能水平。体育锻炼应以有氧代谢供能形式为主,运动强度要逐渐增加,运动形式可选择长跑、轮滑、自行车、跳绳、爬山和球类等。在春季进行体育锻炼时,要做好准备活动,充分伸展韧带,以减轻运动损伤,同时要注意增减衣物,防止感冒。

(2)夏季锻炼的内容和方法。夏季天气炎热,给体育活动带来很大不便,但如果停止锻炼又会破坏锻炼的持续性。所以,夏季一定要坚持锻炼,但在锻炼方法和时间的选择上要做到科学、合理。夏季最理想的锻炼方式是游泳,游泳不仅可以提高身体机能,而且还可以防暑解热。夏季较为理想的另一种锻炼方式是日光浴。此外,夏季供人们选择的体育锻炼项目还有慢跑、散步、太极拳、羽毛球和轮滑等。选择这些项目进行锻炼,最好在清晨或傍晚,选择空气新鲜且流通较好的场所进行,同时运动后要注意补充水分,以防身体脱水和中暑。

(3)秋季锻炼的内容和方法。秋季是体育锻炼的大好季节,可选择篮球、排球、足球、长跑、轮滑、武术和自行车等项目进行锻炼。一些冬季锻炼方式,如冬泳、冷水浴、空气浴等,也应该从此时就开始准备,以便让身体有个适应的过程。秋季进行体育锻炼时,由于天气变化无常,早晚气温较低,要注意适时增减衣服,防止感冒。另外,秋天气候干燥,锻炼前后要注意适量补充水分,以保持呼吸道的湿润。

(4)冬季锻炼的内容和方法。冬季参加体育锻炼,不仅可以提高身体健康水平,还可以提高身体的抗寒能力和对各种疾病的防御能力。冬季锻炼的内容非常丰富,一般人可进行长跑、足球、拔河、冬泳等项目,儿童、青少年可选择跳绳、踢毽子、跳橡皮筋等项目,老年人可选择慢跑、太极拳、广播体操等项目,有条件者还可选择轮滑、滑雪、滑冰等项目。冬季锻炼时,身体的惰性较大,肌肉组织容易受伤,所以锻炼前要做好充分的准备活动。运动时,最好采用鼻吸口呼或鼻吸鼻呼的方式,以防止冷空气直接刺激口腔黏膜而发生上呼吸道感染。

## 五、体育锻炼计划

工作、学习要有计划,健身锻炼也是这样。每个参加健身锻炼的人都应当根据自身条件、环境条件制订锻炼计划,以达到预期的锻炼效果。

### (一)体育锻炼计划的制订

健身锻炼计划一般可分为年度锻炼计划、学期锻炼计划和周锻炼计划。

**1. 年度锻炼计划**

年度锻炼计划可按照体育课教学内容以达到《标准》某个级别为长远目标,也可以以防治某些疾病、矫正某种身体畸形或提高整体健康水平为目标。具体锻炼内容可根据年度目标而定,一般可采用健身走、健身跑、武术、健美操、矫正操等锻炼方式。

**2. 学期锻炼计划**

学期锻炼计划的任务和要求要根据年度锻炼计划并结合学期学习任务和季节特点而定。学期锻炼计划中的锻炼内容可从长远锻炼计划中选定。

**3. 周锻炼计划**

周锻炼计划内容要具体明确,如学习有关跑步、球类等基本知识、技术,发展某种身体素质,以及培养特定思想、意志品质和心理素质等,应有所要求、有所落实。

### (二)制订锻炼计划的注意事项

锻炼计划的制订要从个人的体质、学习、生活等实际条件出发,按照学校规定的作息时间和规章制度进行安排。

第一,每次锻炼内容的选择与确定很重要,必须切合实际,才能保证计划顺利进行。内容的确定除了个人体质、健康状况和兴趣爱好外,还要充分考虑到场地、器材和气候等因素。

第二,体育锻炼要长计划、短安排。进行体育锻炼要有一个总体设想和总的目标,根据这一总目标确定每学期的具体指标,这样便于总结提高。具体计划安排可以周锻炼计划为主,按实际情况随时进行调整,以适应不断发展的需要。在制订锻炼计划时,必须全面贯彻体育锻炼的基本原则,同时做到简单、具体、实用、重点突出。

第三,每次锻炼的安排应从锻炼者当时的身心状况出发,注意科学性。速度、灵巧性练习安排在前,力量练习安排在后;运动量小、强度小的练习安排在前,运动量大、强度大的练习安排在后;技术性练习要由简到繁,由易到难,同时还要注意上、下肢练习的搭配安排。每次锻炼时,要先做好准备活动,然后进行主要项目的练习,最后进行整理活动。

### (三)一次锻炼课的计划

一次锻炼课通常分三部分进行,即准备部分、锻炼部分和结束部分。在不同的锻炼阶段,这三部分的时间划分各不相同。在早期,准备部分时间要长些,一般为 10~15 分钟,锻炼部分 20~25 分钟,结束部分 5~10 分钟。在中期和后期,准备部分 5~10 分钟,然后进入主项运动(锻炼部分),最后 5 分钟为整理活动。这样的一次课表现为"开始缓慢、中间爽快、终了微火的运动过程"。以健身为目的的锻炼者总运动时间为 30~45 分钟。各部分锻炼内容各有所侧重,并且运动负荷量的分配也不同。准备部分的作用是使机体组织"暖和"起来,使身体逐渐适应强度较大的运动,以免因心、肺等内脏器官和骨骼关节不能适应强烈运动而发生运动伤害事件,一般可采用活动强度小的步行、伸展性体操或太极拳等锻炼方式。

锻炼部分也称基本部分,其内容是运动处方的主项运动欲达到的目标。例如,耐力运动项目要达到一定的心率水平,并要求至少维持12分钟。主项运动的运动强度一般为最大能力的40%～60%,同时还要求达到一定活动范围的肌力训练,其训练强度为最大能力的80%左右。

结束部分是指在训练结束后,要使高负荷活动的机体逐渐安静下来,不要突然停止运动,因为此时血液仍大量集中于四肢,若突然停止运动,会使回心血量锐减,可能会出现"重力性休克"①,即由于每搏输出量不足,引起脑贫血而发生休克症状。这时,通常可做一些放松式体操、散步或自我按摩等运动,达到使机体逐渐恢复到安静状态的目的。

## 六、科学体育锻炼的方法

随着社会的发展,体育锻炼已成为当代人不可忽视的内容,国内外体育界也十分重视体育锻炼的研究。通过了解各种锻炼方法,大家根据自身素质,运用各种身体练习和自然因素来锻炼身体。具体来说,体育锻炼的方法包括各种身体锻炼,如步行、跑步、游泳和体操等。

在进行体育锻炼时应结合各种锻炼法对身体的作用来开展,以便在制订锻炼计划时有理可依,科学安排体育锻炼,最大限度地实现锻炼的目的。

### (一)提高身体素质的方法

这里介绍的是最基本和常用的练习方法。它能有效地提高身体素质和人体活动能力,促进机体功能,增强体质。身体素质练习包括:力量、速度、耐力、柔韧和灵敏性的练习。其中力量、速度、耐力尤为重要。

**1. 发展力量的因素和方法**

在力量训练活动中,应注意以下三个因素:

(1)负荷

这里的负荷是指肌肉在单位时间内(肌肉收缩前后)能够承受的重量,而最大负荷是肌肉在单位时间内能够承受的最大重量,通常以只能重复一次的重量为最大负荷。实践证明,开始练习时以最大负荷的60%～70%进行,随着练习水平的提高,负荷量应逐渐增加。

(2)动作速度

锻炼者在进行力量训练时,应做到动作还原阶段的速度比主动用力阶段的速度慢一半。以引体向上为例,如果手臂弯曲的动作用1秒,伸展还原动作就要用2秒,这样可以使一次力量练习得到两次肌肉锻炼。

(3)训练间隔

训练间隔是指每次训练的间隔时间。实践证明,开始训练时以隔日训练为好,隔日训练的力量增长为77%,而每日进行力量训练增长只有47%;且每次练习间隔以3～5分钟为宜。

发展力量的方法包括投掷重物、举重、引体向上、双臂屈伸、俯卧撑、跳跃、负重下蹲和负重跳等。

**2. 发展速度的因素和方法**

在体育锻炼中,速度多涉及跑步这一运动,而影响跑步速度的因素为:步频和步长。因此,提高速度应从这两个方面入手。

(1)步频

步频取决于运动中枢兴奋与抑制的转换速度,转换速度加快,则步频相应增加,在每步跨度不变的情况下,速度就会提高。就运动素质发展敏感期而言,11～13岁是发展步频的最佳

---

① 张力为,毛志雄.运动心理学[M].2版.上海:华东师范大学出版社,2018.

时期。提高步频的方法有高抬腿跑、原地高频率跑和加速跑等。

(2)步长

步长是指在跑动过程中两腿之间的跨度,可以通过对髋关节柔韧性和腿部力量的训练,来扩大关节活动幅度,锻炼腿部韧带、肌腱和肌肉等软组织的伸展性,以达到增加步长的目的。增加步长的方法包括小步跑、跨步跑、后踢跑、折返跑和斜坡跑等。

**3. 发展耐力的因素及方法**

耐力是使身体能在较长时间的运动状态下而不产生疲劳的能力。在进行训练时,应注意以下几个因素:

(1)心、血管的负荷量

心、血管负荷量简单来讲是指心脏、血管在收缩前后所遇到的阻力或负荷。耐力练习首先应提高心、血管的机能,在一定程度上增加心、血管系统的负荷和持续时间。在参加体育锻炼时应使负荷量达到心、血管系统最大功能的70%,并要求至少持续5分钟。

(2)运动的间隔时间

这里的间隔时间是指每次负荷之间的间歇时间,一般是以脉搏频率恢复到120～130次/分钟,再进行下次负荷练习为宜(通常需要3～4分钟)。

(3)动作速率

一般来说,进行中速运动或者是匀速跑步而脉搏保持在150次/分钟的训练对耐力的增长较为有效。发展耐力的方法包括有氧训练、无氧训练和有氧无氧混合训练。有氧训练包括匀速持续跑、越野跑、变速跑和间歇跑(机体处于不完全恢复状态下反复练习)等;无氧训练包括间歇快跑和逐渐缩短间歇时间跑等;有氧无氧混合训练包括短距离重复跑、持续接力、定时跑和中长距离跑等。个人可根据自身情况选择合适的训练方法。

**4. 发展灵敏的因素和方法**

身体灵敏度和以下三个因素密切相关:

(1)神经系统

神经系统的反应速度是人体灵敏与否的根本所在,可以通过信号刺激的训练提高大脑皮质的反应能力。训练方法可为一些活动性游戏,如根据特定信号改变动作方向,对快速运动目标做出迅速反应等。短跑运动员反复练习蹲踞式起跑也是一种练习反应速度的好办法。

(2)肌肉力量

肌肉力量是决定人体灵敏度的物质力量,强大的肌肉力量可使动作迅速、灵敏。

(3)运动技能的掌握

熟练的运动技能是将人体的灵敏度发挥到极致的助推器,它能够消除动作的紧张和僵硬,达到动作灵敏、协调、精确和省力。发展灵敏素质应采用多种方法练习,如体操、技巧、各种球类活动、游戏,以及一些专门的辅助性练习。技能掌握得愈多、愈熟练,动作就愈灵敏。

**(二)利用自然因素锻炼的方法**

自然是人类赖以生存的环境。一方面,"物竞天择,优胜劣汰"这一自然规律的支配,迫使人类经历了艰难的进化过程。但另一方面,人类也从大自然中汲取生存的养分。实际上,自然界包括许多对人体健康十分有益的因素,人们可以利用各种自然条件,增进健康和增强体质。

**1. 日光、空气、水对锻炼身体的作用**

日光、空气和水等自然条件对人体能产生积极作用的原理为:由于机体对外界环境具有极强的敏感性和适应性,变化了的环境作用于机体,大脑皮质立刻进行调节,从而保持机体与环境在新条件下的平衡；新的刺激又形成新的反射，从而进一步提高机体的适应能力。

**2. 冷水浴对锻炼身体的作用**

冷水浴是利用自然因素对身体进行锻炼的方法之一，它能提高机体对寒冷刺激的适应能力，对于预防感冒和多种其他疾病大有裨益。冷水浴水温通常为15～20℃，以身体能够适应为宜。冷水浴锻炼宜从夏秋开始，每周至少练习两次，时间以早晨为好。需要指出的是，剧烈运动后及饭后不要马上进行冷水浴，同时还要注意自我感觉，如出现身体不适则暂停冷水浴锻炼。

### (三)跑步锻炼的方法

跑步是一项古老的运动，它是人类最基本的生存形态之一。作为一项运动，跑步对人类健康起着不可替代的作用。开始练习跑步的体弱者，可先进行短距离慢跑，从50米开始，逐渐增至100米、200米，甚至更多，速度一般为30～40秒跑100米。体力稍好者可进行长跑，距离从1 000米开始，适应后再逐步增加距离，一般可增至3 000～5 000米，速度为6～8分钟跑完1 000米。跑步最好早晨进行，运动量要根据跑时每分钟最高脉搏数来掌握。

# 第四章 体育锻炼与保健

进入 21 世纪以来，随着我国经济社会的快速发展，人们的工作和生活方式发生改变，体育活动已经成为增强国民体质、提高健康水平最积极、最有效、最经济的生活方式之一。体育锻炼与保健也日益受到重视。

## 第一节　体育锻炼的医务监督

体育锻炼的医务监督就是运用医学的方法对锻炼的过程进行有效监控，使体育锻炼获得最佳效果，有效地预防运动性伤害。

### 一、什么是体育锻炼的医务监督？

医务监督是指以医学为内容，指导人们科学、合理地进行体育锻炼，以促进锻炼者的身体发育、预防运动性疾病、增进健康的医疗手段。

在体育锻炼中实施医务监督，可以使体育运动参加者在体育运动过程中对自己身体的健康和身体功能状况进行观察，并为科学、合理地安排体育锻炼内容和运动负荷提供重要依据和参考。

### 二、医务监督的内容和方法

运动中的医务监督主要包括主观感觉和客观检查两个方面。

#### （一）主观感觉

主观感觉包括一般感觉、运动心情、睡眠、食欲、排汗量等。人的一般感觉是人体功能状况的直接反映。科学地进行体育锻炼的人，总是精力充沛、心情愉快、睡眠正常、食欲良好。

**1. 一般感觉**

一是正常的感觉，主要表现为运动后疲劳消除快，功能恢复也较快，精神饱满，全身无不适的感觉；二是不良感觉，主要表现为运动后出现四肢无力、头痛、恶心、心前区和上腹部疼痛等症状，也是健康状况不良或运动量过大的表现。

### 2. 运动心情

健康者心情愉快,渴望训练,运动成绩也较好。如果健康状况不佳、过度训练或训练方法不当,运动时就会出现一些特殊心情,如"怕水""怕球""不想训练""厌烦训练""惧怕训练"[1]等。

### 3. 睡眠

睡眠情况往往可以反映训练或比赛的强度、运动量,以及赛前状态等。良好的睡眠应该是入睡快、睡得深,不做或很少做梦,睡醒后精神良好,全身有力;反之则入睡难、易醒、多梦、失眠,睡醒后仍感到疲劳而且嗜睡。

### 4. 食欲

健康者运动后食欲良好,进食量大。若运动后不思饮食、食量减少,并在一段时间内不能恢复正常饮食,则表明胃肠消化和吸收功能下降,可能与运动量安排不当或锻炼者身体功能和健康状况不良有关。但剧烈运动后立即进食或吃过多零食也会影响食欲,应加以区别。

### 5. 排汗量

由于运动时代谢水平较高,产热较多,所以排汗成为一种重要的散热方式。排汗量除了受运动量、训练程度和神经系统的功能状态等因素的影响外,还受饮水量、气、空气相对湿度和衣着等因素的影响。因此,在进行自我监督时应加以注意。在相同的外界条件下,每个人出汗的情况也不尽相同。随着训练水平的不断提高,等量运动后的排汗量应逐步减少。在条件相同的情况下,排汗量明显增加,特别是夜间睡觉大量出冷汗,表明身体极度疲劳,这也可能是身体机能紊乱的征兆,应加以注意。

## (二)客观检查

客观检查包括生理指标、运动成绩和其他伤病情况。生理指标包括心率、体重和肺活量等。运动成绩包括身体素质和专项运动成绩等。

每个人在锻炼后所呈现出的各种生理反应和自我感觉都是不同的。因此,应根据自己表现出的不同状况,在综合分析的基础上,做出正确的判断,以便更科学地进行体育锻炼。

### 1. 心率

心率的变化,特别是晨间心率的变化,对判断身体功能与健康水平有着重要的意义,而且简单易行,易于掌握。在测量过程中既要注意频率的变化,也要注意节律的变化。

健康人的心率正常值范围为 60~100 次/分钟。年龄越小,心率越快。14 岁左右的青少年,其正常心率为 70~80 次/分钟。在一般情况下,经常从事运动和训练水平较高的人,心率较缓。在锻炼过程中,若心率比过去减小或变化不明显,且节律齐,就表明练习者身体功能良好,有潜力。一般情况下,脉率和心率在数值上大致相同,故可用脉率估算心率。若晨脉比过去明显增大,且长期恢复不到原来的水平,就表明机体反应不良,可能是早期过度训练的表现。当晨脉每分钟增大 6 次时,20%的人自我感觉不良;增大 12 次时,40%的人自我感觉不良;增大 18 次时,60%的人自我感觉不良。

如果发现脉搏跳动节律不齐或有间歇性的停跳现象,就应做具体分析。如果仅仅是间断或出现不规则的时快时慢,可能是呼吸性心律不齐的表现,是正常的生理现象。另外,还有一种期前收缩的现象,也可能发生在正常人之中。因此,当锻炼者出现这种症状

---

[1] 林文弢,黄治官.青少年生长发育与体育锻炼[M].北京:科学教育出版社,2020.

时,虽不一定表示有心脏病,但应密切注意心脏功能变化。如果节律不齐,而且总不消失,多数是功能不良的反应,应及时调整运动量,并采用检查心电图等方法查明原因,以防过度疲劳或疾病的发生。

晨脉的测量应在早晨起床前进行,具体方法是仰卧测 30 秒的脉搏数再乘以 2,即为心率,这样误差较小。

### 2. 体重

在体育锻炼过程中,体重的变化有一定的规律。锻炼初期,由于体内储存的脂肪和多余的水分被消耗掉而引起体重下降。经过一个时期的锻炼后,体重开始恢复,并逐步增大,直到保持在相应的水平上。若在训练中体重出现"进行性下降"①的现象,则可能是由于过度疲劳、营养不良或不足,以及患慢性消耗性疾病(如肺结核、淋巴结核等)所致。在进行自我监督时,可定期(一周或半月)进行测定。每次测定一般应安排在每天的同一个时间,如早晨。

### 3. 肺活量

肺活量的变化在一定程度上可以说明呼吸功能的情况。呼吸功能良好时,肺活量增大或维持在较高水平。呼吸功能不良时,肺活量可能持续下降。

### 4. 运动成绩

科学的训练能使运动成绩逐步上升或处于较高水平。如果照常训练而成绩却停滞不前或者下降,动作也变得不协调,甚至连已经熟练掌握的动作也不能完成了,这很可能是身体功能状态不良或早期过度训练的表现。

在自我监督的客观检查中,除上述指标以外,还可酌情定期测握力、呼吸频率,以及其他生理指标。

自我医务监督可按表 4-1 进行。

表 4-1　自我医务监督表

| 类别 | 内容 | 反应 | | | 备注 |
|---|---|---|---|---|---|
| 自觉状态 | 一般感觉 | 正常 | 一般 | 较差 | |
| | 运动心情 | 正常 | 一般 | 较差 | |
| | 睡眠 | 正常 | 一般 | 较差 | |
| | 食欲 | 正常 | 一般 | 较差 | |
| | 排汗情况 | 正常 | 较多 | 虚汗 | |
| | 尿便情况 | 正常 | | 混稀 | |
| 生理指标 | 脉搏/(次·分$^{-1}$) | 有规律/(次·分$^{-1}$) | | 不规律/(次·分$^{-1}$) | |
| | 体重/千克 | 增大 | 保持 | 减轻 | |
| | 肺活量/毫升 | 增大 | 保持 | 减轻 | |
| 运动成绩 | 素质成绩 | 增加 | 保持 | 下降 | |
| | 专项成绩 | 增加 | 保持 | 下降 | |
| 其他 | 伤病情况 | (记录伤病原因和程度) | | | |

系班:　　　　　　　　姓名:　　　　　　　　日期:

---

① 杨文轩,陈琦.体育概论[M].3 版.北京:高等教育出版社,2023.

# 第二节　运动中常见的生理反应及其处理

世界卫生组织指出,适量规律的体育锻炼有以下好处:强健筋骨、肌肉和关节;有效控制体重;减小患心脑血管病、高血压、直肠癌、2型糖尿病的概率;预防和减少骨质疏松的发生;促进心理健康,减少抑郁症、强迫症和孤独感的发生;帮助青少年预防和控制不良习惯,远离烟草、酒精、药品滥用及不健康的饮食习惯。

在体育锻炼过程中,人体的生理平衡会受到暂时性破坏,出现某些生理反应,这种反应被称为"运动生理反应"。以下简要介绍运动中常见的生理反应及其处理办法。

## 一、运动后延迟性肌肉酸痛

刚开始从事运动的人或是很长一段时间没有运动的人,一旦运动,常会有肌肉酸痛或紧绷的感觉。在运动后数小时内所产生的急性肌肉酸痛被认为与运动肌群缺乏血流量(氧含量)及肌肉疲劳有关。

另外,在运动后24小时出现的肌肉酸痛或肌肉僵硬的现象被称为延迟性肌肉酸痛(DOMS)。这种延迟性肌肉酸痛最常见于开始一个新的锻炼计划,或改变日常活动计划,或大幅度地增加持续时间和强度的运动。其特点是在运动后24～72小时酸痛达到顶点,5～7天后疼痛基本消失。延迟性肌肉酸痛是对平时肌肉不用力的一种正常反应,是一个适应的过程,将导致肌肉的恢复及肌纤维的增粗,会产生更强的耐力和力量。

### (一)原因和症状

延迟性肌肉酸痛是由细小肌肉纤维撕裂导致的。撕裂的数量和疼痛取决于运动的强度、时间,以及运动类型。进行不熟悉的运动项目可能导致延迟性肌肉酸痛,肌肉在增大长度时的剧烈收缩也会导致肌肉酸痛。

引起肌肉强烈收缩的运动包括下楼跑、下坡跑、降低重心和下蹲的运动及俯卧撑等。这些运动会导致小肌肉撕裂,撕裂部位与肌肉肿胀还会共同引起肌肉酸痛。

### (二)处理

减轻和治疗延迟性肌肉酸痛的最好方法就是把预防放在第一位。

#### 1. 运动恢复

有关研究表明,低强度的有氧运动可增加血液流量,减轻肌肉酸痛。在剧烈运动或比赛后,可采用低强度的有氧运动帮助肌肉放松。

在体育比赛或高强度运动后,完全休息是恢复的最好方法。然而,研究也发现了通过运动恢复的一些优势。运动恢复有两种形式:一是在剧烈运动后立即放松,二是在比赛和高强度运动后的第二天从事低强度运动。

#### 2. 休息和恢复

在没有任何特殊处理的情况下,疼痛通常会在3～7天消失。运动后保证足够的休息是必要的,以便身体肌肉组织尽快恢复、重建和加强。恢复时间对于任何训练计划都很重要,因为这个时间是身体适应训练和产生真实训练效果的时间。

#### 3. 按摩

按摩能够帮助减少肌肉疼痛和肿胀,而且不会影响肌肉的功能。治疗型的按摩可治疗软组织疼痛和伤害。按摩有助于改善肌肉的灵活性,增大关节活动范围,减少肌肉僵硬,有助于改善按摩区的血液流动,提高肌肉温度。此外,按摩还有助于减少焦虑、改善情绪。

#### 4. 使用 RICE 方法

RICE 方法,即采用休息、冰敷、压迫和抬高伤肢的方法。如果运动中遭受扭伤、肌肉拉伤或撕裂等损伤,可采用 RICE 方法缓解疼痛、限制肿胀和保护受伤的软组织。

其他的治疗方法还有进行温和的拉伸练习、采用药物治疗、练习瑜伽等,但最重要的还是以预防为主。

### (三)预防

#### 1. 减慢过程

最重要的预防方法是逐渐增加运动的时间和强度。太快增加运动强度、时间是运动损伤的一个常见原因,健康专家建议新手和专业运动员采取"10%的原则"避免运动损伤和肌肉酸痛。这条指导原则说明增加的活动每周不应超过10%,包括锻炼的距离、强度、重量和时间,设置每周训练强度的增加量上限。例如,如果一个人每周跑20千米,他还想增加跑步的距离,那么在下周应遵循10%的原则,增加2千米的距离。如果一个人举重为50千克,想增加举重量,那么在下一周应遵循10%的原则,增加5千克。一个开始运动的人,若觉得增加10%负荷量太大,则可以每周增加5%;对于其他人,10%可能太少,若不能确定能力,则只需相应地增加运动。

#### 2. 热身活动

适当的热身活动可以增加流向运动的肌肉的血液量,从而减少肌肉僵硬,降低受伤的风险,提高运动表现。此外,热身活动还为机体的生理和心理方面做好了运动的准备。典型的热身活动还有专项准备活动。例如,对于跑步的人而言,慢跑一会,并做几个冲刺型的动作来动员所有的肌纤维。以缓慢平稳的方式添加非专项的动作,如健美操或柔韧性练习。球类项目运动员经常使用无球练习或球感练习作为他们的热身活动。

拉伸肌肉最好安排在增加血液流量的运动之后。增加血液流量可使肌肉温度提高,这样可避免受伤。天冷时拉伸肌肉会增加受伤的风险。因此,最好在拉伸之前做有氧运动。运动之后做些拉伸练习可以使肌肉变软。

#### 3. 放松活动

运动后应以温和的伸展运动放松。伸展运动是提高体能和健康的基本方式。伸展运动可以促进循环,扩大运动范围,改善身体姿态,减少关节僵硬,减小肌肉张力,使机体放松。

在进行伸展练习时,应注意以下几点:①均匀地拉伸身体两侧的肌肉,不要只拉伸一边而不拉伸另一边;②避免过度伸展,不要有疼痛或不适感,以感到轻微的紧张感为佳;③慢慢地均匀地拉伸肌肉,保持姿势约15秒,同时也要慢慢地释放;④拉伸的时候不要反弹或猛拉,否则会因超出肌肉的能力而发生损伤,拉伸应该流畅和缓慢;⑤练习时应放松,深呼吸是放松的关键,在拉伸时不要屏住呼吸。

## 二、运动中腹痛

运动中腹痛泛指在运动过程中或运动结束时产生的腹部疼痛。

### (一)病因

一般引起腹痛的原因,大体可分为两类:一类是由于腹内脏器病变所致,另一类是由于腹腔以外脏器或全身性病变所致。由腹内脏器病变引起的腹痛,又可分为器质性腹痛和功能性腹痛两种。

#### 1. 胃肠痉挛

胃肠痉挛引起的腹痛,轻者为钝痛、胀痛,重者则可为阵发性绞痛。饭后过早参加运动,运动前吃得过饱、喝水过多、喝冷饮过多或空腹锻炼引起胃酸或冷空气对胃的刺激等,都会引起胃痉挛,其疼痛部位在上腹部。运动前吃了产气或不易消化的食物,如豆类、薯类、牛肉等,腹部受凉或蛔虫刺激等,均可引起肠痉挛,其疼痛部位多在肚脐周围。宿便刺激也可引起肠痉挛,其疼痛部位在左下腹部。

#### 2. 肝脾瘀血

肝脾瘀血肿胀,增大肝脾被膜的张力,使被膜上的神经受到牵扯,因而产生疼痛。肝痛在右季肋部,脾痛在左季肋部,疼痛性质为胀痛或牵扯痛。发生肝脾瘀血的原因可能是准备活动不够或开始运动时速度过快。当内脏器官的功能还没提高到应有的活动水平,就加大运动强度,特别是心肌力量较弱时,心脏搏动无力,会影响静脉血的回流,致使下腔静脉压力上升,肝静脉回流受阻,从而引起肝脾瘀血肿胀。此外,剧烈运动时,会破坏均匀、有节奏的呼吸,引起呼吸肌疲劳或痉挛;膈肌疲劳后会减弱对肝的"按摩"作用,同时由于呼吸短浅,胸膜腔内压增大,会影响下腔静脉血的回流,这些都可使肝脾发生瘀血肿胀。

#### 3. 腹直肌痉挛

夏季进行剧烈运动时,大量排汗,盐分缺失,会使水盐代谢发生紊乱,加上疲劳,可引起腹直肌痉挛。这种腹痛多发生在运动后期,疼痛部位比较表浅。

#### 4. 髂腰肌血肿

在剧烈运动时,由于髂腰肌拉伤,会产生血肿而引起腹痛。

#### 5. 腹部慢性疾病

慢性肝炎、溃疡病或慢性阑尾炎患者参加剧烈运动时,病变部位受到牵扯、震动等刺激,会产生疼痛。这种疼痛的部位同病变的部位一致。

### (二)征象

运动中腹痛的部位一般与有关脏器的解剖部位有关。腹部可分为上、中、下三部分或左、中、右三部分。右上腹痛者,多为肝瘀血、胆囊炎、胆石症等;中上腹痛者,多为胃痉挛、十二指肠溃疡、急性胰腺炎等;左上腹痛者,多为脾瘀血;腹中部痛者,多为肠痉挛、肠套叠或蛔虫症等;右下腹痛者,多为阑尾炎、右髂腰肌血肿;左下腹痛者,多为由宿便刺激引起的肠痉挛或左髂腰肌血肿;腹直肌痉挛多在相应的部位疼痛,且比较表浅。但是,有的疾病在发病初期其疼痛部位并不一定与病变部位完全一致,如急性阑尾炎早期的疼痛部位多在上腹部或脐周围。也有些疾病虽然表现为急性腹痛,但病变部位却在腹外器官,如急性心肌梗死、大叶性肺炎等。

### (三)处理

运动中发生腹痛时,一般只要降低跑速、加深呼吸以调整呼吸与运动的节奏,按压疼痛部位或弯着腰跑一段距离等,疼痛即可减轻或消失。如疼痛仍不减轻,甚至反而加重,就应停止运动,并做进一步的鉴别诊断和处理。若是由胃肠痉挛引起的腹痛,可用指掐、点、揉内关、足三里、大肠俞等穴位;若是腹直肌痉挛,则可进行局部按摩,或采用背伸动作拉长腹肌。如果上述措施均不见效,就应尽快就医进行诊断和处理。

### (四)预防

合理安排膳食,运动前避免吃得过饱或饮水过多,饭后1.5~2.0小时才可进行剧烈运动,并在运动前做好充分的准备活动。运动时要坚持循序渐进的原则,并注意呼吸与动作之间的节奏配合。夏季运动要适当补充盐分。各种腹部脏器的慢性疾病应及早就医、彻底治疗,在疾病未愈之前暂停训练,或只参加一些力所能及的活动。

### 三、运动性贫血

贫血可由各种原因引起,它不是独立的疾病,而是一种症状。

#### (一)病因

运动员在训练过程中如果生理负担量过大,也会导致贫血,这种贫血称为运动性贫血。其类型多为缺铁性贫血,少数为溶血性贫血,个别为混合型贫血。从发生率看,女性高于男性,年龄小的运动员高于年龄大的运动员。血红蛋白是红细胞的主要成分,正常人血红蛋白的浓度和红细胞的数量密切相关。在一般情况下,血液中红细胞数量越多,血红蛋白浓度就越高。我国成年健康男性血红蛋白浓度为120～160克/升,成年健康女性为110～150克/升。成熟红细胞的寿命约为120天,机体在正常情况下每天都有一定数量的红细胞在新生和衰亡,二者之间维持着动态平衡,使血液中红细胞与血红蛋白的数量保持在相对稳定的水平上。一旦这种平衡受到某些因素的破坏,即可引起贫血。由于血红蛋白减少,血液输送氧的功能不足,以致全身各器官、组织缺氧,从而引起各种临床症状。

#### (二)征象

运动性贫血发病缓慢,主要表现为头晕、乏力、易倦、记忆力下降、食欲变差等症状。运动时症状较明显,常伴有气喘、心悸等症状,主要的体征为皮肤和黏膜苍白,心率较快,心尖区可听到收缩期吹风样杂音等。症状的轻重程度与血红蛋白的数量多少及运动负荷的大小有密切关系。血液检查时,血红蛋白的含量减少,男性低于120克/升,女性低于110克/升,这是诊断本病的标准。

#### (三)处理

适当减少运动量,必要时应停止训练,改善营养,尤其是补充富有蛋白质和铁的食物。口服硫酸亚铁片剂,每日3次,每次0.3克,饭后服用,这对治疗缺铁性贫血有明显效果,并同时服用维生素C和胃蛋白酶合剂,以利于铁的吸收。也有人采用中西药结合的方法来治疗运动性贫血,也有较好的疗效。由其他原因引起的贫血则应及时查明原因,对症治疗。

#### (四)预防

合理安排运动量和运动强度,遵守循序渐进和个别对待的原则。多食含蛋白质丰富的食物,克服偏食习惯。对大运动量训练的运动员可进行预防性补铁,建立合理的膳食制度,使运动与进食之间有一定的间隔时间。

### 四、运动性昏厥

在运动中或运动后由于脑部一时性血供不足或血液中化学物质的变化引起突发性、短暂性意识丧失、肌张力消失并伴有跌倒的现象称为运动性昏厥。

#### (一)病因

运动性昏厥是由于供应给大脑的血液和氧减少引起的。昏厥是一种临时的意识丧失,通常持续不到1分钟。运动性昏厥有各种因素的影响,如严重的脱水、低血糖或高温。此外,在运动中晕倒也常常跟血液循环受到影响有关。

### (二)症状

运动性晕多表现为头昏、眼花、面色苍白、全身乏力、出冷汗,进而出现意识丧失和瞳孔缩小。一般数秒内便可恢复,少数人在数小时后清醒,其他异常体征不明显。

### (三)处理

病情较轻者,只要保持安静,取平卧位,注意保暖,并予以必要的对症处理,口服镇静剂,吃容易消化的食物等即可缓解;对心功能不全的患者,应保持安静,取端坐位,给患者吸氧及点掐内关、足三里穴;对昏厥者可加点人中、百会、涌泉等穴,并保持呼吸道通畅;若患者发生呼吸、心搏骤停,必须立即就地做人工呼吸和胸外心脏按压,同时速请医生做进一步处理。

### (四)预防

预防昏厥,首先要加强体育锻炼,提高身体素质和机能水平。其次,在训练和比赛中,应结合身体实际情况量力而行。患病期间,可暂停训练,积极治疗并注意休息。伤病初愈者,要注意逐渐增加运动量。凡在重大比赛和大强度训练前均应做全面深入的体格检查。有高血压病史、心血管系统疾病史的患者或有家族病史的患者应禁止参加剧烈运动和比赛。此外,饭后要休息2~3小时再进行运动和比赛。

## 五、肌肉痉挛

肌肉痉挛(俗称抽筋)是指肌肉不自主强直收缩。在体育运动中最易发生痉挛的肌肉是小腿腓肠肌,其次是足底的拇长屈肌和趾长屈肌。

### (一)病因

**1. 大量排汗**

进行剧烈运动时(尤其是夏天),由于大量排汗,失水、失盐严重,体内电解质的平衡发生紊乱,体内氯化钠的含量过低,引起肌肉神经的兴奋性增高而发生肌肉痉挛。

**2. 肌肉收缩失调**

在运动中,由于肌肉快速地连续收缩,放松的时间太短,导致肌肉收缩与放松的协调交替关系发生破坏。特别是局部肌肉处于疲劳状态时,更易发生肌肉痉挛。

**3. 寒冷的刺激**

在寒冷的环境下进行体育活动时,若未做准备活动或准备活动不充分,肌肉受到寒冷的刺激常可引起肌肉痉挛。此外,局部肌肉疲劳或有微细损伤时,也可引起肌肉痉挛。

### (二)征象

肌肉发生痉挛时,局部肌肉坚硬或隆起,剧烈疼痛,且一时不易缓解。

### (三)处理

牵引痉挛的肌肉,几分钟即可缓解。例如,腓肠肌痉挛时,先让患者平坐或仰卧,伸直膝关节。牵引者双手握住患者足部并抵于牵引者的腹部,利用牵引者躯干前倾的适度力量,将患足缓慢地背伸;若拇长屈肌、趾长屈肌痉挛,用力将足和足趾背伸,但切忌使用暴力。此外,可配合局部按摩,如重推、点穴(承山、涌泉、委中等),以使痉挛得到缓解。

### (四)预防

运动前应做好充分的准备活动。容易发生痉挛的肌肉可事先做适当按摩。冬季户外锻炼时要注意保暖,夏季进行剧烈运动时应注意补充盐分、水及维生素 B 等。游泳前要先用冷水淋湿全身,以提高机体对冷水刺激的适应能力。若水温较低,游泳的时间不宜太长,更不要在水中停止活动。若发生腓肠肌痉挛,切勿惊慌失措,可采用仰泳,一手划水,用患足对侧的手握住患侧足趾,用力将患肢的踝关节背伸;若无效或两侧腓肠肌同时痉挛,应立即呼救。

## 六、极点与第二次呼吸

在进行剧烈运动时,由于在运动开始阶段内脏器官的机能增强不能满足运动器官的需要,人体往往会有一种非常难受的感觉,此时会有呼吸困难、肌肉酸疼、动作迟缓、精神低落等感觉,在运动生理学中,这种现象被称为"极点"。例如,在中长跑时,能量消耗大,下肢回流血量减少,氧债不断积累到一定程度,就会出现呼吸急促、胸闷难忍、下肢沉重、动作不协调,甚至恶心的现象,这就出现了"极点"。

### (一)极点

"极点"的产生主要是由于内脏器官的惰性造成的。因为人体从相对安静状态转到剧烈运动时,四肢肌肉能迅速适应,进入工作状态,而内脏器官,如呼吸、循环系统等却不能很快发挥其最高的机能水平,就会造成体内缺氧,大量的乳酸和二氧化碳积聚,使神经系统的协调遭到暂时破坏,表现为"极点"的产生。"极点"是一种正常的生理现象,与训练水平、运动前的准备活动有关。经常参加锻炼的人,"极点"出现得晚,持续时间短,身体反应也较轻;而很少运动者"极点"出现得早,且持续时间长,表现得也较重。

### (二)第二次呼吸

当运动中出现"极点"现象时,千万不要因此而停止运动,应适当地减慢运动速度,保持冷静并有意识地进行深长的呼气,坚持下去,上述生理反应将逐渐缓解并消失,随后机能得到改善,氧供应增加,运动能力得到提高,动作变得协调有力。这种现象,标志着"极点"已经有所克服,生理过程出现新的平衡,运动生理学上称为第二次呼吸。第二次呼吸出现以后,循环机能将稳定在较高的水平上。

极点与第二次呼吸是长跑运动中常见的生理现象,无须疑虑和恐惧,只要坚持经常锻炼和处理得当,极点是可以延缓和减轻的。

## 七、运动中暑

在较高的温度下,长时间进行体育锻炼易引发中暑。尤其在温度高、通风不良的条件下,头部缺乏保护,被烈日直接照射会更容易中暑。

### (一)征象

中暑早期会出现头晕、头痛、呕吐现象,后逐步发展为体温升高、皮肤干燥,严重者可出现精神失常、虚脱、抽搐、心律失常和血压下降,甚至昏迷。

### (二)处理

降温消暑:将患者扶到阴凉通风处休息,使其平卧,头部抬高,解开衣领。如果患者神志清醒,并无恶心、呕吐症状,可饮用含盐的清凉饮料、茶水或绿豆汤等,并补充生理盐水或葡萄糖等,以起到降温和补充血容量的作用。

人工散热:可采用电风扇吹风等散热方法,但不能直接对着患者吹风,防止造成其感冒。

冰敷:可在头部、腋下或腹股沟等大血管处放置冰袋(用冰块、冰棍或冰激凌等放入塑料袋内,封严密即可),并可用冷水或30％酒精擦浴直到皮肤发红。每10～15分钟测量1次体温。

严重患者,经临时处理后,应迅速送医院治疗。

### (三)预防

在高温炎热的季节进行锻炼时,应适当减少运动量和运动的时间,避免在烈日下长时间锻炼。夏天在室外锻炼时,应戴白色的凉帽,穿宽敞透气的衣服。在室内锻炼时,应保持良好的通风并备有低糖的饮料。

## 八、运动无法忍受度

运动中的运动量和运动强度应该保持在安全的范围内,可根据运动时的心率是否超出个人的目标范围来判断运动强度。体适能较差或高危人群,运动时如果超出了目标范围是不安全的。一些生理的信号可以告知是否超出功能上的极限,这就是运动无法忍受度。当出现运动无法忍受时,会出现心跳过速或不规则、呼吸困难、恶心、呕吐、头痛、晕眩、不正常的脸色发红或发白、极端疲惫、全身无力、发抖、肌肉酸痛、肌肉痉挛,以及胸部憋闷等症状。因此,运动时要学会观察身体的反应,一旦发现以上症状,应立刻停止运动。如果想继续运动,一定要检查后再决定是否继续运动。

恢复心跳数可作为过度劳累的指标。从某种程度上说,恢复心跳数与体适能水平有关。运动后5分钟,心率应低于120次/分钟,否则表示运动过度或有其他心脏方面的问题。若降低运动强度或缩短运动的持续时间,运动后5分钟的心率仍有过快的现象,则应及时就医。

# 第三节 常见运动损伤的预防与处理

在体育运动中所发生的损伤,统称为运动损伤。了解运动损伤的分类、发生原因及防治,有利于改善运动条件,使体育锻炼更好地起到促进身心健康的效果。

## 一、产生运动损伤的原因

造成运动损伤的原因是多方面的,它既与锻炼者的运动基础、体质水平有关,也与运动项目的特点、技术难度,以及运动环境等外部因素有关。主要原因有以下几方面:

第一,思想麻痹大意。这是所有运动损伤因素中最主要的因素。其中包括对预防损伤的意义认识不足,运动前不检查器械,预防措施不得力,争强好胜,常在盲目和冒失的运动中受伤。

第二,准备活动不充分。运动前不做准备活动或准备活动不充分,特别是缺乏有针对性的准备活动,使运动器官和内脏器官功能没有达到运动状态而造成损伤。

第三,缺乏运动经验与自我保护能力。部分学生在运动时,常出现犹豫、恐惧及过分紧张,进而造成损伤事故。更多学生是由于缺乏运动经验和自我保护能力而致伤。例如,摔倒时用肘部或直臂撑地,造成尺(或桡)骨或肘关节损伤。

第四,技术动作上的缺点和错误。技术动作违反人体生理解剖结构的特点和各器官系统功能活动的规律,以及运动时的力学原理,也易引起运动损伤的发生。例如,排球传球时,由于手形不正确引起手指扭挫伤。

第五，纪律松懈或组织不严密。个别学生纪律松懈，特别是在场地狭窄、人员拥挤的地方任意冲撞，造成伤害事故。有的则因组织方法不当致伤。

第六，运动环境不好。运动场地高低不平，器械安装不坚固或年久失修，又缺乏保护措施，运动时的服装和鞋袜不符合体育卫生要求，空气污浊、噪声过大、光线暗淡、气温过高或过低等，都能成为致伤的原因。

第七，身体状况不佳。在睡眠不足、休息不好、患病、带伤和伤病初愈阶段，以及疲劳和营养状况不良时，人的生理功能和运动能力相对下降。在这种情况下参加剧烈的运动，常常会因肌肉的力量较弱、反应较迟钝和身体协调能力较差等因素导致损伤的发生。

## 二、运动损伤的分类

运动损伤的分类方法较多，常用的有以下几种：

第一，按损伤组织的种类，可分为肌肉肌腱损伤、滑囊损伤、关节囊和韧带损伤、骨折、关节脱位、内脏损伤、脑震荡和神经损伤等。

第二，按有无伤口与外界相通，可分为开放性损伤和闭合性损伤。伤部皮肤或黏膜破裂，创口与外界相通，有组织液渗出或血液自伤口流出，称为开放性损伤，如擦伤和刺伤等。伤部皮肤或黏膜完整，无伤口与外界相通，损伤后的出血积聚在组织内，称为闭合性损伤，如肌肉拉伤和关节韧带损伤等。

第三，按发病的缓急，可分为急性损伤和慢性损伤。瞬间遭受直接或间接暴力而造成的损伤，称为急性损伤，其发病急，症状骤起，病程短。因局部长期负担过度，由反复微细损伤积累而成的损伤，称为慢性损伤，其发病缓慢，症状渐起，病程较长。此外，还可因急性损伤处理不当或过早运动而转变为慢性损伤。

## 三、如何预防运动损伤？

第一，加强运动安全教育。克服麻痹思想，提高预防损伤的意识。

第二，认真做好准备活动。对可能发生运动损伤的关节和易伤部位，要及时做好预防措施。

常见运动损伤的预防与处理

第三，合理安排运动量。做练习时防止局部运动器官负担过重。

第四，加强保护与帮助。在加强同伴间的相互保护与帮助的同时，特别要加强和提高自我保护能力。例如，摔倒时立即屈肘、低头、团身滚动，由高处跳下时用前脚掌着地，同时屈膝缓冲等。

第五，加强医务监督，提高自我保健意识。

## 四、常见运动损伤的处理方法

在运动过程中常出现运动损伤，常见的运动损伤处理方法如下：

（一）出血

出血是运动损伤中较常见的一种，可分为外出血和内出血两类。其中外出血分为动脉出血、静脉出血和毛细血管出血三种，可从出血的颜色和出血的情形做出判断。动脉出血呈喷射状，血色鲜红；静脉出血漫涌而出，血色暗红；毛细血管出血为缓慢渗出。

一般成人的血液总量为 4 000～5 000 mL。若急性大出血达到全身总血量的 20%，即可出现面色苍白、头晕乏力、口渴等急性贫血的症状；若出血量超过全身总血量的 30%，将危及生命。因此,对外出血的伤员,尤其是大动脉的出血,必须立即止血;对疑有内脏或颅内出血的伤员,应尽快送医院处理。

止血的方法一般有以下三种:

**1. 冷敷法**

常用于急性闭合性软组织损伤,最简便的方法是用冷水冲洗或用冷毛巾敷于伤处,有条件的可使用氯化烷喷射。

**2. 抬高伤肢法**

用于四肢出血,抬高伤肢,使伤处血压降低,血流量减少,以达到减少出血的目的。

**3. 压迫法**

压迫法包括指压法、绷带加压包扎法和止血带法。

(1)指压法

用手指指腹压在出血动脉近心端相应的骨面上,以阻断血液的流动来达到止血的效果的方法称为指压法。这种止血方法常用于动脉出血,操作简便,止血迅速,是一种临时性止血的好方法。

现将身体不同部位出血的动脉管压迫方法介绍如下:

①额部、颞部出血:一手扶住伤员的头并将其固定,用另一手的拇指在耳屏前上方一指宽处摸到颞浅动脉搏动后,将该动脉压迫在颞骨上,可止同侧额部、颞部出血。

②眼以下面部出血:在下颌角前约1.5 cm处摸到颌外动脉搏动后,用拇指将该动脉压迫在下颌骨上,可止同侧面部出血。

③肩部和上臂部出血:在锁骨上窝内1/3处摸到锁骨下动脉搏动后,用拇指把该血管压迫在第一肋骨上,可止同侧肩、腋部及上臂出血。

④前臂和手部出血:将伤臂稍外展、外旋,在肱二头肌内缘中点处摸到肱动脉搏动后,用拇指或食、中、无名三指将该动脉压迫在肱骨上,可止同侧前臂和手部出血。

⑤大腿和小腿出血:使伤员仰卧,患腿稍外展、外旋,在腹股沟中点稍下方摸到股动脉搏动后,用双手拇指重叠(或掌根)把该动脉压迫在耻骨上,可止同侧下肢出血。

⑥足部出血:在踝关节背侧,于胫骨远端摸到胫前动脉搏动后,把该动脉压迫在胫骨上;在内踝后方,将胫后动脉压迫在胫骨上,可止足部出血。

(2)绷带加压包扎法

用数层无菌敷料覆盖伤口,再用绷带加压包扎,以压住出血的血管而达到止血的效果,同时抬高伤肢。适用于小动脉、小静脉和毛细血管的止血。

(3)止血带法

用胶管或用绳子之类(宽布条、三角巾和毛巾均可)绑扎在伤口的近心端。较大的肢体动脉出血,为运送伤员方便起见应上止血带。若上肢出血,止血带应结扎在上臂的上1/3处,禁止扎在中段,避免损伤桡神经;若下肢出血,止血带扎在大腿的中部。

需注意的是:上止血带前,先要将伤肢抬高,尽量使静脉血回流,并用软织敷料垫好局部,然后再扎止血带,以止血带远端肢体动脉刚刚摸不到为度。扎上止血带后,每隔0.5~1.0小时必须放松一次,放松3~5分钟后再扎上,以防组织长时间缺氧而坏死,放松止血带时可暂用指压法止血。

**(二)软组织损伤**

软组织是指人体的皮肤、皮下组织、肌肉、肌腱、韧带、关节囊、滑膜囊、神经和血管等。这些组织在受到外力作用下,发生机能或结构的异常,称为软组织损伤。软组织损伤分为开放性损伤和闭合性损伤两类。前者有擦伤和撕裂伤等,后者有挫伤和肌肉拉伤等。

**1. 擦伤**

擦伤是运动中最常发生的一种损伤,多发生于对抗性项目活动及摔倒等意外情况。

(1)主要症状

皮肤被擦破出血或有组织液渗出,有一定的伤口。

(2)处理方法

小面积轻度擦伤,伤口干净,只需涂抹一些红药水清洗伤口后,再覆盖消毒布,然后用纱布包扎即可。

**2. 撕裂伤**

在剧烈运动或受到突然强烈撞击时,会造成肌肉撕裂,常见有眉际撕裂等。

(1)主要症状

伤口周围多不整齐,常常伴有周围软组织的损伤。

(2)处理方法

轻度伤用红药水涂抹即可;裂口大时则需止血和缝合伤口,必要时注射破伤风抗毒血清,以防感染。

**3. 挫伤**

挫伤又称"撞伤",是由于皮肤受钝器打击或直接与硬物碰撞而引起的损伤。它分为单纯性挫伤和混合性挫伤。前者是指皮肤和皮下组织的挫伤;后者是指在皮肤和皮下组织挫伤的同时,还合并其他组织器官的损伤(如腹部挫伤可能会伴有内脏器官的破裂)。挫伤多发生在大腿、小腿、腹部及头部等部位。

(1)主要症状

单纯性挫伤表现为局部疼痛、肿胀、瘀血、压痛和运动功能障碍。内脏器官损伤时,则出现头昏、脸色苍白、心慌气短、出虚汗、四肢发凉、烦躁不安,甚至休克。

(2)处理方法

单纯性挫伤在 24 小时内冷敷或加压包扎,抬高患肢或外敷中药。24 小时后可进行热敷、按摩和理疗。进入恢复期可进行一些功能性锻炼。混合性挫伤并出现休克的伤员,经急救处理后,应尽快送医院检查和治疗。

**4. 肌肉拉伤**

肌肉主动强烈收缩或被动过度拉长所造成的肌肉微细损伤、肌肉部分撕裂或完全断裂,称为肌肉拉伤。这是最常见的运动损伤之一,在引体向上和仰卧起坐练习时容易发生。

(1)主要症状

肌肉拉伤后,伤处疼痛、肿胀、压痛,肌肉紧张或痉挛,触之发硬。肌肉严重拉伤时,患者可感到或听到断裂声,疼痛和肿胀明显,皮下瘀血显著,运动功能出现严重障碍,肌肉出现收缩畸形。肌纤维部分断裂时,伤处可摸到凹陷;肌腹中间完全断裂时,出现"双驼峰"畸形;一端完全断裂时,肌肉收缩成"球状"畸形。

(2)处理方法

轻者可即刻冷敷,局部加压包扎,抬高患肢。24 小时后可实施按摩或理疗。肌肉部分或完全断裂者,加压包扎后,立即送医院做手术缝合。

**(三)关节韧带损伤**

关节韧带损伤是指关节受外力异常扭转而造成的韧带损伤及关节附近其他软组织结构的

损伤。在体育运动中以腰部关节、肩关节、髌骨和踝关节的损伤最为常见。例如,跳水时因两腿后摆过大,造成腰部关节扭伤;投掷、扣球和大力发球时,常出现肩关节扭伤;跳高、跳远时由于踏跳不合理或摔倒受到撞击,会导致髌骨损伤;由高处跳下时,失去平衡,会使踝关节过度内翻或外翻致使踝关节扭伤。

### 1. 主要症状

一般表现为压痛、疼痛,急性肿胀和皮下瘀血,关节功能发生障碍等。

### 2. 处理方法

一般性扭伤在 24 小时内可采用冷敷,必要时加压包扎,24 小时后采用理疗、按摩和针灸治疗,待疼痛减轻后可增加功能性练习。发生急性腰部损伤,如果出现剧烈疼痛,不可轻易扶动,应让患者平卧,并用担架送医院诊治。处理后,应卧硬板床(或在腰部下面垫一枕头),使肌肉韧带处于放松状态。

## (四)关节脱位

在体育运动中,因受外力作用,使关节失去正常的连接关系,叫关节脱位,又称脱臼。关节脱位可分完全性脱位和半脱位(又称错位)两种,以肩、肘关节脱位较为常见。严重的关节脱位,伴有关节囊损伤。

### 1. 主要症状

常出现畸形,即刻发生剧烈疼痛和明显压痛,关节周围显著肿胀,严重时出现休克。

### 2. 处理办法

用夹板或三角巾固定伤肢,并尽快护送医院治疗。如没有整复技术和经验,切不可随意做复位动作,以免加重伤情。

## (五)骨折

骨折是指骨的完整性和连续性在外力的作用下遭到破坏的一种损伤。常见的骨折有肱骨骨折、尺(桡)骨骨折、手指骨折、小腿骨折和肋骨骨折等。

运动中有身体某部位受到直接或间接的暴力打击时,可造成骨折。例如,摔倒时,手臂直接撑地,可引起尺骨或桡骨骨折等。

### 1. 主要症状

患处出现肿胀,疼痛难忍,肢体失去正常功能,肌肉产生痉挛,骨折部位可见到畸形。严重骨折伴有出血、神经损伤和发热,乃至发生休克等症状。

### 2. 处理办法

骨折后,暂勿随意移动患肢,应先用夹板或其他代用品固定伤肢。如出现休克,应先施行人工呼吸。若伴有伤口出血,应同时施行止血,并及时护送医院治疗。

## (六)脑震荡

脑震荡是指头部受到外力打击后,脑神经细胞和神经纤维普遍受到震荡后所引起的意识和功能的一般性障碍。脑震荡的常见原因是摔倒时头部着地、头部受到外力打击等。

### 1. 主要症状

伤后即刻发生意识丧失、呼吸表浅、脉搏缓慢、肌肉松弛、瞳孔稍放大但左右对称;清醒后,常伴有头晕、头痛、恶心或呕吐、失眠、耳鸣和记忆力减退等。

### 2. 处理方法

立即让患者平卧,不可坐起或立起,头部冷敷,注意保暖。对昏迷者可用手指指点人中、内关等穴或嗅闻氨水。呼吸障碍者,可施行人工呼吸,并立即送医院诊治。患者在恢复期,要保持环境安静,卧床休息,直至头痛、头晕症状消失。切忌过早地参加体育运动和脑力劳动。

### (七)溺水

溺水是指被水淹的人由于呼吸道遇水刺激发生痉挛,收缩梗阻,造成窒息和缺氧。如果时间稍长,就会因缺氧而危及生命。

#### 1. 主要症状

窒息后,脸色苍白,眼睛充血,口鼻充满泡沫,四肢冰冷,神志昏迷,胃腹满水鼓起,直至呼吸、心跳停止。

#### 2. 处理方法

将溺水者救上岸后,应立即清除并进行人工呼吸;清醒后立即送医院进一步治疗。在运送途中密切观察溺水者情况,必要时继续进行人工呼吸。

人工呼吸法有多种,其中以口对口人工呼吸法和心脏胸外挤压法最有效。必要时口对口呼吸法和心脏胸外挤压法同时进行。急救者之间应密切配合,两者以1∶4的频率进行。

(1)口对口人工呼吸法

松开衣领、裤带和胸腹部衣服,将溺水者仰卧,头部后仰,一手捏住鼻孔,一手托起下颌,并压住环状软骨(压迫食管)以防空气进入胃内。然后深吸一口气,缓缓吹入患者口中,吹气后将捏鼻子的手松开。如此反复并有节律地(每分钟吹16～20次)进行,直至患者自主恢复呼吸为止。

(2)心脏胸外挤压法

将患者仰卧在木板或平地上,急救者两手上下重叠,用掌根置于患者胸骨下段,肘关节伸直,借助于自身体重和肩臂部力量,适度用力下压(不能用力太猛,以防骨折),将胸骨下压3～4厘米为度,随即松手(手不离开胸骨)使胸骨复原,如此反复有节律地(每分钟60～80次)进行,直至心跳恢复为止。

## 第四节　运动处方

运动处方与普通的体育锻炼和一般的治疗方法不同,运动处方是有很强的针对性,有明确的目的,有选择、有控制的运动疗法。

### 一、运动处方的概念

运动处方是20世纪50年代由美国生理学家卡波维奇提出的概念。1969年世界卫生组织(WHO)加以确认。关于运动处方的定义,专家学者表述不一,现列举一些观点。

①运动处方是以获得个人期望的体力为目标,并以适应其体力现状所决定的运动的质和量。"运动的质"即耐力性运动中的运动种类,"运动的量"是指规定运动的强度、时间及频度。

②运动处方是指根据个人状况所制定的运动程序。

③对从事体育锻炼者或病人,根据医学检查资料(包括运动试验及体力测验),按其健康、体力及心血管功能状况,结合生活环境条件和运动爱好等个体特点,用处方的形式规定适当的运动种类、时间及频率,并指出运动中的注意事项,以便有计划地进行经常性锻炼,达到健身或治病的目的,即为"运动处方"。

通俗地讲,运动处方类似医生给病人开的医疗处方,由医生或体育工作者给锻炼者按其年龄、性别、健康状况,身体锻炼经历和心肺或运动器官的机能水平等,用处方的形式,规定适当的运动内容、锻炼方法和运动量。

## 二、运动处方的分类

根据锻炼者的要求和锻炼目的、作用的不同,运动处方可分为以下几种:

第一,健身、健美运动处方,以提高身体素质、运动能力、健美为主要目的。

第二,治疗性运动处方,以治疗疾病、提高康复效果为主要目的。

第三,预防性运动处方,以增强体质、预防疾病、提高健康水平为主要目的。

第四,竞技训练运动处方,以提高专业运动成绩为目的。

## 三、运动处方的内容

运动处方的内容包括锻炼者的一般情况、运动目的、运动项目、运动量、运动强度、运动时间、注意事项等。

第一,一般情况,主要是指锻炼者的姓名、年龄、性别、健康状况等。

第二,运动目的,是指锻炼者希望通过运动达到的主要目的,如保持体力、预防疾病、减肥、健美等。

第三,运动项目,是给锻炼者建议的锻炼内容。健身运动尤其是中老年人的锻炼,一般采用的是有氧运动,即运动过程中能量的来源主要是有氧氧化。有氧运动的形式很多,如散步、慢跑、骑自行车、打太极拳、打门球等。

第四,运动量,是指一次运动机体所承受的负荷水平,如慢跑的距离等。运动量在运动处方中一般是按周逐渐递增的,增加的幅度要综合所选择的运动项目的难度、锻炼者的机能水平和运动基础来确定。

第五,运动强度,是单位时间的运动量,在健身运动中一般是用运动中所达到的最高心率来表示的。

第六,运动时间,包括一次运动的持续时间和每周运动的次数两个方面。

第七,注意事项,主要是告诉锻炼者在运动时要注意的问题,如出现何种情况要减少运动量或停止运动,出现何种症状要及时到医院进行必要的体格检查等。

## 四、运动处方的特征

运动处方与其他处方一样,具有其独有的特征,具体如下:

### (一)以健康为目标和出发点

人人都希望自己体质强健。健身锻炼和竞技锻炼的目的在于通过肌肉活动不同程度地促进人体机能的提高。竞技锻炼是对人体某些特定机能极限的挑战，竞技运动的世界纪录代表了一定时期人们某种能力的上限。健身锻炼则是对人体达到理想健康状态的适应性训练。人们参加运动有各种不同的目的和需要，如为了健康身体、促进身体的发育、愉悦心境、开发智力等。但不论出于何种目的的运动，只要是身体运动，就必须涉及运动的强度、时间、类型、频度和持续的周期等。这些是构成运动处方的基本要素，而这些要素的实施，必须根据运动的目的和个人身体状况的不同，采取不同的运动种类。

### （二）具有科学性和针对性

运动处方利用科学的理论和方法来合理地指导锻炼者增强体质，具有针对性和非随意性的特点。漫不经心地随意运动不利于增进健康，要想通过体育锻炼来健身，就必须按照有科学依据的运动处方来进行锻炼。运动处方很像医生为病人开的药方，一是选配锻炼的项目，二是给各个项目科学定量。要求选用简便可行、效率高的运动项目，根据每个锻炼者的特点确定自己的运动负荷量。

运动处方同时还有着很强的科学性。运动处方是随着体质研究的深入产生的。在这里还应该明确指出，体育学与医学对人类身体健康的关注侧重点不同。医学注重治疗，或以各种方法恢复人体健康；体育学的重点是采用运动锻炼加合理的饮食营养及良好的生活习惯的方法增强人体的体质，提高机体抗病能力，积极保护人的身体健康，预防疾病的发生。体育学是在医学的基础上对人类体质的进一步研究，因此，我们论述的运动处方有一个适用范围，这个范围是根据健康与体质的统一体来制定的。通过体质测试，每个人都可以找到自己所在统一体的位置。如果所定的健身目标脱离了自己的体质基础，就会进入临界区，就需要接受医务监督和医生治疗。

## 五、如何制定运动处方？

### （一）制定运动处方的步骤

运动处方的制定分为以下几步：

#### 1. 确定锻炼目标

锻炼目标是具有不同身体状况和运动需要的个体进行处方锻炼的运动目的。它具有主观和客观的双重特点。主观性表现为对运动的意向、愿望和兴趣，是以情绪为核心的主观意愿需要。而客观性则更多的是由于健康状况、疾病程度等身体客观产生的需求，把运动作为满足机体健康需要的一种手段，对运动的需要是间接的，是以理性为主的、被动客观的。主观意愿需要是运动目的的直接动因。来自客观的需要是运动目的的定向因素，对运动起着定性、定向或选择作用。两者既相互影响、相互制约，又相互依存、相互促进。

在以增进健康、增强体质为目的的运动处方中，也存在着不同的情况，有的人为了提高全身耐力水平（有氧运动能力）而锻炼，有的人为了减肥而锻炼，还有的人为了治疗糖尿病、关节炎等疾病而锻炼，这些都属于确定身体锻炼目标的范畴。

对于一般大学生来说，在多个锻炼目标中，应以提高耐力水平（心血管机能）为主。确定目标时，要注意为了健身而进行运动锻炼，不可无止境地追求运动技术与运动能力的高水平。概括起来运动处方的运动目标有四类：健美、强身健体、保健、康复。

**2. 选择运动项目**

为了取得全面身体锻炼的效果,正确选择适应个体状况的运动项目是很重要的。根据不同的运动特征,可以将运动项目分为许多类型。现代运动处方应包括以下三种主要类型:①有氧耐力性运动;②抗阻力性力量运动;③伸展柔韧性运动。

根据运动目的和身体的具体情况,选择三种类型的比例应有不同的侧重。有氧耐力性运动主要是改善和提高人体的有氧工作能力,这类运动有步行（慢步、快步、定量步行及竞走）、慢跑（或健身跑）、走跑交替、自行车、活动平板运动、有氧舞蹈、健美操、不剧烈的球类运动等。

运动处方中的运动项目是为了增强体质而选用的。在健身运动中,要避免使用高难度、大负荷的竞技运动项目。运动并不是消除压力的最佳治疗剂,它只对一般压力下的人具有一定的治疗作用。

假如处在极度的情绪压力状态下,千万不要运动。所谓情绪压力,是指一个人遭逢重大变故,如亲人不幸死亡、工作被辞退等原因而情绪处于极度不安的状态。假如健康不佳,就不能做竞技性运动,充其量只能做中等强度的运动。这不是说,在恢复健康的过程中不能做任何竞技性运动,而是说应该分外谨慎,不要把较量技术水平高低的竞技运动与增强体质的健身运动混为一谈。

因此,要把选择运动项目与确定锻炼目标结合起来。个人喜欢但健身作用不大的运动,就应该在运动处方单上予以删除。

**3. 确定运动强度、时间和额度**

人体对运动会产生所谓的适应性反应。例如,一个人用60%的速度跑完1 000米后感到很累,锻炼一个月后再跑就感觉轻松了。这就是人体会产生的适应性反应,这种反应会因为运动方法的不同而产生不同的效果。比如说,反复进行强烈用力的运动,肌肉就会变粗,肌肉力量就会增强,而反复进行长跑训练,则可增强心肺等呼吸和循环系统的功能,可以摄入更多的氧气量。

为了长期都拥有好的锻炼效果,需要运用"超量负荷的原理"。人体在运动作用下会产生适应性,这个原理就是根据人体在运动中产生的适应性反应来不断调整运动量的。调整的标准是,使人在运动中的运动量引起人体生理反应的心率指标进入120~140次/分钟的范围（这个范围是健身锻炼中最佳的负荷量）。如果心率达不到这个指标,无论重复训练多少次,都不会引起身体产生良好的变化。

所以在制定运动处方的时候,运动项目、强度、时间和频率等方面如何进行搭配,怎样搭配才会产生最佳的效果,是一个很大的问题。此外,还应该考虑实际从事运动锻炼者的年龄、体力、性别,以及生活环境等个体之间的差异,要因人而异。

**(二)如何确定运动强度?**

在运动强度、时间和频率这三个因素中,以个人最大摄氧量为基准,可以算出耐力运动中所需氧量占最大摄氧量的百分比,由此即可确定运动强度。

**1. 心率**

心率可以体现运动时身体运动的程度,它可以通过脉搏测出。锻炼者按照自己的要求设计健身运动,无论男女老少,都可以采用心率来确定运动程度从而进行锻炼。从人体内部而非人体外部情况就可判断出锻炼效果的好与坏,最可靠的指标就是心率。例如,如果锻炼者始终都可以轻松地运动,那么心率将会比较低;如果进行激烈的运动,那么心率指标必定会上升;如果心率指标一直都很低,那么则表示人体长时间未参加过激烈的锻炼。要想提高心率,就要适当地增加运动量。经过研究和实践,科学家已得出了身体状况完好的人在各种心率下的运动持续时间,为确定健身运动负荷强度提供依据。

运动强度是运动处方中决定运动量的最主要因素之一。运动强度分为绝对强度和相对强度两大类。过去锻炼者的运动处方多使用前者,现在后者在运动中的使用变得越来越广泛。下面就这两种运动强度做简要介绍。

(1)绝对强度

在制定运动处方的时候,采用绝对强度作为强度设定的优点是简单易懂,而且利用它可以评价绝对体力指标。例如,以每分钟 60 米的速度步行 30 分钟,在这个运动处方里,一开始运动时的平均心率是 120 次/分钟,经过数月的锻炼后,运动时心率降低到 100 次/分钟,当初开始运动时喘不过气来的现象慢慢消失了。类似这样,在任何时候都可以进行评价。但是,采用绝对强度作为强度设定也要考虑个体的特点。同样是以每分钟 60 米的速度行走,其身体负担却是因人而异的。对于体力强的人,该强度的运动算低强度,而对于体力较弱的人来说,此强度也许已经过大,甚至有可能引起危险,因此,在这方面必须严格注意,并进行必要的控制。

(2)相对强度

相对强度是按照个体的体力来对运动强度进行设定的。相对强度常用个人的最大摄氧量百分比或者用最大心率的百分比来表示。但是在运动时测定最大摄氧量和心率都比较困难。在这种情况下,依靠主观的感觉,掌握运动中身体的主观运动强度来进行强度设定的,方法比较简单。

运动时间是指每次运动持续的时间,是组成运动量的重要因素。在持续的周期性运动中,运动时间乘以运动强度就是运动量。因此,运动时间依运动强度的变化而变化。即使对运动量相同的运动处方,由于运动的种类不同,强度和时间在处方上也是不同的。

一般来说,耐力运动(有氧训练)可自 15 分钟到 1 个小时,其中达到适宜心率的时间必须在 5 分钟以上。医疗体操持续的时间应该视具体情况而定。运动中应常有短暂的休息。计算运动量时要注意运动的密度,并同时要把运动休息的时间扣除掉。

**2. 运动频率**

运动频率即为每日或每周运动的次数。体育锻炼的效果是在每次运动对人体产生的良好作用的逐渐积累中显示出来的,所以要经常锻炼,或根据不同的运动目标来实施一定周期的运动计划,不能只凭一时的兴趣。

一般每日或隔日运动一次,但应视运动量的大小而定。运动量较大时,休息间隔时间应稍长些。当运动量较小时,休息的时间间隔应短些。

**3. 运动次数**

有人研究观察到：当每周锻炼多于3次时，最大摄氧量的增加逐渐趋于平坦；当锻炼次数增加到5次以上时，最大摄氧量的提高就很小，而每周锻炼少于2次时，通常不引起改变。因此，每周锻炼3～4次是最适宜的频率。但由于运动效应和蓄积的作用，时间不宜超过3天。作为一般的健身保健方法，坚持每天锻炼当然也很好。

# 第五章 足球

足球运动是一项古老的体育活动，源远流长。现代足球运动起源于英国，从英国走向欧洲，从欧洲走向世界，并已经成为世界上最受欢迎的体育项目之一。

## 第一节 足球运动概述

足球运动体现了运动中力量和速度的完美结合。它就像是自然界中的猎豹，奔跑的速度、节奏、动感、力量，以及舒展的线条都给人一种美的享受。这种美是力量之美、速度之美、灵性之美。因为是运动，也就被赋予了一种精神——竞技精神：公平公正，勇敢拼搏，积极进取，荣誉至上，争当胜者。这种足球精神应是足球魅力最核心的部分之一。在它的感召下，我们看到激情和技术随心所欲地挥洒，看到球迷为之癫狂、为之忘我的沉醉状态。

### 一、足球运动的起源与发展

足球运动起源于中国。据史料记载，我国早在两千五百多年前的战国时代，就出现了足球游戏，当时被称为"蹴鞠"。所谓"蹴"，是指踢，所谓"鞠"，是指球[1]。

现代足球运动诞生于英国。1863年10月26日，英国人在伦敦成立了世界上第一个足球组织。这一天被称为英国现代足球的诞生日。

1900年，足球运动被列为奥运会正式比赛项目。1904年5月21日，国际足球联合会（FIFA）在伦敦成立，是目前会员最多的国际单项体育组织。1930年，国际足联开始举办世界足球冠军杯——雷米特杯（现称国际足联世界杯），后每四年举办一届。足球运动历经了一百多年的发展与变革，吸引着全球数以亿计的足球爱好者，被誉为"世界第一运动"。

中华人民共和国成立后，我国的足球运动不断地发展和提高。2002年，中国男子足球队首次打入世界杯决赛圈，成为中国足球史上的一大突破。2004年，中国足球超级联赛开始，这是中国职业足球的顶级赛事，推动着我国足球运动不断向前发展。

---

[1] 尹军，袁守龙，武文强. 大学体育与健康[M]. 北京：中国工信出版集团，2022.

## 二、足球运动的特点

足球运动的特点具体如下：

### （一）易行性

足球运动受场地和器材的限制较小，对于一般足球爱好者的技战术要求不高，是较易开展的群众性体育活动。一般性足球比赛的参赛人数和比赛时间等可根据实际情况灵活变化；正式的足球比赛，规则简单明了，易于大众观赏。

### （二）整体性

在足球比赛中，参赛队员只有思想统一、协同合作、攻则全动、守则全防，形成整体的攻守阵势，才能更好地进行战术配合，以争取比赛的主动权，进而取得较佳的比赛成绩。

### （三）对抗性

足球比赛以接、抢、断，以及战术配合等方式争夺对球的控制权，目的是将球攻入对方球门，并防止对方的进攻。由此形成了比赛双方的攻守对抗。

### （四）多变性

在足球比赛中技战术的运用需根据场上形势随时调整，场上队员要在奔跑中完成接、控、传、抢、顶和射等技术动作，并要随时与队友进行战术的调整和配合。由此使得比赛形势变化多端，比赛结果悬念迭起。

## 三、常用术语

足球运动的常用术语如下：

### （一）任意球

任意球是足球比赛规则中罚球的一种。若一方队员犯规，则由对方队员在犯规地点踢任意球。任意球分为直接任意球和间接任意球。其中，直接任意球可直接射门得分；间接任意球必须在足球踢出并触及其他队员后进入球门，才能得分。

### （二）界外球

界外球是指一方队员最后触球后，球体越出赛场边线的球。当出现界外球时，需由对方队员在球越出边线处，将球掷入场内，重新开始比赛。

### （三）球门球

球门球是指进攻方队员最后触球后，球体越出防守方球门线的球（非进球得分时）。当出现球门球时，应由防守方球员在本方球门区内，直接将球踢入场内，重新开始比赛。

### （四）角球

角球是指防守方队员最后触球后，球体越出本方球门线的球（非进球得分时）。当出现角球时，应由进攻方队员在距离球出界处最近的角球弧内，将球踢入场内，重新开始比赛。

### （五）点球

点球是指在罚球点上踢出的球。点球可分为罚球点球和踢球点球。

罚球点球：比赛进行过程中，一方队员在本方罚球区内违反可判为直接任意球的十条规则之一,即被判罚点球。

踢球点球:淘汰赛中双方加时赛之后依然是平局,将踢点球决定胜负。

### (六)定位球

定位球是指在一定位置上踢出的球。任意球、球门球、角球和点球等都属于定位球。

## 第二节 足球基本技术

足球技术是指运动员在足球比赛规则条件下,运用身体有效部位合理完成各种动作的总称。常用的足球技术包括踢球、接球、头顶球、运球和抢截球等。

### 一、踢球

踢球是指运动员有目的地用脚的相应部位将球踢向预定目标的技术动作。它主要用于传球和射门。

踢球可按击球时脚触球的部位分为脚内侧踢球、脚背正面踢球、脚背内侧踢球和脚背外侧踢球等。踢球时可按球的状态分为定位球、地滚球、反弹球和空中球等。在此仅以踢定位球为例介绍部分动作要领。

#### (一)脚内侧踢球

脚内侧踢球是用脚内侧的跖指关节、舟骨和根骨所构成的三角部位接触球的一种踢球方法。其特点是触球面积大,可控性强,出球平稳准确,出球力量较小。它适用于短距离传球和射门[1]。

动作要领:直线助跑,支撑脚踏在球侧约15厘米处,膝微屈,脚尖指向出球方向。支撑脚落地同时,踢球腿以髋关节为轴由后向前摆动,膝、踝外展,脚跟前送,脚尖稍翘,脚掌与地面平行。小腿加速前摆,脚形固定,用脚内侧部位击球的后中部,击球后,踢球腿随球前摆,如图5-1所示。

图5-1 脚内侧踢球

#### (二)脚背正面踢球

脚背正面踢球是用脚背正面的楔骨和趾骨末端部位触球的一种踢球方法。其特点是踢摆幅度大、摆速快,便于发力,但出球路线缺乏变化。它适用于远距离的传球和大力射门。

---

[1]侯德红.大学体育与健康[M].4版.北京:高等教育出版社,2022.

动作要领：直线助跑，支撑脚踏在球侧约 15 厘米处，膝微屈，脚尖指向出球方向，踢球腿自然后摆，小腿后屈。支撑脚落地同时，踢球腿以髋关节为轴带动小腿前摆。膝关节接近球体上方时，小腿加速前摆，脚背绷直，脚趾扣紧，以脚背正面击球的后中部，击球后，踢球腿顺势前摆，如图 5-2 所示。

图 5-2　脚背正面踢球

### （三）脚背内侧踢球

脚背内侧踢球是用脚背内侧的几个楔骨和趾骨末端部位接触球的一种踢球方法。其特点是摆幅度大，摆速快，踢球力量大，助跑方向和支撑脚站位灵活，出球的方向变化较多。它适用于中、远距离传球和射门。

动作要领：沿出球方向 45°斜线助跑，支撑脚踏在球体侧后方 20～25 厘米处，膝微屈，脚尖指向出球方向，身体稍倾向支撑脚一侧，踢球腿自然后摆。支撑脚落地同时，踢球腿以髋关节为轴带动小腿前摆。膝关节接近球体上方时，小腿加速前摆，脚尖外转，脚面绷直，脚趾扣紧，以脚背内侧击球的后中部，击球后，踢球腿顺势前摆，如图 5-3 所示。

图 5-3　脚背内侧踢球

## 二、接球

接球也称停球，是指运动员有目的地运用身体的有效部位触球，将运行中的球接控在所需要范围内的技术动作。较为简单的接球方法有脚内侧接球和脚底接球等。

### （一）脚内侧接球

脚内侧接球的特点是触球面积大，接球平稳，便于改变球的方向。它适用于接地滚球和反弹球。

动作要领：

①接地滚球时，身体正对来球，支撑腿微屈，接球腿屈膝外转前迎，脚内侧对准来球，脚内侧触球瞬间自然后撤，将球控制在所需要的位置上，如图 5-4 所示。

图 5-4　脚内侧接地滚球

②接反弹球时,支撑脚踏在落球点的侧前方,膝微屈,上体稍前倾,并向停球方向微转。接球腿屈膝上提,膝、踝外转,脚内侧对准球的反弹路线,当球落下反弹刚离地时,用脚内侧触压球的中上部,如图 5-5 所示。

### (二)脚底接球

脚底接球的特点是动作简单,控球稳定。它适用于接地滚球和反弹球。

动作要领:身体正对来球,支撑腿踏在球的侧后方,膝微屈,接球腿自然屈膝上提,脚尖翘起,用前脚掌触压球的中上部,如图 5-6 所示。

图 5-5　脚内侧接反弹球　　　　图 5-6　脚底接球

## 三、头顶球

头顶球是指运动员有目的地用额部将球击向预定目标的技术动作。头顶球包括前额正面顶球和前额侧面顶球。

### (一)前额正面顶球

特点:触球部位平坦,发力顺畅,易于控制出球方向,出球平稳有力。

动作要领:身体正对来球,两腿前后开立,膝微屈,上体后仰,重心置于后脚,两臂自然张开。当球运行到身体垂直部位前的瞬间,后腿用力蹬地,重心前移,迅速向前摆体,微收下额,用前额正面击球的后中部,如图 5-7 所示。

### (二)前额侧面顶球

特点:动作突然、能变换出球方向,但触球面积小,出球力量较小。

动作要领:两脚前后开立,与来球方向的同侧脚在前,两膝微屈,重心置于后脚。上体和头部向出球的相反方向倾斜,两臂自然张开。当球运行到体前上方时,后脚用力蹬地,上体迅速向出球方向扭摆,屈体甩头,用前额侧面击球的后中部,如图 5-8 所示。

图 5-7　前额正面顶球

图 5-8　前额侧面顶球

## 四、运球

运球是指运动员在跑动过程中用脚连续推拨球，使球处于自己控制范围之内的技术动作。常用的运球方法有脚内侧运球、脚背正面运球和脚背外侧运球等。

### （一）脚内侧运球

脚内侧运球的特点是易于控球，但运球速度慢，适用于掩护性运球。

动作要领：运球时，支撑脚踏于球的侧前方，膝微屈，重心移至支撑脚，身体略转向运球方向，运球腿屈膝上提，脚尖外转，在向前迈步过程中用脚内侧推球前进，如图 5-9 所示。

图 5-9　脚内侧运球

### （二）脚背正面运球

脚背正面运球的特点是直线推拨，速度快，但运球路线单一。它多在快速运球前进或前方纵深距离较大时使用。

动作要领：运球时，身体自然放松，两臂自然摆动，上体稍前倾，步幅不宜过大，运球脚提起时，膝微屈，脚跟提起，脚尖下指，在向前迈步过程中用脚背正面推球前进，如图 5-10 所示。

图 5-10　脚背正面运球

### （三）脚背外侧运球

脚背外侧运球的特点是具有较强的灵活性和可变性，易于控制运球方向和提高运球速度。

它多在快速奔跑和向外改变运球方向时使用。

动作要领:其动作要领与脚背正面运球相似,只是在摆脚时,脚尖稍向内转,用脚背外侧推球前进,如图 5-11 所示。

图 5-11　脚背外侧运球

### 五、抢截球

抢截球是指在比赛规则允许的范围内,运动员有目的地运用身体的某一部位,将对方控制下或传递中的球夺过来、踢出去或破坏掉的技术动作。常用的抢截球方法有正面抢球和侧面抢球等。

#### (一)正面抢球

动作要领:两脚前后开立,两膝微屈,身体重心下移,落于两脚。在控球队员运球脚触球后即将着地或刚刚着地时,抢球队员支撑脚用力蹬地,抢球脚以脚内侧对球,并屈膝向球跨出将球堵截。身体重心随即移至抢球脚,支撑脚前跨将球控制住,如图 5-12 所示。

图 5-12　正面抢球

#### (二)侧面抢球

动作要领:当与对方控球队员成平行跑动时,重心稍下移,靠近对手一侧的手臂紧贴身体。当对方靠近自己一侧的脚离地时,用肘关节以上部位冲撞对方相应部位,使其失去平衡,趁机将球控制在自己脚下,如图 5-13 所示。

## 第三节　足球基本战术

足球的基本战术

足球战术是指在足球比赛中,为了战胜对方,根据主客观情况所采取的个人行动和集体配合的方法。足球战术可分为比赛阵型、进攻战术和防守战术三大部分。攻守战术中又各自包括个人战术、局部战术和整体战术。

图 5-13　侧面抢球

## 一、比赛阵型

足球比赛阵型是指为了适应攻守战术的需要，队员在场上的位置排列和职责分工的基本形式。各阵型的名称按队员排列的形状而定。阵型的序列由后向前依次为守门员、后卫、前卫和前锋。由于守门员的职责是固定的，所以守门员一般不列入比赛阵型中。较为常见的比赛阵型有 4-4-2、4-2-4、4-3-3。4-4-2 阵型为 4 名后卫、4 名前卫和 2 名前锋。

## 二、进攻战术

一般而言，足球基本战术中的进攻战术如下：

### （一）个人进攻战术

个人进攻战术包括采取有效措施，摆脱对方防守队员；跑动到有利位置，接应队友传球；运球突破对方防线，寻求射门机会等，其目的是进球得分。

### （二）局部进攻战术

局部进攻中常用"二过一"战术配合。"二过一"战术配合是指在局部地区两名进攻队员通过连续传球和跑位，突破一名防守队员的配合。

**1. 斜传直插二过一**

斜传直插二过一是指当对方防守队员逼近正在运球的进攻队员时，进攻队员将球传给队友，然后直插到对方防守队员身后的空当，接应队友传球的一种战术配合，如图 5-14 所示。

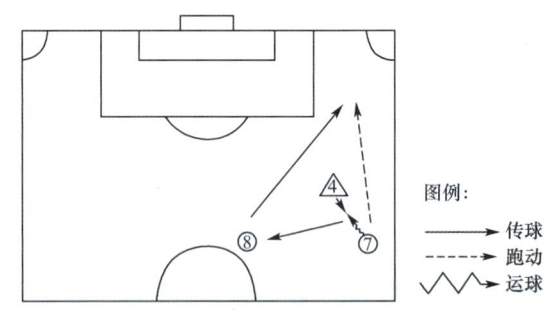

图 5-14　斜传直插二过一

**2. 直传斜插二过一**

直传斜插二过一是进攻队员将球直传给队友，当对方防守队员逼近控球队友时，队友将球传至对方防守队员身后的空当，进攻队员立即斜插入空当，接应队友传球的一种战术配合，如图 5-15 所示。

图 5-15　直传斜插二过一

### 3. 跳墙式二过一

跳墙式二过一是指当防守队员逼近正在运球进攻的队员时，进攻队员将球传给队友，队友接球后直接将球传至对方防守队员身后的空当，进攻队员快速切入空当，接应队友的传球的一种战术配合，如图 5-16 所示。

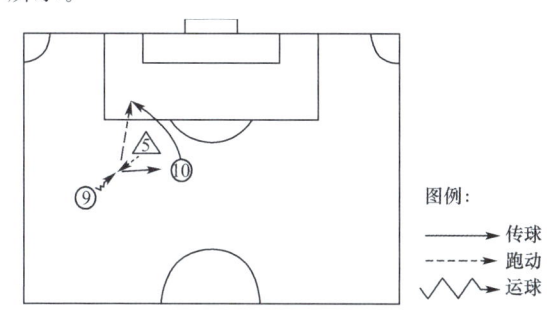

图 5-16　跳墙式二过一

### （三）整体进攻战术

整体进攻战术主要包括边路进攻和中路进攻。

#### 1. 边路进攻

边路进攻是指在对方半场两侧地区发起的进攻。边路进攻可充分利用场地的宽度，拉开对方的防线，使对方边路场区的防守队员分散、防守变得薄弱，以便进攻队员利用对方边路的空当突破防线，再通过传中等方式，创造射门机会。

#### 2. 中路进攻

中路进攻是指在对方半场中部发起的进攻。中路进攻的特点是进攻人数多，配合点多，破门机会多，但由于对方中路防守严密，突破难度较大。

## 三、防守战术

防守战术如下：

### （一）个人防守战术

个人防守战术中运用较多的是选位和盯人。

#### 1. 选位

选位是指防守队员根据位置职责和临场情况，选择适当的防守位置。防守队员选位的点，一般应在本队球门中心与被防守队员所构成的直线上。

#### 2. 盯人

盯人是指防守队员对进入本方防守区域内的对方队员实施监控，并及时封堵对方队员接球或传球。

### （二）局部防守战术

常用的局部防守战术有保护、补位和围抢等。

#### 1. 保护

保护是指一名防守队员在防守对方球员持球进攻时，另一名防守队员在其身后选择适当位置进行协助防守的战术配合。

#### 2. 补位

补位是指一名防守队员的防守出现漏洞时，另一名防守队员及时上前弥补漏洞的战术配合。通过队友间的相互补位，可以有效地遏制和破坏对方的进攻。

#### 3. 围抢

围抢是指在局部区域内，多名防守队员同时围堵对方控球队员，以达到抢截或破坏对方进攻目的的战术配合。

### （三）整体防守战术

整体防守战术主要包括盯人防守、区域防守和混合防守等。

#### 1. 盯人防守

盯人防守是指每个防守队员都有各自明确的防守对象，对手移动到哪里就要紧跟盯防到哪里。每个队员负责自己的防守区域，并在该区域内盯人防守。

#### 2. 区域防守

比赛中，每一队员根据其所处位置划分一定的防守区域，在这一区域内，只站住而不紧逼盯人。这一防守战术比较被动，当同一区域内有两名以上队员进攻时就会露出空档，并且对方队员比较容易传接球。

#### 3. 混合防守

混合防守是盯人防守与区域防守相结合的防守方法。一般情况下，对于对方中场组织队员和持球进攻队员采用盯人防守；对于其他队员采用区域防守。

## 第四节　足球竞赛规则

随着足球运动发展，《足球竞赛规则》不断进行着修订和补充，其目的是保护参与比赛人员进行比赛；遏制比赛中的非体育行为；促进足球技、战术发展，鼓励进攻、进球，提高比赛的观赏性；吸引更多人关注足球，使足球运动更具有生命力并健康发展。

### 一、足球场地

比赛可以在天然或人造草坪（必须是绿色）上进行，球场必须是长方形，长度为90～120米，宽度为45～90米。国际比赛场地的要求是长度100～110米，宽度64～75米。世界杯场地的要求是长度105米，宽度68米。场地内所有线的宽度都应一致，不得超过12厘米，这些线作为场内各个区域的边界线都包含在各个区域之内。比赛进行中或比赛成死球时未经裁判允许，包括场上队员在内的任何人不得擅自离开或进入比赛场地。足球场地由四线、三区、二点、一圈、一弧、一门构成。以下选取部分进行介绍。

### (一)界线

球场各分界处必须画清晰的界线,地面平齐,不得做成 V 型槽或高出地面的凸线。场地各线的宽度不超过 12 厘米(一般以 12 厘米为宜)。

### (二)边线与球门线

第一,边线与球门线构成了足球场的面积,比赛开始未经裁判员允许,队员不得擅自出场或进场。两条较长的边界线叫边线。

作用:比赛进行中,当球的整体不论在空中或地面全部越过该线时比赛成死球,由掷界外球恢复比赛。

第二,当球的整体从地面或空中越过边线或球门线时即为球出界成死球,分别由掷界外球、踢球门球或角球恢复比赛。两条较短的边界线叫球门线。

作用:比赛进行中,当球的整体不论在空中或地面全部越过该线时比赛成死球,是判别何方踢球门球或角球的标志线。

### (三)中线

把比赛场地划分为两个相等半场的线叫中线,其作用是:

第一,把全场划分为两个相等的半场,中线的宽度属于双方本半场面积的组成部分。

第二,开球对队员必须站在本方半场内,在裁判员鸣哨后,当球被踢并向前移动时,比赛即为开始,队员方可进入对方半场。

第三,队员在本方半场无越位犯规。

### (四)球门区

在比赛场地两端距球门柱内侧 5.5 米处的球门线上,向场内各画一条长 5.5 米与球门线垂直的线,一端与球门线相接,另一端画一条连接线与球门线平行,这三条线与球门线范围内的区域叫球门区。

### (五)罚球区

在距球门两内沿各 16.5 米的球门线外沿向场内各画一条 16.5 米的垂线,两端相连构成罚球区。该区在比赛中起影响、制约队员的多种作用。

### (六)角球区

以边线和球门线外沿交点为圆心,1 米为半径,向场内各画一段 1/4 的圆弧,这个弧内区域叫角球区。

### (七)罚球点

在两球门线中点垂直向场内量 11 米处各做一个清晰的标记,叫罚点球。罚点球时,球必须放在罚球点上。当罚球点模糊不清时,由裁判员确定罚球点的位置。

### (八)球门

球门应设在球门线的中央,为内沿相距 7.32 米并与角旗点等距离的直立门柱,以及一根下沿离地面 2.44 米的水平横木连接组成。无论是固定或可移动球门都必须稳定地固定在场地上。门柱及横木的宽度、厚度与球门线,均应对称相等,球门应为白色。不准运动员在横木上做悬垂动作,违者应予警告。

## 二、参与比赛的队员和装备

正式比赛每场比赛前,各队应提交给裁判员本队参与本场比赛的18名队员名单。比赛开始后名单不得更改。每队的上场队员不得超过11人和少于7人,其中1人必须是守门员。正式比赛队员的基本装备:有袖的运动上衣、短裤、护袜、护腿板、足球鞋。基本装备上不能有任何涉及政治、宗教或个人的言论。两队服装颜色必须有别于对方,守门员的服装必须有别于其他队员。队长必须佩戴袖标。

## 三、比赛时间

比赛分为上、下两个半场,每个半场45分钟,中场休息不得超过15分钟(竞赛规程可以另定)。在每个半场比赛中,裁判员应补足由替换队员、队员受伤移出场地、拖延时间或其他原因所损耗的时间。如果执行罚球、点球,每半场比赛应延长至罚球、点球结束。

## 四、越位

在足球比赛中,当进攻队员在对方半场内较球和最后第二名对方队员更接近对方球门线,即为处于越位位置。处于越位位置时,当同队队员踢或触及球的一瞬间,裁判员认为该队员以如下方式参与了实际比赛,则应判为越位:

①干扰比赛。
②干扰对方。
③企图从越位位置获得利益。

# 第六章 篮球

篮球运动是一项由跑、跳、投等动作组成的技术巧妙、战术多变的综合性运动项目,篮球运动之所以在全世界得到如此广泛的发展,是因为它具有较高的锻炼价值,不但能够促进人体发育,增进身心健康,磨炼意志品质,而且可以培养团结协作的集体主义精神。经常从事篮球运动,能促进学生速度、灵敏、力量、耐力、柔韧等身体素质的发展,提高中枢神经系统的灵活性,增强心血管、呼吸、消化系统的机能,促进肌肉和骨骼的生长发育,使身体得到全面的发展。

## 第一节 篮球运动概述

篮球运动是全世界无数人热爱的运动。篮球运动充满活力,不仅能提高参与者的身体素质、锻炼意志,还能培养团队精神、增强使命感和荣誉意识。

### 一、篮球运动的起源与发展

篮球运动于1891年由美国的詹姆斯·奈史密斯博士发明,最初只是一种活动性游戏。詹姆斯·奈史密斯将两个桃篮挂于墙上作为篮筐,用足球作为比赛工具,以投足球入对方篮筐次数多的一方为胜方。因为游戏中使用了篮筐和足球,所以起名为篮球[①]。

最初的篮球比赛,对场地大小没有限制,只需双方参加比赛的人数相等即可。1892年,詹姆斯·奈史密斯制定了13条篮球比赛规则,目的是使篮球比赛在公平对等的条件下进行,同时不允许粗野动作发生。

1908年,美国制定了全国统一的篮球比赛规则,该规则被翻译成多种语言出版。从此,篮球运动在美洲、欧洲和亚洲逐渐发展起来,成为一项世界性的运动项目。

1936年,第11届奥运会将男子篮球比赛列为正式比赛项目;1976年,第21届奥运会又增加了女子篮球比赛,从此篮球运动全面登上了国际体育竞技舞台。随着篮球运动的发展,比赛规则也不断地被增删和完善,现行的篮球比赛规则有61条和57个手势图。

1895年,篮球运动传入天津,并且在我国各大城市的大学、中学校逐渐开展起来。至

---

① 罗红,夏青,王玮.大学体育教程[M].北京:高等教育出版社,2021.

20 世纪 50 年代末,我国篮球运动水平已接近世界先进水平。

目前,篮球运动正朝着高速度、高空优势、高超技巧和顽强对抗的方向发展。随着国际交往和学习研究的加强,篮球运动的发展必将会被推向新的高潮。

## 二、篮球运动的特点

篮球运动的特点主要有以下几个:

### (一)广泛性

篮球运动容易开展,活动量可大可小,参加者不受年龄、性别等限制。

### (二)集体性

篮球运动的活动形式是以两队相互协同的形式展开的,竞赛过程中需要团队成员的配合,才能取得最佳的效果。

### (三)对抗性

在狭小的场地限制与反限制,通过进攻与防守向对方篮筐投篮或防止对方向我方篮筐投篮。因此,篮球运动具有很强的对抗性。

### (四)时空性

篮球比赛是在一定的时间内围绕空间的球和篮展开的攻守对抗。比赛中,参与者要以智慧运用各种技术和战术,争取有限的时间去争夺空间优势,这也是篮球运动的特点。

## 三、篮球场、篮球架和篮球

下面分别介绍篮球场、篮球架和篮球的知识。

### (一)篮球场

标准篮球场是一块长 28 m、宽 15 m 的长方形平地。球场必须有明显的界线,如图 6-1 所示。界线距观众、广告牌或其他障碍物至少 2 m。篮球场长边的界线叫边线,短边的界线叫端线。

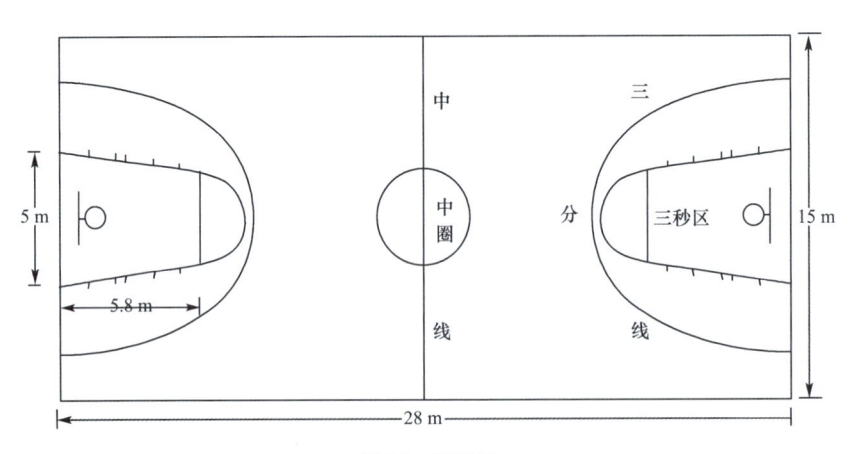

图 6-1 篮球场

### (二)篮球架

篮球架包括篮板、篮筐(由篮圈和篮网组成)、篮板支架。

(1)篮板用坚硬木材或透明材料制成,厚 3 cm,高 1.05 m,长 1.8 m。篮板下沿距地面 2.9 m。

(2)篮圈由实心铁条制成,内径为 45 cm,距地面的高度为 3.05 m;篮网用白色的细绳结成,悬挂于篮圈上,网长不得短于 0.40 m,不得长于 0.45 m。

(3)篮板支架高度小于 2.75 m,表面要包扎,包扎物的最小厚度为 15 cm。

### (三)篮球

篮球应是正圆球体,颜色一般为橙色或者暗橙色,外皮必须用皮、橡胶或合成物质等材质制成。篮球的圆周尺寸不得小于 74.9 cm,不得大于 78.0 cm。篮球的质量不得少于 567 g,不得多于 650 g。充气后,篮球从距地面(从球底部量起)1.8 m 的高度落到比赛场地上时,其反弹高度(从球的顶部量起)不得低于 1.2 m,不得高于 1.4 m。

## 四、篮球运动常用术语

为了便于描述篮球技术与战术,我们首先来学习一些常用的篮球运动术语。

第一,卡位:进攻者运用脚步动作把防守者挡在自己身后的一种步法。

第二,持球突破:持球者运球超越防守者的行为。

第三,扣篮:运动员单手或双手持球跳起,在空中自上而下将球扣进篮圈的动作。

第四,补篮:队员投篮不中时,同伴跳起在空中将球补进篮内的行为。

第五,一传:持球队员由防守转为进攻的第一次传球。

# 第二节 篮球基本技术

篮球技术是在篮球比赛中,队员为了达到攻守目的所运用的各种专门动作的总称。篮球技术包括进攻(包括脚步移动、传接球、运球、投篮和持球突破等)和防守(包括防无球队员和防有球队员)两大技术体系,其中脚步移动、传接球、运球、投篮四种基本技术较为常用。

## 一、脚步移动

脚步移动是在篮球比赛中队员为了争取时间和空间上的主动优势所采用的各种脚步动作的总称,是学习篮球技术和使用机动灵活战术的基础。脚步移动主要包括基本站立姿势、起动、跑、急停、滑步和转身等。下面对这六种技术进行简要介绍。

### (一)基本站立姿势

基本站立姿势是脚步移动的准备姿势,以便于各种技术动作的开始和运用。

动作要领:两脚前后或左右开立,与肩同宽,两膝微屈,重心落于两脚间,上体稍前倾,两臂自然弯曲于体侧,两眼注视全场情况。

### (二)起动

起动是队员在球场上由静止状态变为运动状态的一种起始动作,一般用于攻守中抢占有利位置的行动中。起动包括向前和向侧起动两种方式。

动作要领:从基本站立姿势开始,向左侧起动时,重心左移,上体迅速左转,左脚不动,右脚前脚掌用力蹬地,并向左跨出,两臂自然摆动;向前或向右起动与向左起动的动作要领相仿,只是方向不同而已。

### (三) 跑

跑是最基本的移动技术,包括侧身跑、变速跑、变向跑、后退跑等技术。下面简要介绍侧身跑和变速跑。

#### 1. 侧身跑

侧身跑是队员在跑动中为了抢位、摆脱防守、接侧向或侧后方的传球而采用的一种跑动方法。

动作要领:跑动过程中,两脚尖正对跑动方向,头和上体转向球的方向。

#### 2. 变速跑

变速跑是队员在跑动过程中改变跑的速度(加速或减速)的一种方法。

动作要领:跑动过程中,加速时,同时迅速摆臂;减速时,上体直起,加大步幅,用前脚掌抵地,缓冲减速。

### (四) 急停

急停是进攻队员在快速跑动过程中,突然制动并呈静止状态的一种方法。常用的急停包括跨步急停和跳步急停两种。

#### 1. 跨步急停

动作要领:停步时,一只脚向前跨出一大步,从脚跟着地过渡到全脚掌抵地,同时迅速屈膝,上体后仰。另一只脚紧随着地时,脚尖内旋,身体顺势侧转,前脚掌内侧蹬地。两臂屈肘张开,保持身体平衡。

#### 2. 跳步急停

动作要领:停步时,双脚起跳,上体稍后仰,两臂自然摆动,两脚同时平行落地,屈膝降重心,两臂屈肘张开,保持身体平衡。

### (五) 滑步

滑步是队员防守时移动的主要步法。常用的滑步包括侧滑步、前滑步和后滑步三种。

#### 1. 侧滑步

动作要领:开始滑步前,两脚左右开立,微屈膝,两臂侧张开。向左侧滑步时,身体重心左移,左脚向左跨出一步,落地的同时,右脚迅速滑行跟进,完成一步侧滑,然后重复以上动作,如图 6-2 所示。向右侧滑步时,动作相反。

图 6-2 向左侧滑步

### 2. 前滑步和后滑步

动作要领：开始滑步前，两脚前后开立，微屈膝，两臂前后张开。向前滑步时，身体重心前移，前脚向前跨一步，落地的同时，后脚迅速滑行跟进，完成向前滑一步，然后重复以上动作。

向后滑步时，动作相反。

### （六）转身

转身是队员以一脚做轴（中枢脚），另一只脚蹬地向前或向后跨出，身体顺势转动，以改变身体方向的一种方法。转身包括前转身和后转身两种方式。

#### 1. 前转身

动作要领：转身时（以左脚为中枢脚），右脚前脚掌向外蹬地，同时身体重心左移，右脚由体前向左跨一步，同时中枢脚以前脚掌为轴（脚跟提起）用力碾地旋转，身体顺势左转，如图 6-3 所示。

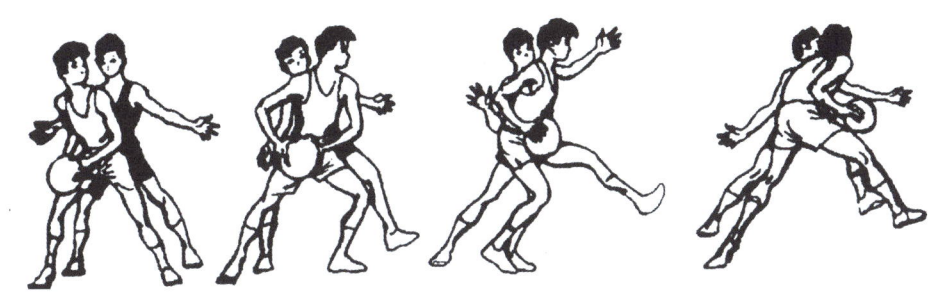

图 6-3　前转身

#### 2. 后转身

后转身和前转身的动作要领相仿，不同的是后转身时移动的脚向自己身后跨步使身体改变方向。

## 二、传接球

传接球是篮球比赛中队员之间有目的地转移球，以更好地配合全队进攻的有效手段。因此，传接球是组织全队进攻配合的纽带，也是提高进攻质量的重要环节。下面对传接球方法进行简要介绍。

### （一）传球

传球包括双手胸前传球、双手低手传球、双手头上传球、单手肩上传球、单手胸前传球、单手低手传球、单手背后传球、单手体侧传球和勾手传球等方法。下面对双手胸前传球和单手肩上传球进行简要的介绍。

#### 1. 双手胸前传球

双手胸前传球是最基本、最常用的传球方法之一，适用于不同方向、不同距离的传球，其特点是准确性高，便于控制球。

动作要领：双手持球时，两脚开立，两膝微屈，重心落于两脚间，双手十指自然分开，两拇指相对呈"八"字形，指根以上部位持球两侧，掌心空出，持球于胸腹之间；传球时，两臂迅速向传球方向前伸，当手臂将要伸直时，急促抖腕，同时两拇指用力下压，食指、中指用力拨球，将球传出，如图 6-4 所示。

#### 2. 单手肩上传球

单手肩上传球是一种常用于中、远距离传球的方法，其特点是传球力量大，利于抢到后场

图 6-4　双手胸前传球

篮板后发动长传快攻。

动作要领(以右手传球为例):引球至右肩上方,左手离球,左肩对着传球方向,重心落于右脚上。右脚内侧蹬地转身,同时迅速向前挥臂,手腕前屈,通过食、中指拨球,将球传出,如图 6-5 所示。

图 6-5　右手肩上传球

### (二)接球

接球是队员获得球的动作,是抢篮板球和断球的基础。接球包括双手接球和单手接球两种方法。

#### 1. 双手接球

双手接球包括双手接胸部高度的球、双手接头部高度的球、双手接低于腰部的球、双手接反弹球、双手接地滚球等方法。下面介绍双手接胸部高度的球(双手胸前接球)。

双手胸前接球动作要领:两眼注视来球方向,两臂向来球方向伸出,十指自然分开。当双手触及球时,手臂顺势引球,将球持于胸腹之间,如图 6-6 所示。

#### 2. 单手接球

动作要领(以右手接球为例):两眼注视来球方向,右臂微屈,伸向来球方向,手掌成勺形,五指自然分开。当手指触及球时,右臂顺势引球,左手立即帮助右手,双手持球于身前,如图 6-7 所示。

图 6-6　双手胸前接球

图 6-7　单手接球

### 三、运球

运球是持球队员用手连续按、拍从地面反弹起来的球的动作。运球不仅是比赛中个人进攻的有力手段,也是组织全队进攻和同伴间战术配合的桥梁。

运球包括高运球、低运球、体前变向换手运球、后转身运球、运球急停急起、胯下运球等方法。下面对高运球、低运球、体前变向换手运球和胯下运球进行简要介绍。

#### (一)高运球

高运球是球反弹的高度在腰、胸之间的运球方法,一般用于无防守的快速运球。

动作要领(以右手运球为例):运球时,微屈膝,上体稍前倾,目平视,以肘关节为轴,前臂自然伸屈,用右手按拍球的后上方,控制球的落点在身体右前方,球的反弹高度在胸腹之间。

#### (二)低运球

当持球队员接近防守队员或防守队员来抢球时,持球队员为保护球或摆脱防守,常采用低运球方法。

动作要领:运球时,抬头、目视前方,深屈膝,上体前倾,用上体、腿和另一只手臂保护球。同时,用手短促地按拍球,控制球的反弹高度在膝关节以下。

#### (三)体前变向换手运球

当防守队员堵截运球队员的进攻路线或运球队员运球接近防守队员时,运球队员可运用体前变向换手运球摆脱和突破对手。

动作要领(以运球队员左手运球突破对手左侧为例):运球队员左手运球,当对手向左侧移动堵截时,运球队员应向左侧加速运球吸引对手偏离正常防守位置,接着突然变向,用左手按拍球的左后上方,向右侧送拍球,左脚迅速向右前方跨出,上体左转并前倾探肩,右手按拍球的后上方,加速运球突破对手,如图 6-8 所示。

#### (四)胯下运球

动作要领(以右手胯下运球为例):运球跨步急停后,两脚前后开立,左脚在前,重心落于两

图 6-8　体前变向换手运球

脚间,右手按拍球的右上方,使球从两腿之间穿过,换左手运球,右脚向左前跨出,完成一次胯下运球,如图 6-9 所示。

图 6-9　胯下运球

## 四、投篮

投篮是球员运用各种专业、合理的动作将球从篮筐上面投入球篮的方法,是比赛得分的唯一手段。投篮包括原地投篮、行进间投篮、跳起投篮、补篮和扣篮等方法,其中原地投篮、行进间投篮、跳起投篮是三种最常用的投篮手段。

### (一)原地投篮

原地投篮可分为双手头上投篮、双手胸前投篮、单手头上投篮和单手肩上投篮四种方法。下面介绍原地单手肩上投篮的动作要领。

原地单手肩上投篮动作要领(以右手投篮为例):从双手持球的基本站立姿势开始,左手扶球左侧,右手持球,右臂屈肘,置球于右肩上。投篮时,两脚掌蹬地,左手离球,右臂向前上方伸直时,手腕前屈,食、中指拨球,将球投出,如图 6-10 所示。

### (二)行进间投篮

行进间投篮是篮球比赛中广泛应用的一种投篮方法,包括行进间单手肩上投篮、行进间单手低手投篮、行进间双手低手投篮、行进间反手投篮和行进间勾手投篮等方法。下面介绍行进

图 6-10　原地单手肩上投篮

间单手低手投篮和行进间单手肩上投篮的动作要领。

### 1. 行进间单手低手投篮

动作要领(以右手投篮为例):运球队员结束运球变为双手持球的同时,右脚跨出第一步;左脚跨出第二步落地时,前脚掌用力蹬地向前上方起跳,右腿屈膝自然上提,右手将球引至右肩侧上方;腾空到最高点时,左手离球,右手托球,右臂向前上方伸展;接近球篮时,手腕、手指上挑,将球投出,如图 6-11 所示。

图 6-11　行进间单手低手投篮

### 2. 行进间单手肩上投篮

行进间单手肩上投篮,又称行进间高手投篮,与行进间单手低手投篮动作相仿,只不过最后的投篮动作由低手投篮变为高手投篮而已,如图 6-12 所示。

图 6-12　行进间单手肩上投篮

### (三)跳起投篮

跳起投篮的特点是突然性强、出手点高和不易防守。跳起投篮主要包括原地跳起投篮(单手肩上投篮和单手头上投篮等)和急停跳起投篮(接球急停跳起投篮、运球急停跳起投篮和跳起转身投篮)两种形式。无论哪种形式,最后的投篮出手都与原地单手肩上投篮的动作相同。

原地跳起单手肩上投篮是跳起和投篮构成的组合动作,下面介绍其动作要领。

原地跳起单手肩上投篮动作要领:从基本姿势开始,双脚蹬地,同时双手持球快速上摆并举球至额头前上方,待身体达到制高点时,在空中完成原地单手肩上投篮,投篮后自然落地。

# 第三节　篮球基本战术

篮球战术是篮球比赛中队员所运用的攻守方法的总称,主要分为进攻和防守两种战术。其中,进攻战术包括传切配合、掩护配合和突分配合等战术;防守战术包括换防配合、补防配合和关门配合等战术。

## 一、传切配合

传切配合包括一传一切和空切两种配合。一传一切是指持球队员传球给同伴后自己立即切向篮下,接同伴回传的球进行投篮的方法;空切是指无球队员根据球的转移情况,从不同的方向迎球或侧向插入篮下接球的配合方法[①]。

练习提示:切入队员要善于把握切入的时机和方向。

## 二、掩护配合

掩护配合是指队员用自己的身体挡住同伴的防守队员,使同伴摆脱防守的配合方法。掩护配合包括前掩护(掩护队员站在被防守队员前面)、侧掩护(掩护队员站在被防守队员侧面)和后掩护(掩护队员站在被防守队员后面)三种形式。

练习提示:运用时应注意掩护队员占位的合法性。

## 三、突分配合

突分配合是指持球队员突破防守时将球传给同伴,使同伴获得进攻机会的配合方法。

练习提示:突破队员的动作要突然、快速;突破队员在突破过程中要随时观察场上情况,以及时分球或投篮。

## 四、换防配合

换防配合是指防守队员为了破坏进攻队员的掩护配合,彼此之间及时呼应并交换防守对手的一种配合方法。换防配合是破坏掩护配合的一种方法。

练习提示:防守队员要及早呼应,迅速换防并抢占有利的防守位置。

## 五、补防配合

补防配合是指当防守队员被对手突破或绕过时,临近的其他防守队员主动放弃自己防守

---

① 艾丽,张平.新时代大学体育运动与健康教程[M].北京:清华大学出版社,2023.

的对手,去补防突破队员的配合方法。

练习提示:补防时,要正确应用技术,避免犯规;被对手突破的防守队员应积极追防,以补防同伴的对手。

## 六、关门配合

关门配合是指两个防守队员协同防守一个进攻队员的配合方法。

练习提示:两名防守队员动作要迅速,配合要默契,两人要靠紧,不留空隙。

篮球的进攻基本战术

# 第四节 篮球竞赛规则

下面简要介绍一下篮球运动的竞赛规则,供大家在进行篮球运动时参考。

## 一、比赛方法

一队五人,其中一人为队长,候补球员最多七人,但也可应主办单位要求而增加人数。比赛分4节,每节各10分钟,各节之间休息2分钟,中场休息10分钟。若比赛结束后两队积分相同,则进行5分钟加时赛;若5分钟加时赛后积分仍相同,则再次进行5分钟加时赛,直至比出胜负为止。

## 二、得分种类

球投入对方篮筐,经裁判认可后便得分。三分线内投中得2分,三分线以外投中得3分,罚球投中得1分。

## 三、进行方式

两队各推选一名球员到中央跳球区(中圈内)准备跳球;主裁判员持球步入中圈执行跳球,比赛正式开始;到下半场的时候,双方要交换场地。

## 四、选手的替换

每次替换选手都要在20秒内完成,替换次数不限定。替换选手时,裁判可暂时中止球赛的计时。

## 五、违例

违例是指球员在比赛过程中,不慎侵犯了比赛中的一些基本规定,如带球走、两次运球等。一般来说,违例是无意中发生的,不存在侵犯对方身体的行为。罚则是指对违反比赛规则行为的处罚。以下介绍几种常见的违例和对其进行的罚则。

### (一)时间方面的违例

时间方面的违例如下:

#### 1. 3秒违例

控球队员在对方的限制区内持续停留超过3秒。

### 2.5 秒违例

队员持球后,5 秒内没有传球、投球或者运球。

### 3.8 秒违例

球队从后场控制球开始,8 秒内没有使球进入前场(对方的半场)。

### 4.24 秒违例

当一次进攻开始时,队员从后场得到球,没有在 24 秒内投篮一次。

#### (二)带球走

带球走是指在比赛过程中,持球队员一只脚向任意方向踏出一次或多次时,另一只脚(中枢脚)离开了地面。

要想判断持球队员是否带球走,关键是确定持球队员的哪一只脚是中枢脚。确定中枢脚的方法:如果队员双脚着地或双脚离地时接到球,可以用任意一只脚作为中枢脚。双脚着地时或着地后,一只脚抬起的一刹那,另一只脚为中枢脚;如果队员在移动中接到球,接到球后哪只脚先着地哪只脚为中枢脚。

#### (三)两次运球

两次运球是指球员在单手运球过程中,双手持球后未传球或投篮,仍继续单手运球。

#### (四)脚踢球

脚踢球是指运动员故意用膝或者膝以下任何部位去击球、阻拦球。

#### (五)跳球违例

(1)非跳球球员进入中央跳球区。

(2)裁判还没有扔球,跳球球员就提前起跳。

(3)球在上升的过程中没有上升到最高点,跳球球员就跳起拨球。

(4)球未碰到非跳球球员或地面之前,跳球球员就抓住球或拍打球超过两次。

(5)球未被合法拍击前,非跳球球员跳起。

罚则:在比赛过程中出现时间方面的违例、带球走、两次运球、脚踢球和跳球违例等均判对方在违例地点附近的边线或底线发界外球。

## 六、犯规

犯规是指球员在比赛过程中,采用不正当的方式来获得得分,或者在防守时侵犯了进攻队员的身体,如打手、推人和带球撞人等行为。一般来说,犯规是故意发生的,包含了与对方队员的身体接触或违反体育道德的举止。

### (一)侵人犯规

侵人犯规是指比赛过程中,队员与对方队员的接触犯规。例如,队员通过伸展他的手、臂、肘、肩、髋、腿、膝或脚来拉、阻挡、推、撞、绊、阻止对方队员行进;队员将自己的身体弯曲成超出自身的圆柱体;队员对对方队员有任何粗暴的动作,都属于侵人犯规。

罚则:给犯规队员记一次侵人犯规,以及判给对方球权或罚球。

当判给对方球权或罚球时,按如下规定执行:

第一,对没有做投篮动作的对方队员进行了侵人犯规,由对方队员在靠近犯规地点的界线外掷界外球。

第二,对正在做投篮动作的对方队员进行了侵人犯规,如果对方队员投篮成功应计得分并判给其 1 次罚球;如果对方队员投篮未中,在二分区(或三分区)投篮,则判给其 2 次(或 3 次)罚球。

### (二)双方犯规

双方犯规是指防守队员和进攻队员大约同时相互发生侵人犯规的情况。

罚则:给每一名犯规队员都记一次侵人犯规,不判给任何一方罚球。

### (三)违反体育道德的犯规

违反体育道德的犯规(又称故意犯规)是指队员不是运用技术和战术合理对抗,故意对对方队员发生的侵人犯规。

罚则:给犯规队员记一次违反体育道德犯规,由被犯规队员罚球,随后由被犯规队员从中场边线外发界外球。

罚球次数如下:

(1)如果对没有做投篮动作的队员发生犯规,应判给被犯规队员 2 次罚球。

(2)如果对正在做投篮动作的队员发生犯规,被犯规队员投球中篮应记得分并加判给其 1 次罚球。

(3)如果对正在做投篮动作的队员发生犯规,被犯规队员投球未中,应判给其 2 次或 3 次罚球。

# 第七章 排球

排球运动是我国较为普遍的运动项目之一,排球场地设备简单,比赛规则容易掌握,既可在球场上比赛和训练,也可以在一般空地上活动,运动量可大可小,适合于不同年龄、不同性别、不同体质、不同训练程度的人。排球一般分为硬式排球和软式排球,硬式排球为比赛专用,较为激烈。软式排球具有重量轻、体积大、制造材料柔软、不伤手指等特点,适合娱乐游戏时使用。排球运动量适中,又极富趣味性,是老少皆宜的运动,深受广大体育爱好者欢迎。

## 第一节 排球运动概述

排球运动是由两支人数相等的球队,在被球网隔开的两个均等的场区内,根据规则以身体任何部位,将球从网上击入对方场区,而不使其在本方场区内落地的、集体的、攻防对抗的体育项目。

### 一、排球运动的起源与发展

排球运动于1895年由美国的威廉姆·G.摩根(Williams.G.Morgan)发明。他在体育馆内挂上网球网,用篮球胆在球网上空来回打,规定9局决胜负(连胜3分为1局)。威廉姆·G.摩根给这种运动形式取名为"mintonette(小网子)"。

1896年,在美国马萨诸塞州斯普林菲尔德基督教青年会体育指导大会上,举行了历史上最早的"小网子"表演,得到了人们的热烈欢迎。大会期间,"mintonette"被改名为"volleyball(排球)",并一直沿用到现在。

最初的排球比赛规则非常简单,双方上场人数不限,但需对等。1897年,美国首次公布了10条排球比赛规则。1947年,国际排联成立时颁布了第一部国际排球比赛规则。从此,排球运动在世界范围内广泛传播。

国际排联于1949年在布拉格举办了第一届世界男子排球锦标赛,1952年在莫斯科举办了第一届女子排球锦标赛。1964年东京奥运会上,排球比赛被接纳为奥运会项目。1965年在华沙举办了第一届男子世界杯排球赛,1973年在乌拉圭举办了第一届女子世界杯排球赛。至此形成了世界排球锦标赛、世界杯排球赛和奥运会排球赛三项健全的世界大赛制度。各项赛事每隔四年举办一次。

排球运动于1905年传入中国,并在华南、华北和华东的各大城市开展起来。1953年,中国排球协会成立。1954年,国际排球联合会承认并接纳中国排球协会为正式会员。从此,中国男、女排球队登上了世界排球比赛的舞台。

排球运动发展到今天,已成为遍及世界五大洲的体育运动项目之一,深受各国人民的喜爱。

## 二、排球运动的特点

排球运动的特点主要有以下几个:

(1)广泛性:排球场地、设备简单,比赛规则易掌握,运动量可大可小,适于不同年龄、不同性别和不同体质的人参与。

(2)技巧性:排球比赛中,队员击球时间短暂,击球空间多变,决定了排球运动的高度技巧性。

(3)对抗性:在一场排球比赛中,队员夺取一分往往需要六七个回合的交锋,因此,排球运动具有很强的竞争性和对抗性。

(4)集体性:排球比赛过程中,除了发球外,其他环节都需要集体配合才能进行。没有集体配合,再好的战术也不能发挥作用。

## 三、排球场、排球网和排球

### (一)排球场

排球场包括比赛区域和无障碍区两部分:比赛区域为 18 m×9 m 的长方形,如图 7-1 所示。比赛场地边线外的无障碍区至少宽 5 m,端线外的无障碍区至少宽 8 m,比赛区域上空的无障碍空间至少高 12.5 m(从地面量起)。

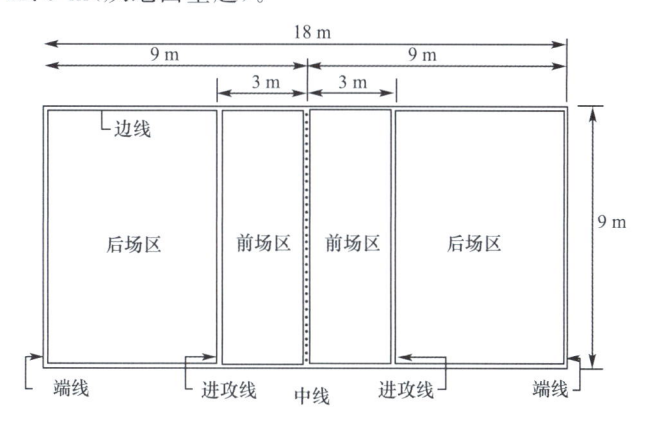

图 7-1 排球场

### (二)排球网

排球网包括球网、标志带、标志杆和网柱四部分。

(1)球网为黑色,宽 1 m,长 9.5~10.0 m,网孔 10 cm 见方。球网架设在中线上空,成年男子网高为 2.43 m,女子为 2.24 m;少年男子为 2.24~2.35 m,女子为 2.00~2.15 m。

(2)标志带是两条宽 5 cm、长 1 m 的白色带子,分别系在球网的两端,垂直于边线。

(3)标志杆是有韧性的两根杆子,长 1.8 m,直径 1 cm,由玻璃纤维或类似材料制成,分别设置在标志带外缘球网两侧。

(4)网柱高 2.55 m,两个网柱应垂直固定在两条边线以外 0.5~1.0 m 的中线延长线上。

### (三)排球

排球比赛所使用的球包括外壳(由柔软的皮革或合成革制成)和球胆(由橡皮或类似材料制成)两部分。球的圆周为 65～67 cm,重量为 260～280 g,气压为 0.40～0.45 kg/cm$^2$。

## 四、排球运动常用术语

排球运动常用术语如下:

### (一)"M"站位

"M"站位也称"一二一二"站位,如图 7-2 所示。前面 2 名队员接前区球,中间队员负责中区的球,后面 2 名队员接后区球。

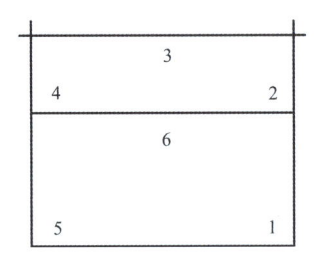

图 7-2 "M"站位

### (二)一传

本方接对方的发球称为一传。

### (三)二传

一传队员接球后传给本队场上其他队员为二传。二传队员不能扣球,只能拦网和传球。

### (四)一攻

在接起对方的发球后所组织的第一次进攻。

### (五)吊球

队员利用手指轻击球体,使球越过球网落入对方场区空当的一种辅助性进攻手段。

# 第二节 排球基本技术

排球技术是在比赛规则允许的条件下,队员所运用的各种合理击球动作和配合动作的总称,主要包括准备姿势与移动、发球、传球、垫球、扣球和拦网等技术[①]。

## 一、准备姿势与移动

准备姿势与移动是排球运动中运用最多的两项基本技术,它是完成传球、垫球、扣球、发球和拦网各项技术的前提和基础,并且对各项技术动作的运用起着串联作用。

### (一)准备姿势

按照重心的高低,准备姿势可分为稍蹲、半蹲和低蹲三种。下面介绍半蹲准备姿势的动作要领。

---

① 中国排球协会.排球竞赛规则(2021—2024)[M].北京:人民体育出版社,2023.

半蹲准备姿势动作要领：两脚左右或前后开立（根据场上情况，可以左脚在前或右脚在前），稍比肩宽，脚跟提起，膝微屈，脚尖和膝稍微内扣；上体前倾，重心前移，肩超膝，膝超脚尖；两臂自然弯曲，置于腹前，目视来球。

### (二) 移动

移动的目的主要是及时接近球，保持好人和球的位置关系。移动的基本步法包括并步与滑步、交叉步等。

#### 1. 并步与滑步

并步与滑步常用于来球距身体一步左右远时的移动。

动作要领（以向前移动为例）：从两脚前后开立的准备姿势开始，后脚用力蹬地，前脚向来球方向跨出一步，后脚迅速跟上，呈准备姿势。连续并步移动称为滑步。

#### 2. 交叉步

交叉步常用于来球距身体 3 m 远时的二传、拦网和防守，其特点是步子大，动作快，便于制动。

动作要领：从准备姿势开始，向右移动时，上体稍向右转，左脚从右脚前面向右交叉跨一步，然后右脚再向右跨一大步，同时身体转向来球方向，呈准备姿势。

## 二、发球

发球是比赛的开始，也是进攻的开始，是得分、破坏对方一传和进攻的重要手段。发球过程分为准备姿势、抛球和击球三个环节。发球技术包括正面上手发球、上手飘球、勾手飘球、正面下手发球、侧面下手发球和高吊球等。下面对正面上手发球和侧面下手发球进行简要介绍：

### (一) 正面上手发球

正面上手发球的特点是力量大、速度快、弧度平、旋转强、落点易于控制。

#### 1. 准备姿势

面对球网站立，两脚前后自然开立，左脚在前，两膝微屈，上体前倾，左手持球于胸前。

#### 2. 抛球

左手将球垂直平稳地抛向右肩的前上方，置于头上三个球左右高。同时右臂抬肘约与肩平，前臂后引，手掌置于头后上方，上体略向后移，挺胸、展腹、身体重心后移至右脚。

#### 3. 击球

身体重心前移，收腹，同时带动右臂迅速向肩前上方挥动，在最高点伸直手臂，用手掌击球的后中部。在触球的刹那，手腕适当地向前推压，如图 7-3 所示。

### (二) 侧面下手发球

侧面下手发球的特点是发球动作较简单，容易掌握，稳定性较大，但攻击性较小。

#### 1. 准备姿势

右肩对网站立，两脚左右开立，与肩同宽，上体稍前倾，重心落于两脚间或稍偏右脚，左手置球于腹前。

#### 2. 抛球

左手将球抛至胸前，距身体约一臂远，同时右臂摆至身体右侧后下方，上体稍右转。

#### 3. 击球

右脚内侧蹬地，身体左转，带动右臂向前摆动，在腹前用全掌击球下部，将球击出。击球时手臂要伸直，眼睛要看着球。

图 7-3　正面上手发球

### 三、传球

传球是排球运动中一项最基本的技术,是进行比赛和组织战术的基础。传球的种类多种多样,下面对正面双手传球(简称正传)和背传进行简要介绍。

#### (一)正传

正传是传球中最基本的方法,是掌握和运用其他各种传球技术的基础。

**1. 动作要领**

传球前采用稍蹲姿势,身体站稳,上体挺直看球,双手自然抬起,置于身前;当球至距额前上方一个球左右的位置时,开始双脚蹬地、伸膝、伸双臂,张开双手,从脸前向前上方击球,将球传出,如图 7-4 所示。

图 7-4　正传

**2. 传球手型**

当手触球时,两手自然张开呈半球状,手腕稍后仰,以拇指、食指和中指托住球的后下部,两拇指相对,接近"一"字形,两手间要有一定的距离(不超过球的直径),如图 7-5 所示。

**3. 传球的用力**

传球时主要是利用蹬地、伸膝、向上展体和伸臂协调动作,配合手指和手腕的弹力将球传出。

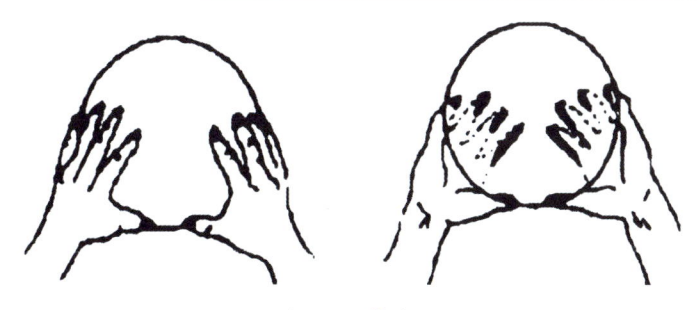

图7-5　正传手型

### (二)背传

背传是二传队员背对传球目标的传球。背传主要用于组织进攻。下面介绍背传的动作要领。

动作要领：传球时，上体保持正直或稍后仰，两膝半屈，重心落于两脚间，双手自然抬起，置于脸前，目视来球方向；迎球时，微仰头挺胸，下肢蹬地，同时上体向上方伸展；触球时，手腕后翻，掌心向上击球底部（手型与正传的手型相同），同时下肢蹬地、展腹、抬臂、伸肘，通过手指和手腕的弹力把球向后上方传出，如图7-6所示。

图7-6　背传

### 四、垫球

垫球主要用于接发球、接扣球和接拦网球等，有时也用来组织进攻。它包括正面双手垫球、体侧垫球、跨步垫球和挡球等方法。下面对正面双手垫球和跨步垫球进行简要介绍。

#### (一)正面双手垫球

正面双手垫球是双手在腹前垫击来球的一种垫球方法，是各项垫球技术的基础。只有掌握这项技术，才能进一步学习和运用其他垫球技术。

**1. 动作要领**

垫球前，判断球的落点后迅速移动到落点，身体正对来球方向，呈准备姿势站好；当球接近腹前时，两臂夹紧前伸，含胸收肩，收腕抬臂将球准确地垫在小臂上，如图7-7所示。

**2. 手型**

两手手指上下相叠，掌根紧靠。两拇指平行相靠，紧压在上层手指的第二节上，两臂伸直

图 7-7　正面双手垫球

相夹,如图 7-8 所示。

### 3. 击球点与垫球部位

击球点应保持在腹前约一臂处。垫球部位为前臂腕关节以上 10 cm 左右桡骨内侧平面为宜,如图 7-9 所示。

图 7-8　垫球手型　　　　图 7-9　垫球部位

### (二)跨步垫球

跨步垫球是当球距身体一步左右,但速度很快或位置较低,队员来不及移动正对时,迅速向前或向侧跨出一步垫球的动作。跨步垫球在接发球和防守中被广泛应用,也是学习其他高难度垫球动作的基础。

动作要领:垫球前,首先判断来球的落点,然后迅速向来球方向跨出一步,屈膝制动,重心移至跨出的脚上。两臂夹紧伸直插入球下,用两前臂击球的后下部,将球平稳地向目标方向垫出。

## 五、扣球

扣球是排球基本技术中攻击性最强的一项,是得分和取得发球权的主要手段,其特点是击球点高、球速快、力量大、变化多。扣球技术包括正面扣球、自我掩护扣球和勾手扣球等方法。下面对正面扣球进行简要介绍。

正面扣球的动作要点如下(以两步助跑右手扣球为例):

### (一)准备姿势

采用稍蹲姿势,两臂自然下垂,观察来球,做好向各个方向助跑起跳的准备。

### (二)助跑

助跑时,先向前迈一小步(便于寻找和对正方向),接着右脚迅速跨出一大步,同时两臂绕体侧向后引。左脚及时跟上右脚,踏在右脚之前,两脚尖稍向右转,屈膝制动同时两臂自后积极向前摆动。

### (三)起跳

助跑制动之后,两臂用力向上摆,同时两脚猛力蹬地向上起跳。

### (四)空中击球

起跳后,挺胸展腹,上体稍向右转,右臂向后上方抬起,身体呈反弓形;挥臂时,身体左转,收腹,带动肩、肘、腕各部分关节呈甩鞭动作向前上方挥动;击球时,五指微张呈勺形,以掌心击球的后中部,同时屈腕、屈指向前推压,将球扣出。

### (五)落地

落地时,前脚掌先着地,然后过渡到全脚掌着地,顺势屈膝收腹,以缓冲下落的力量。

具体动作如图 7-10 所示。

图 7-10　正面扣球

## 六、拦网

拦网是排球的基本技术之一,是防守的第一道防线,也是得分的重要手段之一。拦网分单人拦网和集体拦网两种,两者的个人动作要领相同,只不过后者更注重相互间的协调与配合。下面主要讲解单人拦网的动作要点。

### (一)准备姿势

面对球网,两脚左右开立,与肩同宽,两膝微屈,两臂在胸前屈肘距网 30～40 cm。

### (二)移动

为了及时对正对方的进攻点,拦网队员需要及时移动。常用的移动步法有并步与滑步、交叉步等。

### (三)起跳

原地起跳时,两膝弯曲(弯曲程度因人而异,以发挥最高弹跳力为原则),重心降低,双脚用力蹬地,同时两臂在体侧划小弧用力上摆,带动身体垂直起跳。

### (四)空中击球

起跳过程中,两手经额前并平行球网向网上沿的前上方伸出,两臂平行伸直,前臂靠近网,两肩尽量上提;拦网时,两臂尽力过网伸向对方上空,两手自然张开,屈指屈腕呈勺形,以便包住球;手触球时,两手要突然紧张,手腕下压盖住球的前上方。

### (五)落地

落地时,面对对方,屈膝缓冲,同时屈肘向下收臂。

具体动作如图 7-11 所示。

图 7-11 拦网

# 第三节 排球基本战术

排球战术是指运动员在比赛中根据比赛规则、排球运动规律、双方具体情况和临场的发展变化,有意识地合理运用技术和相互配合,采取的各种有针对性的个人或集体的配合行动的总称。排球基本战术主要包括阵容配置、进攻战术和防守战术等。

## 一、阵容配置

阵容配置是指根据场上 6 名队员的技术水平和战术思想,合理地组合队员和安排阵型的一种配备,目的是充分发挥场上每个队员的特长和作用。阵容配备主要有"四二"阵容配备和"五一"阵容配备。

### (一)"四二"阵容配备

"四二"阵容配备是上场队员中有 4 个进攻队员和 2 个二传队员。4 个进攻队员中有 2 个主攻队员和 2 个副攻队员。主(副)攻队员站在对角的位置上。这种配备方法主要适用于初学者和一般水平的球队。

### (二)"五一"阵容配备

"五一"阵容配备是上场队员中有 5 个扣球手和 1 个二传手,通常二传队员在对角位置上,配备一名有进攻能力的扣球手接应二传队员。这种配备方法适用于水平较高的球队。

## 二、进攻战术

进攻战术如下:

### (一)"中一二"进攻战术

"中一二"进攻战术的阵型:二传手站位于 3 号,5 号垫球至 3 号,3 号传球给 2 号或 4 号扣球进攻,如图 7-12 所示(实线为传球路线,虚线为队员移动路线)。

它的特点是分工明确,战术简单,易于掌握,但是战术掩护变化少,容易被对方识破。

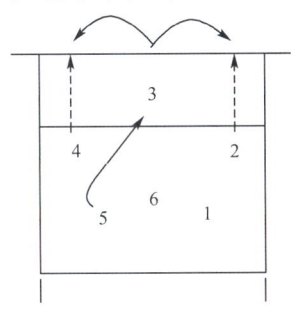

图 7-12 "中一二"进攻战术

### (二)"边一二"进攻战术

"边一二"进攻战术的阵型:二传站位于 2 号,6 号垫球至 2 号,2 号传球给 3 号或 4 号扣球进攻,如图 7-13 所示(实线为传球路线,虚线为队员移动路线)。

它的特点是战术变化较多,两个攻击手位置相邻,便于掩护配合。

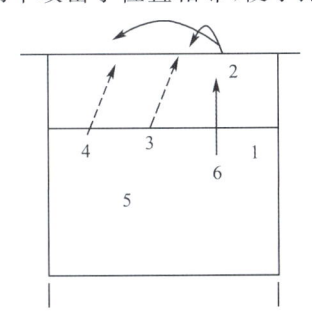

图 7-13 "边一二"进攻战术

**排球的基本战术**

## 三、防守战术

防守战术是组织进攻或反攻战术的基础,主要包括接发球防守,接扣球防守和接传、垫球防守等。

### (一)接发球防守

在排球比赛中,发球是比赛的开始,接好对方的发球是组织进攻的前提。因此,接发球防守技术在排球比赛中占有重要位置。下面简要介绍 5 人和 4 人接发球防守战术。

#### 1. 5 人接发球防守战术

5 人接发球防守战术是比赛中最基本、最常用的接发球方法,它的阵型是除前排 1 名二传手或后排准备插上的二传手外,其余 5 名队员都参与接发球。5 人接发球时,球员的位置应根据本方一攻战术来确定。

#### 2. 4 人接发球防守战术

4 人接发球防守战术的阵型是除前排 1 名二传手和后排准备插上的二传选手外,其余 4 名队员都要参与接发球。它的特点是可以缩短插上和扣快球队员跑动的距离,有利于提高进攻的速度。

### （二）接扣球防守

接扣球防守战术由拦网和后排防守两部分组成。根据前排参与拦网人数的多少，可把接扣球防守战术分为无人拦网、单人拦网、双人拦网和三人拦网四种。下面简要介绍一下双人拦网防守战术。

双人拦网防守战术适用于当对手的扣球力量较大、线路变化多时，其方法有"边跟进"防守和"心跟进"防守。

**1."边跟进"防守**

"边跟进"防守的阵型是队员呈"M"形站位时，2号和3号网前拦网，4号后退至攻防线后参与后场防守，1号或5号跟进保护和防守对方吊球。它适用于对方进攻力量强、扣球多、吊球少时，其优点是加强了拦网，缺点是边上的队员既要防直线，又要跟进防前区，比较困难。

**2."心跟进"防守**

"心跟进"防守的阵型是队员呈"M"形站位时，2号和3号网前拦网，4号后退至攻防线后参与后场防守，6号队员专职跟进、保护拦网和防吊球。它适用于对方经常打吊结合时，其优点是加强了前区的防守能力，缺点是后排防守队员之间的空当较大。

### （三）接传、垫球防守

排球比赛中，当对方无法组织进攻，被迫用传、垫球将球击入本方时，我方的防守便称为接传、垫球防守。由于来球的攻击性小，我方的防守阵型为除二传队员外，其他的队员在各自的位置上准备接球后组织进攻。

## 第四节 排球竞赛规则

排球竞赛有其相应的规则，具体如下：

### 一、比赛方法

每队12名队员，其中一人为自由防守队员；每队各派6名队员（比赛开始时的上场队员为主力队员，其余为候补队员）在场地上进行比赛。

比赛采用五局三胜制：第1局～第4局，先得25分并领先对手2分的队胜一局；第5局，先得15分并领先对手2分的队胜一局；比分为24平或14平时，继续比赛直到领先对手2分为胜一局。第1局～第4局间休息3分钟，第五局前休息5分钟[①]。

### 二、得分种类

一方成功地使球落在对方场区内或对方犯规，经裁判认可得一分。

### 三、进行方式

第一裁判主持抽签，决定发球权和双方场区；鸣哨后，两队在各自场区站好，发球方发球，比赛开始；比赛进行到第5局时要重新决定发球权和场区。

---

① 杨娅男.排球教学与训练[M].厦门：厦门大学出版社，2018.

## 四、选手替换

每一局每队有6次换人机会,可以换一人或同时多人;主力队员在同一局中可以退出比赛和再次上场一次,但是只能回到首发阵容时的位置;替补队员只能上场一次,可以替换任何一个主力队员,但只能由被他替换下场的主力队员替换。

## 五、犯规

排球竞赛犯规的内容如下:

### (一)发球犯规

发球时,遇到下列任何一种情况,均判为发球犯规:
(1)发球队员未依照上场阵容单的顺序,轮流发球。
(2)发球队员在击球时或击球跳起落下时,踏及场区(包括端线)或发球区以外地面。
(3)发球队员在第一裁判员鸣哨后8秒内没有将球击出。
(4)发球队员双手击球或单手将球抛出、推出。
(5)球发出后触及发球队其他队员。
(6)发球出界。

### (二)击球犯规

(1)排球比赛中,一名队员(拦网队员除外)连续两次击球或球连续两次触及他身体的不同部位。
(2)比赛过程中,击球队员将球接住或抛出。
(3)后场队员在前场区完成击球,并且击球时球的整体高于球网上沿。
(4)队员对处于前场区内高于球网上沿的对方发球击球。
(5)击球出界。

### (三)拦网犯规

(1)拦对方的发球。
(2)拦网出界。
(3)队员从标志杆以外伸入对方空间拦网。
(4)后排队员或自由防守队员参与拦网。

### (四)球网附近的犯规

(1)队员的双脚或单脚全部越过中线并落在对方场区内。
(2)队员网下穿越进入对方空间妨碍对方比赛。
罚则:无论哪种犯规,若一队犯规,另一队得1分并得到发球权。

# 第八章 乒乓球

乒乓球是一项老少皆宜的运动项目。乒乓球最早起源于英国。乒乓球因其打击时发出的声音而得名。

## 第一节 乒乓球运动概述

乒乓球并不陌生,无论是在体育场馆还是在家中,我们都曾陶醉于这项优美的运动。现在,让我们一起来了解一下乒乓球运动。

### 一、乒乓球运动的起源与发展

乒乓球运动于19世纪末起源于英国,最初只是一种活动性游戏。球是用轻而富有弹性的材料制成的,拍子是雪茄烟盒盖之类的木质板,像打网球一样在桌上打,故称之为"桌上网球"。1900年左右,由于轻工业的发展,球才改成用硝酸纤维素塑料制成的空心球。此后,乒乓球运动便逐步发展起来。第一次大型乒乓球比赛于1900年12月在英国伦敦举行,参加比赛的有三百多人[1]。

1959年,容国团获得了第二十五届世界乒乓球锦标赛男子单打冠军后,中国运动员开始登上了国际乒坛,逐渐形成了以"快、准、狠、变"为技术风格的直拍近台快攻打法。

中国近台快攻的优点是站位近,速度快,动作灵活,正反手运用自如,比远台长抽打法又大大前进了一步。这是乒乓球运动水平的第二次大提高。

20世纪70年代以来,由于国际交往和学习研究的加强,各种打法互取长短,使乒乓球技术得到了更快的发展和提高。比如,我国近台快攻、直拍快攻结合弧圈球、横拍快攻结合弧圈球等打法和技术均有所发展和创新,在国际比赛中取得了优良的成绩。

现在,乒乓球已发展成为各国人民喜爱的运动项目之一。由国际乒联和各大洲乒联举办的世界锦标赛、世界杯赛、洲际比赛及各种规模和形式的国际比赛不胜枚举。1988年,国际奥委会把乒乓球列为奥运会正式比赛项目。

---

[1] 戚一峰,李荣芝.乒乓球教程[M].上海:上海交通大学出版社,2021.

## 二、乒乓球运动的特点

乒乓球运动的特点如下:
第一,乒乓球运动设备简单,容易开展,运动量可大可小,参加者不受年龄、性别等限制。
第二,乒乓球小而轻、速度快、变化多,击球时需要比较高的准确性、灵敏性和技巧性。
第三,乒乓球运动具有很强的竞争性,可以培养人的心理素质。

## 三、乒乓球台、球与球拍

标准的乒乓球台(图 8-1)由两块组成,每块长 137 cm,总长 274 cm,台面宽 76 cm,台面四边涂上 2 cm 宽的白线(分别称端线和边线),台面中间有一条 0.3 cm 宽与球台长边平行的中线。台面颜色可为海蓝色或墨绿色。中间球网的网长是 183 cm,网高是 15.25 cm。

图 8-1 乒乓球台

乒乓球的直径为 38 mm,质量为 2.5 g,呈白色、黄色或橙色,且无光泽。
乒乓球拍由底板、胶皮和海绵三部分组成,三者的合理搭配决定了一块球拍的质量。
乒乓球与拍如图 8-2 所示。

图 8-2 乒乓球与拍

此外,乒乓球拍有直拍和横拍之分,其中,直拍的拍柄会短一点,横拍会长一点。横拍比较适合身材高大、移动范围较大、偏力量型的选手,直拍比较适合反应快、变化多、身体灵活的选手。

乒乓球拍的底板通常为复合板,胶皮则有正胶、反胶和长胶之分。其中,正胶颗粒朝外,其特点是击球较稳且速度快,也能造成一定的旋转,而且不易吃转,适合近台快攻型打法;反胶颗粒朝内,光面朝外,黏性较大,摩擦大,容易造成较强的旋转,适合打弧圈球和削球的选手,也是目前最为常用的一种胶皮;长胶也是颗粒朝外,不过它的颗粒较长而且柔软,旋转变化怪异。

## 四、乒乓球运动的常用术语

为了便于描述乒乓球技术与战术,我们首先来学习一些常用的乒乓球运动术语。

### (一)台面区域划分

台面区域按左右方式可分为左半区和右半区;如果按前后方式划分,可分为底线区、中区和近网区,如图 8-3 所示。

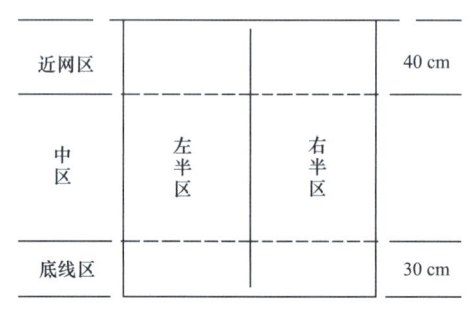

图 8-3 台面区域划分

(1)左、右半区,又称 1/2 区,其方向是对击球者本身而言的。
(2)近网区,指距球网 40 cm 以内的区域。
(3)底线区,指距端线 30 cm 以内的区域。
(4)中区,指介于近网区和底线区之间的区域。

### (二)台面外区域划分

台面外区域可划分近台区、中近台区、中远台区和远台区,如图 8-4 所示。

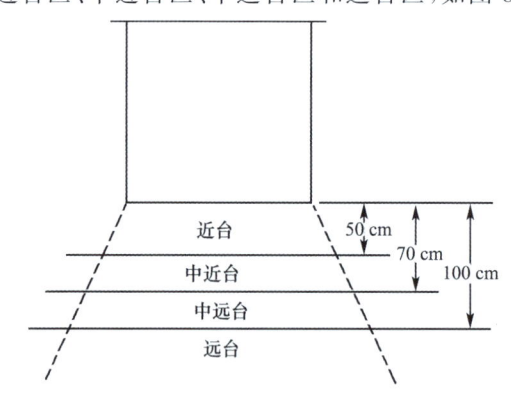

图 8-4 台面外区域划分

### (三)球拍拍形

球拍拍形包括拍面角度和拍面方向。其中,拍面角度是指拍面与台面所形成的角度,如图 8-5 所示;拍面方向是指球拍左右偏转时,与球台端线所形成的角度。

### (四)击球部位与击球点

击球部位是指击球时球触球拍的具体位置,具体可分为上部、中上部、中部、中下部和下部。击球点是指球与球拍接触时的空间位置。

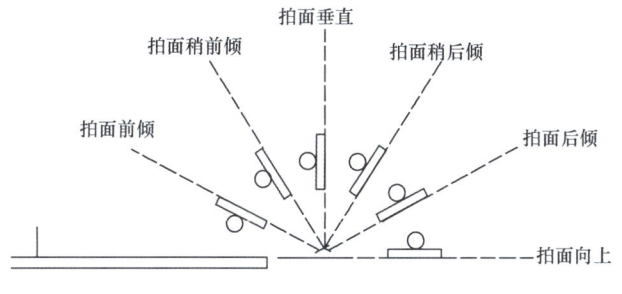

图 8-5　拍面角度

## （五）击球时间

击球时间是指来球在本方着台后弹起至回落的那段时间，它大致可分为上升前期、上升后期、高点期、下降前期和下降后期，如图 8-6 所示。

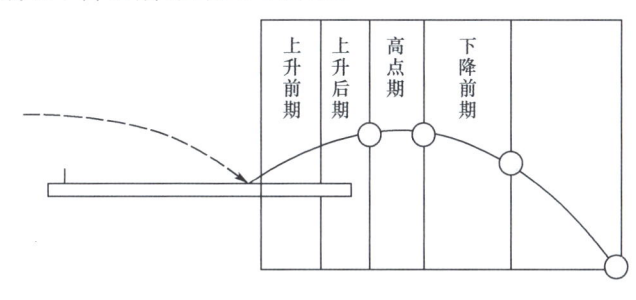

图 8-6　击球时间

## （六）击球路线

击球路线是指从击球点到落台点之间形成的投影线。以击球者为基准，五条基本击球路线分别为：右方斜线、右方直线、左方斜线、左方直线和中路直线，如图 8-7 所示。

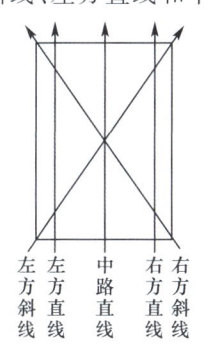

图 8-7　击球路线

## （七）短球、长球和追身球

### 1. 短球

短球指落点在近网区内，且反弹跳起后第二落点不超过球台端线的球。

### 2. 长球

落点在底线区内的球。

### 3. 追身球

根据对手的身体位置，将落点控制于对手身体中间部位的球。

### (八)击球前的准备姿势和站位位置

击球前,两脚平行站立,略比肩宽,两膝微屈,前脚掌内侧着地,上体略前倾;两眼注视来球,执拍手臂自然弯曲,执拍于腹前偏右(右手执拍),离身体 20~30 cm。

此外,根据打法类型,选手可选择不同的站位位置。快攻型选手一般站在近台中间或中间偏左位置,弧圈型选手一般站在中台偏左位置,削攻型选手一般站在中台或中远台中间位置。

### (九)击球的基本环节

判断来球、选位移动、挥拍击球和迅速还原是击球的四个基本环节。其中,通过对方击球点位置、挥拍姿势、来球方向和速度,以及球着台后的运动轨迹,可大致确定球的落点及其性质,然后可据此确定移动步法、移动位置,以及击球点、击球时间、击球部位和发力方向。此外,每次击球后都应努力使身体姿势和站位位置还原,以保证下次击球。

## 第二节 乒乓球基本技术

有了高超的技术,再在比赛中合理地去运用是取胜的关键。初学者掌握乒乓球的运动技术动作是有规律可循的。一定要做到由慢到快、由少到多、由近到远、由简到繁、由小到大、由下到上、由整体到局部、由步法到手法,逐步做到从量变到质变的飞跃。

### 一、握拍方法

握拍方法是指手持球拍的方法。如前所述,乒乓球拍有直拍和横拍两种,对应地,握拍方法也有直握拍和横握拍两种。两种握拍方法各有千秋,具体选用哪种应因人而异。

#### (一)直握拍方法

正面拇指第一指节和食指第二指节握拍,拍柄压住虎口,背面中指、无名指和小指自然弯曲斜形重叠,中指第一指节顶住球拍的后上部使球拍保持平稳,如图 8-8 所示。

乒乓球的基本技术

图 8-8 直握拍方法

直握拍的优点:出手快,正手攻球快速有力,攻斜、直线球时拍面变化不大,对手难于判断,且易于控制台内球。

直握拍的缺点:反手的攻击性不如横握拍。

#### (二)横握拍方法

中指、无名指和小指自然地握住拍柄,拇指在球拍正面,轻贴在中指的旁边,食指自然伸直斜放于球拍的背面,虎口轻微贴拍,击球时拇指和食指帮助手腕调节拍形和加力挥拍。正手攻球时食指向上移动,反手攻球时拇指向球拍中部移动,帮助手腕下压,加大击球力量,如图8-9所示。

图8-9 横握拍方法

横握拍的特点:正、反手攻球力量大,攻削球时握法变化小,反手攻球容易发力,也便于拉弧圈;但正、反手交替击球时,需变换击球拍面,攻斜、直线时调节拍形的幅度大,易被对方识破;在手腕灵活性上比直握拍稍差,台内球的处理不及直握拍。

### (三)握拍的注意事项

第一,无论哪种握法,握拍都不应过紧或过松。过紧会使手腕僵硬,影响发力时的手腕动作,过松则影响击球力量和击球的准确性。

第二,握拍不宜太浅。直握时,食指和拇指构成的钳形不能过大或过小,以免影响手腕动作的灵活性。

第三,在变换击球的拍面和调节拍面角度时要充分利用手指。

第四,握拍的手法不宜经常变换,否则会影响打法类型及风格的形成。

## 二、发球方法

发球在比赛中对于扬己之长、攻彼之短有着重要的技术和战术意义。发球、接发球、发球抢攻被称为乒乓球的前三板技术,是我国乒乓球的技术强项。下面简要介绍几种基本的发球技术。

### (一)正手平击发球

正手平击发球的特点:用力不大,球速不快,一般不带旋转,它是初学者最基本的发球方法,也是掌握其他复杂发球方法的基础。

正手平击发球的要点(图8-10)如下:

首先,发球时左脚在前,身体稍向右转。

其次,将球置于掌心,手掌伸平,然后将球抛起。

最后,拍面稍前倾,当球下降稍高于球网时,手臂向左前方发力,挥拍击球中上部。击球后的第一落点应落在球台中区。

图8-10 正手平击发球

### (二)发下旋球

下旋球分为加转与不加转两种,且正、反手均可运用。

正手发球时，左脚在前，身体略向左偏斜站立，左手向上抛球，右上臂稍外展，前臂内旋并向身体后上方引拍。以前臂和手腕的发力为主。

发加转下旋球时，执拍手的上臂带动内。拍面后仰较大，击球的中下部后向底部摩擦，如图 8-11 所示。

图 8-11　发加转下旋球

发不加转下旋球与发加转下旋球的动作基本相同，主要区别是前臂旋内稍慢，拍面后仰角度较小，球拍触球的中下部或中部后有一个向前推送的动作，使挥拍的作用力线接近球心，以减小旋转。

### （三）反手发轻短球

特点：力量轻，落点靠近球网，使对方难于发挥技术优势。

动作要领：手臂先向后上方引拍。当球下降至比网稍高时，前臂向前下方轻微用力送出，拍面后仰，触球中下部并向底部摩擦。球离拍后，要在本方台面中区弹起，才能越网落到对方近网的地方，如图 8-12 所示。

图 8-12　反手发轻短球

### （四）高抛发球

发球者先将球抛至高度为 2～3 m 空中，待下落到一定高度时击球。挥拍时上臂外展的幅度较大，要借助转腰和蹬地的力量。由于抛球高度大幅度提高，球体下落时的重力加速度骤增，因此，高抛球具有球速快、旋转强、时间差明显等特点。

高抛发球有侧身正手左侧上（下）旋球、侧身正手上旋长球、反手右侧上（下）旋球等之分。

## 三、接发球方法

接发球指回接对方发球时使用的各种方法。接发球时，首先，应根据对方发球时的位置调整自己的站位，一般采用的是斜角对立的方法；其次，应根据对方发球时的挥臂方向、幅度和拍面角度，以及球的飞行弧线、速度判断其旋转和落点，尤其要看清对方球拍触球瞬间的触球部位和挥拍方向等情况，然后运用有针对性的技术加以回击。

接发球的主要战术如下：

(1) 以搓球和削球削弱对方的攻势。

(2) 用快搓、摆短球遏制对方的发力抢攻。

(3)以快拨、推挡和提拉等技术回接,争取形成对攻局面。
(4)力争抢拉、抢攻在先,以免陷入被动挨打的困境。

## 四、击球时的基本步法

步法是指乒乓球运动员为选择合适的击球位置所采用的移动方法,它是一名优秀运动员必须掌握的基本技能,是衔接各项技术动作的枢纽,也是执行各项战术的有力保证。因此,从初学乒乓球技术开始,就应该重视步法的训练。

### (一)步法的基本要求

在练习步法时,必须注意以下几点:

首先,移动过程中尽量保持身体重心平稳,不妨碍下次击球。否则,即使跟跟跄跄跑过去接到了球,但失去了重心,势必会影响下一次击球。

其次,两脚蹬地要有力。

最后,重心交换是步法的灵魂,在重心交换中,腰的灵活性具有极其重要的作用。

### (二)基本步法

#### 1. 单步

以一脚的前脚掌为轴,另一脚向前、后、左、右某个方向移动一步。

单步的特点是移动范围较小,重心较为稳定。多在来球离身体不远的情况下使用,如上步接近网短球、让步接追身球等。

#### 2. 跨步

以一脚向来球方向跨出一大步,另一脚跟着移动。多在来球急、角度大的情况下使用,如"打回头"、削接左右大角度的来球等。

跨步的特点是移动范围较大,身体重心起伏也大,一般适用于打借力球。

#### 3. 滑步

两脚几乎同时向来球方向蹬地,然后离来球远的脚先落地,离来球近的脚后落地。多在来球角度较大、球速快时采用,如连续攻(拉)等。

滑步的特点是移动范围较大,身体重心平稳,便于发力。

#### 4. 交叉步

离球远的脚朝来球方向跨出一大步,并从前面超过另一脚形成交叉状,另一脚再向来球方向移出一步。多在来球远离身体的情况下采用,如侧身后从球台左方移至右方大角击球等。

交叉步的特点是移动范围最大,便于发力进攻,需要上下肢、腰和髋等部位协调配合。

## 五、常用击球方法

常用击球方法具体如下:

### (一)推挡球

推挡球是以球拍推击球的一种技术,其特点是站位近、变化多、速度快、动作小,在相持或防御时使用能起到调动对方和助攻的作用。

推挡球包括挡球、快推、快拨、加力推、减力挡、推下旋、挤推、拱推等多种方法,下面介绍其中常用的几种。

**1. 挡球**

特点：力量轻，球速慢，动作简单易掌握。

动作要领：击球前，前臂与台面平行伸向来球。球拍触球时，前臂和手腕稍向前移动，借助来球的反弹力将球挡回。拍面接近垂直，并在来球的上升期击球的中部，如图 8-13 所示。

图 8-13　挡球

**2. 快推**

特点：出手快，动作灵活。若结合落点变化，能起到调动、控制对方的作用。

动作要领：两脚平行站立，身体靠近球台。引拍时肘关节靠近身体右侧，前臂与台面平行。将球拍后引至左腹前，拍面垂直。击球时，前臂和手腕迅速前伸。食指用力，拇指放松使拍面稍前倾，在上升期击球的中上部，如图 8-14 所示。

图 8-14　快推

**3. 加力推**

特点：动作幅度较大，力量重，球速快。若结合落点变化，能增强一定的攻击力。

动作要领：引拍时，前臂向后上方屈收的幅度较大，使球拍的位置稍高一些，并根据来球的高度调整好球拍角度。击球时以手臂发力为主，借助右脚蹬地和转腰的力量。在来球的上升后期或高点期击球的中上部，如图 8-15 所示。

图 8-15　加力推

#### 4. 减力挡

特点：力量轻，落点短，节奏变化快，能起到干扰和调动对方的作用。

动作要领：在触球瞬间，球拍前移的动作骤然停止，也可将球拍稍微后移，以减弱来球的反弹力。根据来球力量和上旋强度的大小，调节好拍面角度，控制好触球瞬间球拍后移的幅度，如图 8-16 所示。

图 8-16　减力挡

### (二) 搓球

搓球是近台还击下旋球的一种技术，特点是动作小、弧线低、落点活、旋转变化多等，可以牵制对方的攻势，并为抢攻或抢拉创造机会。搓球在左半台使用较多。

搓球种类较多，根据击球时间、落点和旋转的不同，分为快搓、慢搓、转与不转搓球、侧旋搓球等。

动作要领：球拍在体前，击球时上臂前伸，拍面稍后仰，利用上臂前伸和旋外力量，将球拍向前下方送出，在来球的下降期摩擦球的中下部，如图 8-17 所示。

图 8-17　搓球

### (三) 攻球

攻球是比赛中争取主动和得分的重要手段，其特点是种类多、球速快、力量大。

如果按身体方位划分，攻球有正手攻球、反手攻球、直拍反面攻球和侧身攻球等；如果按接站位划分，攻球有近台快攻、中台快攻和远台快攻等；如果按动作划分，攻球有快抽、提拉、扫抽和扣杀等。

#### 1. 正手攻球

正手攻球又称近台快抽，其特点是站位近，动作小，球速快。若配合落点变化，可创造更好的扣杀机会。

动作要领:击球前,左脚稍前站立,身体离台约 50 cm。当来球将落至台面时前臂外展,将球拍后引至身体右侧稍后。当来球从台面弹起时,上臂带动前臂向左前上方快速挥动,并配合前臂内旋动作将拍体前倾,在上升期击球的中上部。击球过程中,身体重心从右脚移至左脚,击球后球拍继续挥至头部高度,然后迅速还原成击球前的准备姿势,如图 8-18 所示。

图 8-18 正手攻球

### 2. 提拉球

提拉球是攻球运动员对付下旋球时常用的技术之一。特点是落点活,球路稳健,并带有一定的主旋力。比赛中,双方处于相持阶段时用此过渡,常能为扣杀创造机会。

动作要领:击球时,球拍从右下方朝左前立方加速挥动,拍面接近垂直,在来球的下降期击球的中部或中下部,如图 8-19 所示。

图 8-19 提拉球

### 3. 扣杀

扣杀的特点是动作大,力量重,攻击力强,是还击半高球时得分的重点,前臂和手腕同时下压,等球弹到高点时击球的中上部。要求最大限度地发挥整个手臂的力量,并配合转腰和蹬地的力量。

## (四)弧圈球

弧圈球是将速度与旋转相结合的一种进攻技术。弧圈球的弧线曲度大,落台后前冲力大,攻击力强,是乒乓球比赛中得分的主要手段[①]。

拉弧圈球时,要求运动员使用反胶海绵球拍。击球时球拍前倾,击球的中部或中上部,依靠腿部、腰部和手臂等部位的协调发力完成动作。

如果按击球方法划分,弧圈球包括正手弧圈球、反手弧圈球和侧身弧圈球;如果按旋转特

---

① 中国乒乓球协会.乒乓球竞赛规则(2022)[M].北京:北京体育大学出版社,2022.

点划分,弧圈球包括加转弧圈球、前冲弧圈球、侧旋弧圈球和不转弧圈球(假弧圈)。

下面简要介绍一下正手拉弧圈球的特点和动作要领。

特点:站位稍远,动作大,速度稍慢,弧线曲度大,落台后前冲并向下滑落,一般用于拉下旋球。

动作要领:

(1)两脚左右开立,稍大于攻球时距离,右脚在后,身体重心放低。

(2)执拍手沉肩垂臂,引拍至身体后下方,拍面前倾,身体重心移至右脚。

(3)大臂带动前臂向前上方挥拍,逐渐加快挥拍速度。此外,还应根据来球旋转程度控制好拍形角度并找准击球时间。

(4)身体重心向左脚移动。拍触球时,右脚蹬地转体向左侧转动,迅速收缩前臂,发力要以腰、手为主,在来球下降期击球的中部或中上部。

(5)拉球后,球拍随势挥至头部高度,身体重心移至左脚。

## 第三节　乒乓球基本战术

只有熟悉与学习乒乓球基本战术,才能够更好地掌握乒乓球运动的技能。

### 一、乒乓球战术的四个基本因素

乒乓球有各种各样不同打法,还有多种战术。不管是什么打法,战术如何变化多端,乒乓球战术离不开四个基本因素,那就是力量、速度、旋转和落点。

第一,力量作用于球,是通过球的前进速度和旋转强度表现出来的。要想在进攻当中猛力扣杀,使对方接不好,你就要打得有力量。

第二,为了尽量减少对方的准备时间,必须抓紧时间,争取在最短的时间内把球回击到对方的台面上,使对方措手不及。

第三,为了增加对方还击的难度,还可以制造各种旋转球,迫使对方回球失误后出机会球,这就是旋转。

第四,如果你是在加强旋转的强度,那么无论是制造上旋还是下旋,都一定要用力摩擦球。

### 二、乒乓球比赛时常用的一些战术

下面就来简单介绍一些乒乓球比赛时常用的战术,具体内容如下:

(1)推攻战术。主要运用正手攻球和反手推挡的速度和力量,并结合落点变化和节奏变化来压制和调动对方,以争取主动或得分。有反手推挡能力的两面攻运动员、攻削结合运动员等常使用它。

(2)两面攻战术。主要利用正、反手攻球技术的速度和力量压制对方,争取主动和创造扣杀机会。两面攻技术是两面攻打法对付攻击型打法的主要战术。

(3)拉攻战术。连续运用正手快拉创造进攻机会,然后采用突击和扣杀来作为得分手段。拉攻战术是快攻打法对付削球类打法的主要战术。

(4)拉、扣、吊结合战术。由拉攻与放短球相结合而成,是快攻型打法对付削球打法的常用战术。

(5)搓攻战术。主要运用"转、低、快、变"的搓球控制对方,以寻找战机,然后采用低突、快点或拉攻等技术展开攻势并进入连续进攻;在搓球中遇到机会球时进行扣杀,常常带有突然性,往往可以直接得分。搓攻战术是乒乓球各种打法不可缺少的辅助战术。

(6)削中反攻战术。由削球和攻球结合而成,常以逼角加转削球为主,伺机反攻;或以"转、低、稳、变"的削球,迫使对手在走动中拉攻,以从中寻找机会,予以反攻。这种战术有"逼、变、凶、攻"的特点,是攻、削结合打法的主要战术。

(7)发球抢攻战术。发球抢攻战术是以旋转、线路、落点,以及速度不同的发球来增加对方回击的难度,使其出现机会球,或降低回球质量,然后抢先进攻,以争取主动或直接得分。这是乒乓球所有打法特别是进攻型打法的主要战术和得分手段。

(8)接发球抢攻战术。由某一单项攻球技术形成,进攻性强,可变接发球的不利地位为主动地位,也可直接得分,是乒乓球运动中各种打法特别是进攻型打法的主要战术。

## 第四节 乒乓球竞赛规则

下面简要介绍一下乒乓球运动的竞赛规则,供大家在进行乒乓球运动时参考。

### 一、发球

(1)发球开始时,球自然地置于不持拍手的手掌上,手掌张开。

(2)发球时,发球员须用手将球几乎垂直地向上抛起,不得使球旋转,并使球在离开不执拍手的手掌之后上升不少于16 cm。

(3)当球从抛起的最高点下降时,发球员方可击球,使球首先触及本方台区,然后越过或绕过球网装置,再触及接发球员的台区。双打中,球应先后触及发球员和接发球员的右半区。

(4)从发球开始,到球被击出,球要始终在台面以上和发球员的端线以外,而且不能被发球员或其双打同伴的身体或衣服的任何部分挡住。

### 二、击球

对方发球或还击后,本方运动员必须击球,使球直接越过或绕过球网装置,或触及球网装置后,再触及对方台区。

### 三、失分

(1)击球后,该球没有触及对方台区而越过对方端线。

(2)球未过网或出现连击。

(3)运动员使球台移动,或触及球网装置。

(4)不执拍手触及比赛台面。

(5)双打运动员击球次序错误。

### 四、一局比赛和一场比赛

在一局比赛中,先得11分的一方为胜方;10平后,先多得2分的一方为胜方。

在一场比赛中,单打淘汰赛采用七局四胜制,双打淘汰赛和团体赛采用五局三胜制。

## 五、次序和方位

(1)在获得 2 分后,接发球方变为发球方,依此类推,直到该局比赛结束,或直至双方比分为 10 平,或采用轮换发球法时,发球和接发球次序不变,但每人只轮发 1 分球。

(2)在双打中,每次换发球时,前面的接发球员应成为发球员,前面的发球员的同伴应成为接发球员。

(3)在一局比赛中首先发球的一方,在该场比赛的下一局中应首先接发球。在双打比赛的决胜局中,当一方先得 5 分后,接发球一方必须交换接发球次序。

(4)一局中,在某一方位比赛的一方,在该场比赛的下一局应换到另一方位。在决胜局中,一方先得 5 分时,双方应交换方位。

## 六、间歇

(1)在局与局之间,有不超过 1 分钟的休息时间。

(2)在一场比赛中,双方各有一次不超过 1 分钟的暂停。

# 第九章 羽毛球

羽毛球运动是一项能够让人眼明手快、全身得到锻炼的体育项目。这种说法非常贴切。无论是进行有规则的羽毛球比赛还是作为一般性的健身活动,都要在场地上不停地进行脚步移动、跳跃、转体、挥拍,合理地运用各种击球技术和步法将球在场上往返对击,从而增大了上肢、下肢和腰部肌肉的力量,加快了锻炼者全身血液循环,增强了心血管系统和呼吸系统的功能。运动中锻炼者需要运用手腕和手臂的力量握拍和挥拍,还要充分活动踝关节、髋关节、膝关节等部位,做出滑步、跨步和弓箭步等各种步态,所以对于全身肌肉和关节的锻炼也是很充分的。在捡球、接球的过程中,不断地进行弯腰、抬头等动作,使腰部、腹部的肌肉也能得到充分锻炼。

## 第一节 羽毛球运动概述

羽毛球运动适合于男女老少,运动量可根据个人年龄、体质、运动水平和场地环境的特点而定。青少年可作为促进生长发育、提高身体机能的有效手段进行锻炼,运动量宜为中强度,活动时间以 40～50 分钟为宜。适量的羽毛球运动能促进青少年身高增长,能培养青少年自信、勇敢、果断等优良的心理素质。老年人和体弱者可作为保健康复的方法进行锻炼,运动量宜较小,活动时间以 20～30 分钟为宜,达到出出汗、弯弯腰、舒展关节的目的,从而增强心血管和神经系统的功能,预防和治疗老年心血管和神经系统方面的疾病。儿童可作为活动性游戏来进行锻炼,在阳光下奔跑跳跃,并要求能击到球,以此培养他不畏困难、不怕吃苦、不甘落后的品质。

### 一、羽毛球运动的起源与发展

1800 年,现代羽毛球运动诞生于英国,由网球派生而来。1870 年,出现了用羽毛、栓皮做的球和穿弦的球拍。1873 年,英国公爵鲍弗特在格拉斯哥郡伯明顿镇的庄园里进行了一次羽毛球游戏表演,从此,羽毛球运动便逐渐开展起来,"伯明顿"成了羽毛球的名字,英文的写法是"Badminton"。那时的活动场地是葫芦形,两头宽中间窄,窄处挂网,直至 1901 年才改作长方形①。

1875 年,世界上第一部羽毛球比赛规则出现于印度的普那。三年后,英国又制定了更趋完善和统一的规则,并且这些规则大多沿用至今;1893 年,世界上最早的羽毛球协会——英国羽毛球协会成立,并于 1899 年举办了全英羽毛球锦标赛;1934 年,由加拿大、丹麦、英国、法国、爱尔兰、荷兰、新西兰、苏格兰和威尔士等国发起成立了国际羽毛球联合会,总部设在伦敦。从此,羽毛球国际比赛日渐增多。1978 年 2 月,世界羽毛球联合会于中国香港成立;1981 年 5 月,国际羽毛球联合会和世界羽毛球联合会正式合并。目前,国际羽联已拥有一百多个会员。

世界羽毛球赛事分为七个等级,四年一度的奥运会(包括男单、女单、男双、女双和男女混合 5 个单项)、两年一度的汤姆斯杯赛(世界男子团体锦标赛)、尤伯杯赛(世界女子团体锦标赛)、苏迪曼杯赛(世界混合团体锦标赛)和世界羽毛球锦标赛(个人单项)均为七星级的赛事。

另外,由于羽毛球源于英国,尽管全英羽毛球公开赛只是四星级,但所有羽毛球高手基本"全勤"参赛。

## 二、羽毛球运动的特点

羽毛球运动简单易学,设备简单,适合男女老少,并且运动量可根据个人年龄、体质、运动水平和场地环境而定。

进行羽毛球运动时,要不停地进行脚步移动、跳跃、转体、挥拍,因此,经常从事羽毛球运动可增强锻炼者上肢、下肢和腰部肌肉的力量,加快锻炼者全身血液循环,以增强体能。

# 第二节 羽毛球基本技术

羽毛球运动具有竞技性、游戏性、健身性、娱乐性等特点,通过规则、裁判法、羽毛球技、战术等课程学习,学生可以了解并掌握羽毛球的技术、战术、规则、裁判法等知识,掌握锻炼身体和自我评价的方法,具备组织或参加简单的体育竞赛的能力。羽毛球的基本技术分为六大项:握拍、发接球、步法、网前技术、后场技术和中场技术。以下对握拍法和发球进行简单介绍:

## 一、握拍法(以右手为例)

正确的握拍法是掌握合理、准确、全面击球技术的前提条件,因此,要充分重视学会正确的握拍方法,就是已达到一定水平的也应在实践中不断改进和完善自己的握拍方法。

### (一)正手握拍法

虎口对着拍柄窄面的小棱边,拇指和食指贴在拍柄的两个宽面上,食指和中指稍分开,中指、无名指和小指并握住拍柄,掌心不要紧贴,拍面基本与地面垂直,如图 9-1 所示。正手发球一般都采用这种握拍法。

### (二)反手握拍法

在正手握拍的基础上,拇指和食指将拍柄稍向外转,拇指顶点在拍柄内侧的宽面上或者内侧棱上,中指、无名指和小指并拢握住拍柄,柄靠近小指根部,使掌心留有空隙。球拍倾斜向身

---

① 金尧.羽毛球教程[M].上海:上海交通大学出版社,2020.

羽毛球的基本技术

图 9-1　正手握拍法

体左侧,拍面稍后仰。击身体左侧的来球,大都先转体(背对网),然后用反手握拍法击球,如图 9-2 所示。

图 9-2　反手握拍法

## 二、发球

高质量的发球,会给接发球造成困难,迫使对方只能做防守性的回击,甚至会造成接发球失误。所以发球质量的优劣,会直接影响到比赛的主动或被动,在双打比赛中尤其如此。规则规定只有发球胜球才能得分,因此这就要求我们要重视发球权,把发球作为组织进攻的开始。

### (一)发球的基本姿势

**1. 正手发球**

准备发射时,右手握拍向后侧举起,肘部微曲,左手拇指、食指和中指夹住球,举在腹部右前方,然后放开球,挥拍击球,如图 9-3 所示。

图 9-3　正手发球

发高远球时,左手放开球使之下落时,右手转拍由上臂带动前臂,自右后方沿身体向前左上方挥动,紧握球拍,并利用手腕屈收的力量向前上方发力击球,然后顺势往左上方挥动缓冲。

发平高球时,动作过程大致与发高远球相同,只是在击球的一刹那,前臂加速带动手腕向前上方挥动,拍面要向前上方倾斜,以向前用力为主。注意发出球的弧线以对方拍击不着球的高度为宜,并应落到对方场区底线。

发平快球时,要充分利用前臂带动屈腕的爆发力向前方用力击球。使球直接从对方肩稍上高度越过落到后场。关键是出手(击球)动作要小而快。

发网前球时,握拍要放松,上臂动作要小,主要靠前臂带动手腕向前切送,球的弧线要贴网而过,落点在前发球区附近。注意手腕不能有上挑动作。

#### 2. 反手发球

右手臂屈时,用反手握拍将球拍横举在腰间,拍面在身体左侧腰下。左拇指与食指捏住球的两三根羽毛,球托朝下,球体或球托在球拍前对准面。击球时,前臂带动手腕朝前横切推送,使球的飞行弧线略高于网顶,下落到对方发球线附近,如图9-4所示。

反手发平快球时要突然发力,拍面要有反压动作。

图9-4 反手发球

### (二)发各种飞行弧线的球

发球按发出的球在空中飞行的弧线不同,可分为发高远球、发平高球、发平快球和发网前球,如图9-5所示。

拍面与地面形成的仰角一般在120°左右,在不"过腰""过手"的限度内尽可能提高击球点,使球过网时的弧线尽可能低一些。

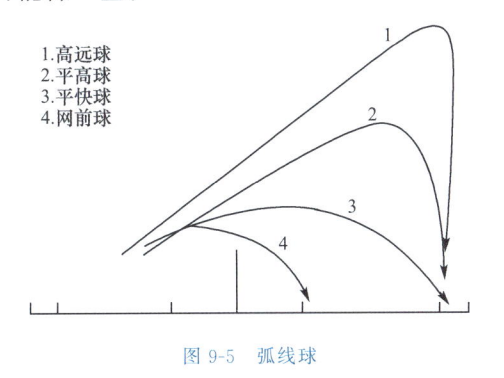

1. 高远球
2. 平高球
3. 平快球
4. 网前球

图9-5 弧线球

## 第三节 羽毛球基本战术

从战术原则上讲,就是要充分发挥自己的特长技术去攻击对方的虚弱阵线。同时,也要尽量回避自己的短处被对手盯住,在打法上应坚持快、准、狠、活的技术风格,做到积极主动,以"我"为主。

## 一、单打战术

具体而言,分为以下几个内容:

### (一)发球抢攻战术

要善于根据不同的对手采用不同的发球方法,发出不同性能的球,以取得主动权。其目的就是利用发球的威力使对方被动出现机会球,然后组织进攻。

### (二)进攻后场战术

这种战术主要是在对方后场的还击力量差、后退步伐较慢、后场反击力差或急于上网的情况下,连连压住对方的后场,使之处于被动后伺机突击。

### (三)打四方球战术

这是以快速、准确的落点来攻击对方四个角落的战术。发现对方反应较慢、步法迟缓的缺点后,运用这个战术可使其向四角奔波而来不及回到中心位置,待出现机会球时,抓住时机大力扣杀。此战术对于灵活性差、转体慢的对手,以打对角线为主较为有效。

### (四)打对角战术

这种战术的目的很明确,不论是进攻还是防守,都以打对角线为主。在判断对方身体灵活性差、转体慢的弱点后,用这种战术反复让对方的弱点暴露出来,使对方疲于奔跑,进而由于重心不稳而造成被动,从而抓住时机进行攻击。

## 二、双打战术

双打是两人协同作战,在思想上要团结一致,在技术上需能攻善守。关键性的技术如发球、接发球、平抽快打、连续扣杀等方面要高人一等;在身体素质上要求速度快、力量大、灵敏、协调、耐力强;在战术的配合上要行动一致、配合默契。

### (一)发球、接发球战术

发球是争夺主动权的关键。双打的发球线比单打短,不宜发高球,以防止对方的大力扣杀,一般以发网前球为主。发球要根据对方的情况选择好自己的站位,充分发挥球路、力量的变化,力求争得主动权。接发球时,首先要把来球的性能判断准确,起动要快,动作要敏捷、迅速,有较好的击球手法,往往可以用扑球使对方陷入被动,或是以搓、推获得主动和攻击的机会[1]。

### (二)攻入战术

攻入战术也称二打一战术。在双打中对方两个人的技术水平往往是不平稳的,要集中力量攻击对方的弱点或弱区。具体方法是先通过下压球路取得进攻机会,当对方不得不采用分边防守时,就集中力量攻其弱者。若对方有意保护弱者,那就两个人轮番攻击对方的强者,消耗其体力,削弱其进攻威力,伺机突击空当。

### (三)攻中路战术

这是攻击对方配合能力的战术。方法是当对方分边站位时,把球击到两人之间的空隙区;若对方前后站位时可将球击到两人之间的边线位置,目的是造成都要争夺回击或都不回击,即

---

[1] 青少年羽毛球入门教程[M].北京:人民邮电出版社,2022.

使回击也犹豫不决,导致漏接或失误。

### (四)攻后场战术

这是一种先牵制后攻杀的战术。方法是用平高球、平推球,接杀挑底线把对方一个人紧紧地拴在底线而两角移动。当对方被动还击时,即可以大力扣杀;当对方同伴后退支援时,可立即攻击其网前空当,或向正在后退者攻打追身球。这种战术常用来对付返场扣杀能力差的对手。

### (五)杀后前封战术

这是连续攻击的一种战术。当争得主动进攻的机会时,站位在后边的队员要强攻杀直线,而站位于前者要立即移动到对方回直线球的位置,准备立即封网扑杀。

### (六)防守反攻战术

这是在防守中积极寻找或制造反攻机会的战术,是摆脱被动争取主动的打法。不管对方进攻哪一点,都要把球挑到进攻者的另一侧。如对方后场攻直线,就挑对角线;如攻对角线,就挑直线。目的是摆脱干扰,破坏对方的进攻,使对方在应变过程中出现失误,抓住时机大力反攻。

### (七)双打的合作方法

**1. 轮转合作法**

在防守时每人各站在场内的一边,这样就使防守范围小了,也便于还击对方扣杀过来的高远球、网前球;进攻时则采用一前一后的站位方法,以求加强攻势。

**2. 前后固定法**

在两个选手中,善于打网前球的站在前场,而扣杀能力强、防守技术好的站在后场,使两个人的优势都充分发挥出来,起到扬长避短的作用。

## 第四节 羽毛球竞赛规则

球类竞赛一直都是人们喜爱的运动项目之一。竞赛规则是为保证运动竞赛正常进行、维护良好的竞赛秩序而制定的统一规范和准则。羽毛球竞赛有其独特的规则和技巧。

### 一、比赛项目

羽毛球的比赛项目包括男子单打、女子单打、男子双打、女子双打、混合双打、男子团体和女子团体。单项比赛以三局两胜定胜负,团体赛多采用五盘三胜制。

### 二、接发球选择和场区选择

开始时,双方应掷挑边器,赢的一方可以选择先发球或先接发球,以及场地中的哪一区。

在局中,若接发球方出现违例或触及本方地面而成死球,则发球方得1分;反之,若发球方出现违例或触及本方地面而成死球,则换发球,接发球方得1分。下一局开始时,由上一局的胜方先发球。

第一局比赛结束时,双方应交换场地。若局数为1比1时,在第三局比赛开始前,双方应交换场地。在第三局比赛中,领先一方比分达到11分时,双方应交换场地。

## 三、计分方法

羽毛球比赛采用21分得分制。

先得21分的一方胜一局。如果比分打成20平,获胜一方须超过对手2分才算取胜;若打成29平,则先得到第30分的一方取胜。

## 四、发球

发球员和接发球员都必须站在斜对角发球区内发球和接发球,脚不能触及发球区的界线。

### (一)单打

单打比赛中,发球员的分数为0或双数时,双方运动员均应在各自的右发球区发球或接发球;发球员的分数为单数时,双方运动员均应在各自的左发球区发球或接发球。

### (二)双打

双打比赛时,一局比赛开始和每次获得发球权的一方,都应从右发球区发球,并且只有接发球员才能接发球,若他的同伴去接球或被球触及,则为违例,发球方得1分。

自发球被回击后,由发球方的任何一人击球,然后由接发球方的任何接发球方违例或因球触及本方场区内地面而成死球时,发球方得1分,原发球员继续发球,但发球方两人左右换位,接发球方队员的位置不变;发球方违例或球触及本方场区地面而成死球,原发球员即失去发球权,接发球方得1分。

## 五、发球错误、违例、重发球和死球

发球错误主要包括:从错误的发球区发球、发球顺序错误等。

违例主要包括:发球不合法,发球员发球时未击中球,发球时球过网后挂在网上或停在网顶,球落在球场界线外,球从网孔或网下穿过或球不过网,球触及运动员的身体或衣服等。

除发球外,球过网后挂在网上或停在网顶,或者发球员在接发球员未做好准备时发球,都应重发球。

死球包括:球撞网并挂在网上,或停在网顶;球撞网或网柱后开始在击球者这一方落向地面;球触及地面。

# 第十章 网球

网球是一项优美而激烈的体育运动。网球运动的由来和发展可以用四句话来概括:孕育在法国,诞生在英国,开始普及和形成高潮在美国,现在盛行全世界,被称为世界第二大球类运动。

## 第一节 网球运动概述

网球通常在两个单打球员或两对组合之间进行。球员在网球场上隔着球网用网球拍击打网球。

现代网球运动诞生于19世纪的英国伯明翰。20世纪,网球在世界各地得到广泛发展,并成为一项世界性的体育运动。最受关注的网球比赛是每年举办的网球四大满贯赛事。

### 一、网球运动的起源

网球运动最原始的形式被称为室内网球。大多数历史学家认为,这一运动最早起源于12世纪法国北部传教士在教堂回廊里用手掌击球的一种游戏。到了14世纪中叶,法国的一位诗人把这种球类游戏介绍到法国宫廷中,作为皇室贵族男女的消遣。当时玩这种游戏,场地是宫廷内的大厅,没有网也没有球拍,球是用布卷成圆形后用绳子绑成的。场地中间架起一条绳子为界,利用两手作球拍,把球从绳上丢来丢去,法语叫作 Tenez,英语叫作"Take it! Play!",意即"抓住! 丢过去!"今天"网球"(Tennis)一语即来源于此。到了16世纪,木板的球拍被用来代替两手拍板。最初的网球,只是两个半球填充草、树叶或头发等制成的,后来随着网球的不断发展,球的制作也越来越讲究。

16世纪初,这项球类游戏被法国国民发现,出于好奇心开始仿效,很快地传播到各大城市,同时改良了用具。球制造得比较耐用,拍子由木板改为羊皮纸板,拍面面积放大,握把的柄也加长。场地中间的绳子,增加无数短绳子向地面垂下,球从绳子下面经过时,可以明显地发觉。后来,法国国王路易斯下令禁止,并规定这是宫廷中的特权游戏。

17世纪初,场地中间不再用绳帘,而改用小方格网,网比帘的作用更好。拍子改用穿线的网拍，富有弹性而且轻巧方便。在法国宫廷中做这种游戏时，球场旁边放置一只金色容器，每次比赛完毕后，观众将金钱投入盘中，作为胜利者的奖品。这种方法起初的用意很好，后来渐渐演变成一种赌博。开始时数目尚小，久而久之越赌越大，甚至有人因此倾家荡产，于是纠纷迭起，法国国王遂下令禁止再做此种游戏，这就是18世纪初期网球衰败的主要原因。

现代网球运动的历史一般是从1873年开始的。那年，英国人沃尔特·克洛普顿·温菲尔德将早期的网球打法加以改进，使之成为夏天在草坪上进行的一种体育活动，并取名"草地网球"。同年还出版了一本以《草地网球》为题的小册子，对这种活动进行宣传和推广。所以温菲尔德被称为"近代网球的创始人"。此后，网球便成为一项室内、户外都能进行的体育项目。同时，英国各地建立起了网球运动俱乐部。1875年又建立了全英网球运动俱乐部。这个俱乐部建造了世界上第一个网球场地，并于1877年举办了全英草地网球男子单打锦标赛，即后来闻名于世的温布尔登网球赛。

网球运动广泛开展，比赛活动日益频繁，没有统一的规则当然是不行的。于是在1876年，由一些地区的著名网球运动俱乐部派出代表，一起开会研究和讨论制定一个全英统一的网球规则。经过多次协商，各方代表终于对网球运动的场地、设备、打法和比赛等方面取得了一致的意见，并形成了一个统一的规则。大约在1878年以后，英国大多数网球俱乐部逐渐按照新的打法开展活动，进行训练和比赛。

1874年，在百慕大度假的美国女士玛丽·奥特布里奇在观看了英国军官的网球比赛后，对这项体育活动颇感兴趣，于是将网球规则、网拍和网球带到纽约。在美国，网球运动最初是在东部各学校中开展的，不久就传到中部、西部，进而在全美得到普及。此时，网球运动已经由在草地上演变到可以在沙土上、水泥地上、柏油地上举行比赛，于是"网球"的名称就慢慢替代了"草地网球"的名称。这是我们今天网球名称的由来。

现代网球运动开展的初期，女性常被排斥在外，其理由是网球运动不适合于女性，同时认为女性参加网球运动，有伤风化。因此，早期的网球比赛只设有男子单打和双打两项，不设女子网球项目。但是一些女选手不仅敢于冲破社会舆论和家庭的阻挠，而且技术水平有的还超过了男选手。在一些非正规的单打比赛中常常出现一边是男选手另一边是女选手的情况。这才迫使一些网球俱乐部不得不破除这一禁令，允许女性参加这一运动。

1878年，第一次男子双打锦标赛在英格兰举行。

1879年，第一次混合双打比赛在爱尔兰举行。

1884年，温布尔登增加了女子单打和男子双打锦标赛。

1913年又增加了女双和混双锦标赛。

1881年，世界上出现了第一个全国性的网球协会，即美国全国草地网球协会（"全国"两字于1920年取消）。该会于当年8月31日至9月3日，在罗得岛纽波特港举行了第一届美国草地网球男子单打和男子双打锦标赛，采用了温布尔登的比赛规则，参加比赛的有26人。

美国全国草地网球协会主席德怀特和美国男单冠军西尔斯，也是最早参加温布尔登锦标赛的海外运动员。

1887年，开始举行美国草地网球女子单打锦标赛，女子双打和混合双打分别开始于1890年和1892年。

1891年，法国首次举行男子单打和男子双打锦标赛，参加者限于法国公民，女子单打始于1897年。

1900年，21岁的美国网球运动员戴维斯，为了推动现代网球运动的发展，捐赠了一只黄金衬里的纯银大钵，名为戴维斯杯。它后来成为国际网坛声望最高的男子团体锦标赛的永久性的流动奖杯。每年的冠军队和队员的名字刻在杯上，当1920年刻满名字后，戴维斯又捐赠了一只垫盒，以后又增添了两只托盘。

1904年，澳大利亚草地网球协会成立，并于1905年开始主办澳大利亚锦标赛，设男子单打、男子双打两个项目。1922年又增加了女子单打、女子双打和混合双打三项。法国网球锦标赛、英国温布尔登网球锦标赛、美国网球锦标赛和澳大利亚网球锦标赛合在一起是世界上最有声望的"大满贯"网球锦标赛。任何一名选手或一组双打选手能在同一赛季中，赢得这四个锦标赛的冠军，便获得"大满贯"优胜者的荣誉。

1913年3月1日，由澳大利亚等12个国家的网球协会代表，在巴黎成立了国际网球联合会(ITF)，协调国际网球活动，安排全年比赛日程表，修订网球规则并监督它的执行。

1919年，抽签采用"种子"制度。1927年，英国首创无缝网球，使球速加快。20世纪40至60年代，网球趋向职业化。1963年开始举办女子团体赛——联合会杯赛。1968年温布尔登首先实行不区分业余选手和职业选手的参赛制度。1972年，国际男子职业网球选手协会成立。1973年，国际女子网球协会成立。

1896年在雅典举行的现代第一届奥运会上，网球的男子单打与双打被列为正式比赛项目。后来，由于国际奥委会和国际网球联合会在"业余运动员"问题上有分歧，已经进行了连续七届的奥运会网球比赛项目被取消。直到1984年的洛杉矶奥运会上，网球才被列为表演项目。到1988年的汉城奥运会上，网球重新被列为正式比赛项目。

## 二、网球的特点

### 1. 空中击球快速有力

无论是在网球比赛还是在网球游戏中运用的各种击球方式，都必须是用拍子击空中球或地面反弹球，自己发球也是先将球抛起然后才将球击到对方发球区内。正因为空中击球，所以球速快而有力。

### 2. 发球方法独具一格

网球运动规则规定参加运动的双方在一局中一人连续发球直到该局结束，此局被称为发球局。在每次的发球中，均有两次机会，即一发失误，还有二发的机会，使得发球威力大增。正因为如此，在实力均衡的双方比赛过程中，发球方总能占据一定的优势。

### 3. 计分方式与众不同

在网球运动的比赛中采用15、30、40、平分的计分方法；而每盘比赛采用6局形式。这种计分法始于中世纪。人们拿可以拨动的时钟来计分，每得一次分就将时钟转动四分之一圈，也就是一刻钟15分。同理，得两次分就将时钟拨至30分，这便是网球计分中15分和30分的由来。至于40分就显得有些怪异，为什么它不是15的3倍45呢？这是因为在英文中，15分念作Fifteen，为双音节，而30分念作Thirty，也是双音节，但是45分的英文Forty-five则变成了三个音节。当时的人们觉得读起来有点拗口，也不符合"方便"的原则，于是就把它改成同为双音节的Forty(40分)。这就是看起来不合逻辑的40分的由来。

### 4. 比赛时间难以控制

网球比赛无论是正式的比赛还是平时的娱乐，只要比赛双方实力接近想要分出胜负，都将使比赛时间延长。正式的网球比赛为男子五盘三胜、女子三盘两胜，一般比赛时间在3~5小时，历史上最长的比赛达到6个小时，因为比赛时间太长、太晚而在当天中止比赛第二天继续进行的情况也屡见不鲜。也许正是因为比赛的主宰权掌握在自己手中，网球的魅力才难以阻挡。

**5. 比赛强度大**

一场势均力敌的比赛，由于比赛时间过长，对双方运动员的体力要求很高。在所有隔网对抗的体育项目中网球场上的人敌密度是最少的，正因为如此，有人进行过统计，一场水平相当、紧张激烈的网球比赛，男子的跑动距离接近 6 000 米，女子达到 5 000 米，挥拍次数达到上千次。如此高的比赛强度在其他竞技比赛中是难以看到的，所以参加网球比赛，对于运动员的体力、意志力和心理都是极大的考验。

**6. 心理要求高**

网球除团体比赛在交换场地时教练可以进行场外指导，其他任何比赛都不允许有教练进行指导，哪怕是手势也不行。整个比赛全靠个人独立作战，没有好的心理素质，想要取得比赛的胜利是不可能的。

## 三、网球的主要作用

**1. 增强体质，促进健康**

网球运动是一项男女老少皆宜的运动，运动量可大可小，可以自行调节。练习网球，可以使人们动作敏捷，判断准确，反应迅速，提高速度、力量、柔韧、灵敏等身体素质，对改善人体运动系统、循环系统、呼吸系统、神经系统，以及抵抗各种疾病、适应外界的能力都有重要的作用，从而可以有效地增强人们的体质和健康。

**2. 培养良好的意志和作风**

在网球运动中，特别是在比赛中，人们通过进攻与防守，控制与反控制，既斗智，又斗勇，锤炼了个人的意志品质和心理素质，有利于培养拼搏进取的作风和胜不骄、败不馁的道德风尚，有利于提高克服各种困难的勇气。

**3. 团结协作，增进友谊**

练习网球需要一个对手或球友。通过网球运动可以交流球艺，增进友谊。特别是参加双打比赛，可以培养人们相互信赖、团结协作、密切配合的合作意识。它还是一项新的社交活动，可以促进彼此的沟通和理解。

**4. 愉悦身心，陶冶情操**

网球比赛具有较强的观赏性。网球比赛中，场上热烈的气氛、激烈的争夺，使广大观众激情满怀。运动员所表现的顽强斗志，潇洒的作风，精湛的技艺，令人赏心悦目，久久难以忘怀，使人们从中得到一种精神享受。

# 第二节 网球基本技术

## 一、正拍着地球

### (一) 正手上旋球

**1. 准备姿势**

准备姿势是击打每一个球之前身体及心理的预备，应养成习惯。其架势为，一手握拍，另一手轻持球拍颈部,并使拍头朝上,手腕与拍子约130°,两膝微弯,重心微向前倾,两脚开立与肩同宽,眼睛注视来球。

### 2. 击球动作

击球过程为后摆(拉拍)→前摆(向前挥拍)→击球→挥送。初学者常因拉拍缓慢,致使击球错过时机,无法顺畅击出,应予注意。前摆,也就是向前挥拍,挥动球拍务必使手腕固定,拍面平稳挥出,当击中球时,瞬间使身体重心投入于球点上,击中球后球拍不要停止,应继续往前挥送,使球拍朝着球飞的方向跟进。

### 3. 击球要领

要利用身体的重心击球,球拍击球后,重心跟出;球拍挥动时,拍面角度要稳定、正确;击球的高度(击球点),要在腰与膝之间。

### (二)正拍下旋球(切球)

正拍切球在早期的比赛中较为广泛流行,此种打法是由上往下加以侧旋(Sidespin)切出,使球产生下旋(Underspin)。向下旋转的球在空气中产生飘浮而低飞过网,球速较慢,会让对手有充裕的时间还击,因此近年来讲求快速的攻击打法中切球较少被使用,但比赛中会因救球或改变战术,而被采用。

击球要领(拍面角度):

(1)拍面后拉,使手腕竖起,拍头举高,且要稍仰,倾斜朝上。

(2)击中球后手腕握紧,拍面朝上,不可翻动,且不可停止挥动,应继续将球拍往前推出。

(3)连续击球动作。

## 二、反拍着地球

多数球员认为反手击球较为困难,因为日常手部的运动大都朝手掌的方向而行,若用反面手背行之,自然较不习惯。运用右边持拍的手臂去迎击左侧来球,就需要适当使用反拍握拍法:

(1)稳固的手腕。

(2)正确的步法。

(3)击打每一个反手球时,身体的方向是侧向球网(肩膀及背部对向球网)的。

如能把握以上要领,会发觉反手击球比正手击球更具威力。

初学反手球时,应从正旋球练起,方能掌握先机,击出具有攻击性的抽击球。一旦熟练了正旋球,也应学习反旋球打法,从而有助于战术的运用。

### (一)反拍上旋球(抽球)

(1)准备姿势与正手相同。

(2)改变球拍握法:当目测来球在左边时,即刻移动,同时通过左手的帮助改变握拍法,并转肩膀使后背几乎对着球网;向后拉拍时,未持拍的手同时放在球拍颈上,如此可帮助后摆,并使握拍稳定。

(3)拍面角度:为使击球产生上旋,球拍后摆时要注意到拍面的角度应与地面垂直或稍朝下。

(4)球拍平稳挥击,并利用重心击球,向前挥摆时,应注意拍面平稳延伸,不可摇动,同时重心由后脚移向前脚,利用腰部及体重的带动而使击球顺畅更具威力。

(5)延长拍面与球的摩擦时间。上旋球过网高度的弹性较大,控球力较稳(不易出界),近来广受球员喜好,为使其更具威力及稳定,拍面宜由低而高刷出,即开始摆动前球拍放低,碰到球后,犹如一把刷子,向高远处刷出。

### (二)反拍下旋球(切球)

以下旋方式击出的旋转球,会使球在空中飘浮较久,比平击球在落地后弹跳的力量小且大于入射角度,这种特性最适合防守性打法。

反拍下旋球的打法与上旋球的打法正好相反,球拍是由高而低挥击的,且球拍与球接触时的拍面必须上仰,当来球弹跳高或过于强劲时以切击回击为宜。

击球要领:在准备动作之前,球拍高度必须在较高的部位,以便在挥拍击球时,能够由上向下挥击,以便产生较高的下旋力量,就是拍面上仰,而向下切球,产生反旋转,击球后拍面虽低,但在最后却应上扬。

## 第三节 网球基本训练

### 一、颠球训练

#### 1. 凌空颠球

颠球是网球动作中最基本的感觉统合,需要眼、手、脚协调,在甜点打球,拍面角度正确。能够稳定地颠球 10 下才算及格,勉强地颠球 10 下不能过关。要求拍在腰际,球比眼高,拍面保持水平,不晃动,眼睛盯紧球,身体放松。大多数人能轻松过关,少数人需经过短期练习,极个别人需较长时间练习。颠球前,教练先示范颠几下,然后让学员颠,不用管正反手,根据学员的缺点分别指导。在颠球感觉激活后,要求本能反手颠球的人改成手心向上的正手颠球。颠球可以集体授课。儿童的感觉统合发育不健全,颠球对他们是高难度动作,为了保持他们打网球的兴趣,不应该要求他们颠球过关。

#### 2. 正手落地颠球

在凌空颠球过关后,叠加落地一下再颠的节奏。目标是稳定颠球 10 下,同样要求拍在腰际,球比眼高,拍面保持水平,不晃动,用身体起伏打球,眼睛盯紧球,移动范围不能太大。此步骤多数人基本能轻松过关,过关后解决了击球节奏的要素,是隔网颠落地球前的重要练习。儿童颠落地球比凌空颠球容易,这是适合他们训练的游戏。

#### 3. 正手小小场隔网颠落地球

教练首先示范颠落地球两下,第三下用同样的动作颠球过网,要求学员照做。很多人第三下的动作不能和前两下一致,不自觉地把拍面角度由水平的颠球变成垂直的推挡,引导他们颠球过网的动作要和颠落地球动作一致,这个感觉激活后才可以直接一次颠过网。隔网颠球要求有抛物线,比网高半米,落在离网两米的范围内。要求在右前方颠球。有意送球到不同位置练习脚步移动,先练同方向移动,再练反方向移动。移动练习要求学员每一次回球尽量打回中间,激活落点控制的感觉。这个环节按顺序有 5 个感觉需要激活:打中球、抛物线、击球点、移动、落点。这些练习步骤须按部就班,前边未过关不宜练下一项。

#### 4. 双反手小小场隔网颠落地球

方法和正手骤完全一样,只是正手改成双反手。很多人开始的几个回合觉得别扭不适应,这些只是短暂的现象,其实过关比正手容易很多。如果遇到少数过关困难的,可让他们在球场旁边增加反手凌空颠球和反手颠落地球的练习。

**5. 正反手小小场隔网移动中颠落地球**

先教准备动作,左手扶着拍颈,右手放松虚握拍柄,拍头竖起对着鼻子,双脚轻微弯曲。这个叠加是整个网球生涯非常重要的正规准备姿势,在此后的训练过程要不断提醒每次击球后都要恢复到这个姿势,直到学员养成习惯动作。送球到正手位,复习正手步骤,过关后送球到反手位,复习双反手步骤,过关后不规则地交叉送正反手位。这个步骤的击球频率比较快,对学员体力消耗大,要观察学员的呼吸和脸色,及时安排他们休息。这是对初学者要十分注意的细节。学员虚脱是非常难受的症状,头晕冒冷汗、脸色苍白,不严重时,只需在阴凉处躺下或坐好,擦汗喝水休息,不久便可恢复。

## 二、正手击球训练

在持拍手侧击球叫正手击球,在另一侧击球叫反手击球,为论述方便,本课程的持拍手都特指右手。拍面和触球点的相对位置有高低不同的分别,拍面从下向上的顺序位置有不同的动作描述:颠球、推挡、上旋抽击、平击、切削、截击、高压等。

**1. 正手颠球**

前面已经介绍过激活正手颠球感觉的训练方法,根据印刻定律,这个感觉激活以后会永远存在,无须经常训练。这个动作的实战应用是冲向前救小球,训练中放一些小球给学员追,引导他们向前冲的同时拍子要伸在身体前方,拍面打开,提早做好颠球准备。姿势论传统法学员追这种小球多数是拍子拉在身后,到位才挥拍,这是传统法后遗症的错误动作之一。

**2. 正手推挡**

逐步后退到小场对打,在步骤熟练的基础上逐步送较长的球,一米一米推进,直到整个小场。在这个步骤学员的拍面角度本能会自动调整,无须教练引导,此类自动调整击球动作的人类本能是简易教法的科学基础。送球到前后左右不同位置练习正反手击球,留意观察缺点提醒改正。击球动作基本合理后,对学员说,从现在开始你已学会打网球,然后和他打一场11分的小场比赛,不准截击,只许打落地球。为了增加乐趣,设定取得一分有奖品。多数人比赛一场的动作已很好,少数未能熟练击球的,可增加数回合的游戏,逐步增加回合目标,达到50回合的动作已可以。这个步骤就是激活正反手推挡感觉的训练,没有刻意讲解,只是本能在不经意中完成。这个动作的实战应用是接发球和接高速来球。正手推挡感觉激活以后无须经常训练,只需要在接发球训练时引导学员应用即可。

**3. 正手击球步法**

网球比赛的来球千变万化,能够最快到位的移动步法就是好步法,被动救球的步法由来球决定而不是由自己决定,能够自主选择步法的只能是时间允许的进攻性抽击和防守性过渡击球。正手击球有三种常用的步法,应该在同一节课的训练中分别掌握。合理的站位是打好网球的基础,漂亮的姿势必须有重心转移动作,应该经常练习这三种常用的正手击球步法。

(1)开放式:双脚连线平行于球网,适合横向移动,击球前,重心在右脚内侧,击球后,重心在左脚,右脚跟离地,右脚尖拖地。

(2)封闭式:适合横向移动,跑动中击球,击球时,刚好左脚跨到右边着地,以左脚做轴心,右脚随惯性转半圈,转到与左脚并立,击球后,重心落在双脚。

(3)中间式:前后脚站位,适合向前纵向移动,击球前,重心在左脚,击球时,右脚蹬起,动作夸张地向前跨步,右脚尖触地,击球后,右脚回位与左脚并列。

不论什么站位,都应强调击球的步幅有一只球拍以上距离。这些训练的回合少,应该用多球在小场对打。正手抽击是比赛中应用得最多的姿势,网球明星的正手击球赏心悦目千姿百态,只要学会最基础的平击和上旋,以及几种基本步法,就可以在实战中融会贯通,打出舒展流畅的正手击球姿势。正反手抽击和发球是训练中最主要的三要素,是网球训练方法的重点。

### 4. 正手平击方法

常用的方法有两种:一种是流传很久的中间式站位,从后向前直线挥拍,这个动作容易掌握;另一种是较新的开放式站位,转腰180°旋转挥拍,这个动作的感觉较难激活,需要引导技巧。引导学员持拍手尽量不动,手动作多了,腰就不会动。减慢节奏,近似太极拳的转腰。伸出左手与右手平行,击球两手一齐转动,结束两手保持原状,右肩对着网,右脚跟离地,脸对着网。转腰对击球的作用力是水平的,所以容易下网,为此需叠加双腿蹲下蹬起,拍子从下向上的作用力,这样的抛物线才理想。如果学员10分钟还找不到转腰的感觉,对此不必强求,不要破坏了兴趣和自信心,根据次序定律,多练不转腰的姿势,以后再适当提示,让他们在不知不觉中慢慢激活转腰的感觉。还有一种不常用的是跑动中封闭式站位,以左脚为轴转动身体击球。三种站位方式要在一节课内分别激活感觉,此后的训练比例是开放式转腰为主,其他两种为辅。

### 5. 正手上旋采用开放式站位,西方式握拍

打上旋球有手腕动作,适宜用西方式握拍,在提高阶段可以适当教握拍,适当的阶段教适当的东西是感觉论的精髓。拉拍位置在右下方,挥拍动作的形象比喻是汽车雨刷器刮水,在玻璃平面从右边刮向左边,只有平面的两维运动,没有前后的第三维运动,靠摩擦力和反作用力把球包出去,球运行轨迹成抛物线,比网高一米,不出小场界线。腰腿动作的形象比喻是蹲下弯腰从右侧双手举起一包棉花,在头上画一个半圆放到左侧。正手上旋动作幅度较大,消耗体力很多,更要注意动作放松协调。正手上旋不难找感觉,比正手转腰平击容易得多。小场感觉好了后,然后退到大场打,十回合之内大场的感觉也会有。该动作的动能大部分消耗在摩擦力,击球比较稳定,适合打中前场机会球、凌空抽击球、击球点又高又后的球。

实际上,纯粹的平击球和纯粹的上旋球都不多,多数是两者的混合体,平击上旋比例随时可变,根据简单定律,适宜分别学纯粹的动作,熟练以后再综合运用。

## 三、反手击球训练

追打反手位的小球适合用单反颠球动作,这个感觉激活以后不用专门练,只需在实战中注意运用。反手推挡是反手击球的基础,是训练的重点。双手握拍反手击球叫双反,双反击球比单反容易掌握,根据简单定律,应该从双反开始训练,对于特别喜欢单反的初学者,也应该劝他先学双反,熟练以后再改成单反,这样比一开始学单反效率高。教练的左手要拿球,所以送球只能是单反,但是做示范动作一定要用双手握拍打几球。训练初期不用强调握拍方法,自然随意地握拍就是合理的,不必强调哪只手发力,一起发力最好。有两个错误是必须提醒改正的,一个是左手握在右手下边,一个是左手没有从拍颈移下来靠近右手。反手推挡在实战中的应用是接发球和接快速来球,这些练习安排在接发球训练时做。姿势论传统法学员的接发球多数不好,因为他们没有经过推挡动作训练,只会用大挥拍的动作接发球,这也是传统法后遗症。

在反手推挡熟练后,叠加向后拉拍的动作,用拍柄顶端对准来球,在身体左前方将球推挡出去,推挡行程尽量长,此后的随挥动作由惯性作主,不必刻意向后收拍。拉拍推挡随挥叠加

在一起就是完整的反手抽击,这动作的奥妙在于脑袋只想着柄端对准来球和推挡击球两个简单动作,击球时手腕本能地转动 90°使拍面和网球入射角垂直,击球以后腰和大臂本能地随惯性转动,这两个本能动作都不需要意识介入。在比赛中,不可能每次击球都有充分的时间做完整动作,感觉论学员能够灵活地因地制宜运用推挡、拉拍推挡、推挡随挥、完整抽击等各种动作,反而姿势论传统法学员很少能够这样做。反手击球的缺点多数是前推不够,随挥太早,抛物线不好,在小场对打改正这 3 点,反手击球水平马上会突飞猛进。

反手击球在比赛中的应用基本是防守过渡,所以对站位要求不严,处于任何位置都不影响打出高质量的回球。当球龄去到一定的阶段,反手进攻、反手上旋会不期而至,这比在初级阶段刻意学更好。

## 四、发球训练

发球是最重要的网球技术,而且最难掌握,不计比赛时间的其余训练时间,起码要有一半练习发球,但是能够做到这点的不多。感觉论和姿势论的分歧是训练方法,目标没有分歧,都是为了掌握合理的网球技术,实践结果是效率差距非常明显。其中差距最大的是发球和正手抽击,相同的人达到相同的技术目标分别采用感觉论和姿势论方法训练,正手抽击的效率差距是 10 倍,发球的效率差距是 100 倍,这是实践观察的数据。

感觉论发球训练将完整发球动作分成很多简单动作分别激活,叠加步骤是所有网球动作中最多的。普通爱好者可以只用前边的简单动作享受网球,业余高手和职业选手可以根据需要不断叠加或改进,每次叠加或改进成功,发球水平都会提高,这些叠加或改进永无止境,可以贯穿整个网球生涯。下边的步骤是发平击球,平击球熟练掌握后再练上旋球或侧旋球。

前后两脚尖在一条线上随意站在网前 2 米,自由式握拍,举高拍子,拍面平放在击球点的垂直线,拍头指向前方,抛球时拍子本能地让开,有了向后拉拍的自然动作,拉拍结束本能地反弹向上击球,拍面角度自然地与平放角度一致而有平击效果,向上伸展到最高点轻轻扣球到网对面尽量近的区域里,要求动作平稳、手臂动作简单、击球点在身体前面,发球时双脚保持静止且不离开地面,实际上学员会转动后脚,但脚尖并没有离开地面。抛球从前膝盖开始向上伸直手臂抬起到最高处放开,靠这段行程的惯性把球送到高过击球点不多的位置,注意是送球的感觉不是抛球的感觉。初学者在这个步骤发 50 球可以有基本感觉,再后退到发球线底线各发 50 球,要求发进发球区,动作要领完全相同,感觉不变,很多初学者在底线会发下网,只需提醒他们发过网高一些就可以改正。此后每次训练都要在这 3 个区域各发三分之一,养成这个终身习惯后发球技术才有真正提高。

发球的引导要点是放松,严禁加力,慢节奏,这些都违背人的本能,需要教练不断提醒注意。不会放松等于不会发球,放松到像无力挥拍击球,仅靠身体力量从最高点把球压出去。只有放松了,身体各部位才可以协调动作,手腕自然而然从后向前扣。感觉论要求学员放松地、节奏准确地、动作连贯协调地在最高点把球打进发球区内,不强调球速。初学发球追求球速,身体会变得僵硬,动作变形,球速反而更慢。

初学者要尽早明白这个道理,任何动作越追求球速,肌肉越紧张僵硬,球速反而慢,越放松击球,反而球速越快。放松发球有个检测标准,站在小小场发进发球区,一跳弹起可到达后场围网。

发球的标准握拍是大陆式握拍,可以使手腕本能地内旋形成扣腕动作。入门阶段不要求大陆式握拍,拉拍手腕允许后翻,提高阶段对业余高手应改进这两点,对普通爱好者可以忽略。

大陆式握拍，拉拍时手腕后拉而不是后翻，这是对高手发球训练的基本要求。

掌握完整发球动作要分多次叠加感觉，叠加次序是：加大向后拉拍幅度，分几次加大到拍头向下，弯腰、屈膝，掌握这些基础动作后，再教蹬地动作，前腿落地、后腿向三个位置反应。截击训练要持之以恒，每次练习都要练，时间不必太长，每个位置截击 10 球即可。截击站位离网越近，覆盖的角度越大，缺点是对过顶高球的回防不利，这些利弊在比赛实践中再熟悉衡量。

以上是小班教学训练，如果是大班教学，场地和教练送球都无法满足要求，训练方法是全体学员一起练，两人一组隔网短距离正反手凌空颠球，只是要求击球点尽量前和尽量高，回合尽量多。

截击是感觉论、姿势论不同训练方法分歧最不明显的技术，区别是姿势论强调每次击球都有一只脚向前跨一步，感觉论站位自由式，不必强求固定步法，能够快速到位的就是好步法。两种学员截击技术最明显的区别在击球点，姿势论学员的注意力在固定姿势，感觉论学员的注意力在击球点，所以击球点偏后偏低的一定是姿势论学员。

### 五、高压球训练

打高压球姿势和发球基本相同，只是抛球改成找球，拉拍方式同高举法发球，转肩向后，左手举起指向天空当准星，有了准星做参照物脚步可便于参与感觉统合。扣球要放松，感觉像用身体压球而不是用手打球。随挥应流畅完整，不能中途停留。放松打高压球的检验标准是落地后弹起 3 米以上。

高压球可以由学员互相送球，也可以对墙打，站在离墙 5 米左右，把球打到墙前 1 米处，球弹到墙上再撞回来，就是很好的打高压球位置。

### 六、削球训练

正反手抽球很熟练以后才适宜学削球，避免有只削不抽的坏习惯。正反手削球是正反手截击的放大，动作幅度可以无限大。削球过网高度由拍面角度调整，拍面打开（水平）过网就高，拍面封闭（垂直）过网就低。削球的旋转由拍面角度和摩擦速度产生，拍面和网球的入射角不能太小以免打不中球。削球可以有下旋和落地前冲两种不同的效果，两种不同的旋转方式都应掌握，先学下旋，后学前冲。削球的站位方式是自由式，能够快速到位就是合理的步法。

## 第四节　网球的打法、规则和比赛技巧

了解网球的打法和规则，除了知道如何进行比赛及最后如何决定出胜负外，还要了解网球打法和规则，这有助于在比赛中合理运用基本技术和基本战术，从而尽快提高实战中的技术水平。

### 一、网球的基本打法

**1. 握拍方式**

基本握网球拍的方式是"欧洲式握拍"，就像你握一个锤子那样握住球拍，食指的关节放在球拍上，由拇指和食指顶构成"V"字形。对于惯用左手持拍的人来说，关节应该形成四个角。

这种握法在发球和打球时是最理想的,对于初学者来说,学习握球拍是一个好的开始。

随着学习逐渐深入,可以使用东方或西方的握法,在击球时增加力量便可以帮助打出上旋球。

### 2. 站位和步法

站位在打低球和截球方面是非常重要的,可以很轻松地左右移动和击球。如果伸手去截球或者在球场上全无准备,当球从面前飞过的时候是不会及时击到球的。

步法在网球中也是很重要的。预期球就要飞过来时,小碎步弹跳,当球从面前飞过时,就可以轻轻松松地调整球拍。对于有些球来说,在球飞来之前做好准备,会大大提高命中率。

### 3. 正手拍

先使用你的惯用手击球,就像你在与它握手一样。

将脚从主导侧迈出一步,把惯用手放在身后,这样可以随时击球,这个动作使正手产生冲量。转向侧面,这样肩指向的方向就是想要球飞出的方向。将整个手臂向前摆动来击球,不要扭动手腕,用球拍中心去击球。把球拍从身体的一侧换到另一侧。这种动作称为跟进。球拍最后应该向上挥,来产生足够的能量把球打过球网。把球拍从身体一侧移到另一侧,并使它留在另一侧的手上而不是肩膀位置,这样有利于将球打过网。

### 4. 反拍打球

用两只手打反拍是最容易掌握的。

用惯用手握球拍,就像握着一把锤子一样。手应该握在球拍手柄的底部。用非惯用手握球拍时,将另一只惯用手也放在球拍上。

扭腰,将球拍移到非惯用侧。惯用手应该正对球网,肩应该面向希望球飞去的方向,弯曲膝盖产生更多的力量。

用一只手打反拍,只用惯用手来握住球拍,不要把非惯用手放在球拍上。弯曲膝盖发力,用球拍中心击球,就像用双手打反手球一样。如果能掌握这个击球方法,就可以有很大的力量,但这是很难精确完成的。

### 5. 发球

在底线后面、球场靠中间的位置发球,此时非惯用脚需要摆在前面,将网拍握在惯用手上,将肩膀面向希望球飞向的方向。可以在地上拍几次球,来让球的弹跳逐渐稳定。

用非惯用手把球抛向空中。把球抛到高于自己一点的位置。抛起球的同时,将球拍向上挥,使它从肩膀后面挥出。

弯腰,弯膝盖,击球。不只要用手臂的力量,也要通过挺直背部和膝盖产生的爆发力来推球过网。球应该落在发球区,那是所站的位置的对角线延长线。

考虑一下当球在弧线的最高点处击球,仿佛要越过球网打球一样,这样同时球就形成了向前飞的弧度。

### 6. 截击

正手截击:保持网拍在惯用手上,在球有向下落的倾向之前击球。把肘部靠向肚脐方向,保持球拍是准备好的状态。

反手截击:将球拍握在惯用手上,同时手背应该面对球网。让拍从身体一边移向另一边并放下来,就像在用手肘击打一样。

### 7. 回到发球区

回到发球区,站在对手对角线一边的球场。第一次发球时,可以站在底线,第二次发球时,站在底线稍稍靠内一些。使用两只手握住球拍。惯用手应该放在球拍把手的底部。用双手握住球拍可以在对方发球的情况下迅速回击。看着发球区并试图预测球将降落在哪里。当看到球要落地时,快速使用正手或反手击球。如果球飞得太快来不及反应,只要伸出球拍,把球打回去,让它一直被打来打去就可以了。

### 8. 底线型

网球手保持在底线抽球,较少上网,或利用球的落点、速度和旋转变化打出机会时偶尔上网,或者网球手用力底线双手抽击,使对方难以截击,这种是攻击性的底线打法。这种打法有很强的攻击能力,利用快速有力的抽球打出落点深而角度刁的球,迫使对手处于被动局面。当出现中场浅球时,以快速迎前的动作进行致命的一击。另外,底线型打法在接球、破网时,能顶住对手强有力的发球,既会用隐蔽动作完成破网技术,又会抽挑结合,使对手网前难以发挥威力。

### 9. 上网型

发球后,网球手利用一切条件积极上网,并在空中截击来球,使对手措手不及。上网型打法属于主动性、攻击性比较强的一种网球打法,但有一定冒险性。一般职业网球手才会采用这种打法。上网后利用速度和角度造成对手还击困难。上网型打法发球技术凶狠、力量大、有威胁性,对于截击球和高压球很有攻击力。

### 10. 综合型

综合型打法是指底线和上网型打法综合使用,根据比赛情况采用不同打法,随机应变。综合型打法对网球手的发球、接球,以及截击球和高压球的技术要求都很高,要求网球手在比赛中灵活地使用各种技术,压制住对方,并取得胜利。

## 二、网球比赛规则简介

网球比赛分为单打和双打两种形式。球员用网球拍将球击过网,落入对方的场地上。每位球员的目的都是尽力将球打到对方的场地上去。就这样一来一回,直到有一方将球打出界或没接到球为止。在正式比赛前,需要确定比赛由谁先发球。整个比赛中,双方球员轮流发球。发球员在发球前应先站在端线后,中点和边线的假定延长线之间的区里。发出的球应从网上越过,落在对角的对方发球区内。每局第一分球为15,第二分球为30,接下来为40。每局比赛中,至少要比对手多2分球才能结束该局比赛。

### (一) 发球规则简介

#### 1. 发球前的规定

发球员在发球前应先站在端线后、中点和边线的假定延长线之间的区域里,用手将球向空中任何方向抛起,在球接触地面以前,用球拍击球(仅能用一只手的运动员,可用球拍将球抛起)。球拍与球接触时,就算完成球的发送。

#### 2. 发球时的规定

发球员在整个发球动作中,不得通过行走或跑动改变原来站立的位置,两脚只准站在规定位置,不得触及其他区域。

#### 3. 发球员的位置

(1) 每局开始,先从右区端线后发球,得或失1分后,应换到左区发球。

(2) 发出的球应从网上越过,落到对角的对方发球区前的方格内,或其周围的线上。

### 4. 未击中球

发出的球,在落地前触及固定物(球网、中心带和网边白布除外);违反发球站位规定。发球员第一次发球失误后,应在原发位置上进行第二次发球。

### 5. 发球无效

发球触网后,仍然落到对方发球区内;或接球员未做好接球准备。

### 6. 交换发球

第一局比赛终了,接球员成为发球员,发球员成为接球员。以后每局终了,均依次互相交换,直至比赛结束。

## (二)通则

### 1. 交换场地

(1)双方应在每盘的第1、3、5等单数局结束后,以及每局结束双方局数之和为单数时,交换场地。

(2)在抢7分比赛中,双方分数相加,每6分更换一次场地。

### 2. 失分

发生下列任何一种情况,均判失分:

(1)在球第二次着地前,未能还击过网。

(2)还击的球触及对方场区界线以外的地面、固定物或其他物件。落在线上的球都算界内球。

(3)还击空中球失败。

(4)故意用球拍触球超过一次。

(5)运动员的身体、球拍,在发球期间触及球网。

(6)过网击球。

(7)抛拍击球。

(8)发球双失误。

(9)击球时人的身体触网。

### 3. 休息时间

(1)分与分之间,捡到球后直至发出,最大间隔25秒。

(2)单数局结束交换场地时可休息90秒。

(3)每盘结束可休息120秒。

(4)每盘的第一局结束后,交换场地时不能休息。

(5)在抢7分比赛中,双方分数相加6分,更换场地时不能休息。

## (三)双打规则简介

### 1. 双打发球次序

每盘第一局开始时,由发球方决定由何人首先发球,对方则同样地在第2局开始时,决定由何人首先发球。第3局由第1局发球方的另一球员发球。第4局由第2局发球方的另一球员发球。以下各局均按此秩序发球。

### 2. 双打接球次序

先接球的一方,应在第1局开始时,决定何人先接发球,并在这盘单数局,继续先接发球。双方同样应在第2局开始时,决定何人接发球,并在这盘双数局继续先接发球。他们的同伴应在每局中轮流接发球。

### 3. 双打还击

接发球后,双方应轮流由其中任何一名队员还击。如运动员在其同队队员击球后,再以球拍触球,则判对方得分。

## 三、网球比赛技巧简介

### 1. 运用战术

网球比赛的技巧不是在于技术,而是在于如何运用网球的战术。可以通过练习比赛,来最终改进自己战术运用水平。

将网球真正打好的人远多于仅仅只要将网球击回的人。在比赛中,会有很多事情需要记住和忽略。必须掌握一些网球比赛的技巧,才能更好地进行竞争。

### 2. 为什么要练习网球比赛的技巧?

如果和你比赛的对手稍稍比你弱,那么你就不需要展现太多的网球比赛技巧来获得胜利,只需要坚实地打好每一个球。

练习网球比赛的技巧,是为在与和你水平接近或者稍高于你的对手进行比赛时取得胜利。

### 3. 中等风险的网球比赛技巧

中等风险是通常比赛的风险水平。这种比赛不只是把球打过网,还想要把球击打到更刁钻的角度。

举个例子,如果对方打了一个短球,那么你就需要跑到网前击球,尝试打到一个角落,并等待着对手的失误。

中等风险的比赛可采取以更快的速度和更多的角度来回击的一种策略。但要确保不要鲁莽地进行回击,因为使用同样的策略,第二次的效果会远比第一次差。

同时,网球是一种流畅的比赛,需要时刻通过回球来回应对手。而且必须对自己的回球保持自信,这点非常重要,也就是让比赛的节奏掌握在自己的手上。

中等风险网球的比赛技巧需要运用在分数比较接近的时候。

### 4. 网球比赛前的技巧

在比赛之前,脑海中应该已经有了一个大概的比赛策略。比如遇到短球,就需要上网回击;遇到对手回球比较深,就要用打向对手反手位的高球回击;对手上网时,需要根据自己的位置来打出穿越球或者高球。

### 5. 低风险的网球比赛技巧

当比赛接近胜利的时候,需要尽快去获得胜利,这时候需要打出低风险的网球。需要展现出一定的防守姿态,将球尽可能持续回击,尝试更快的回击速度,通过优势积累使对手犯错。如果落后,那么需要平静下来,重新回到比赛。

### 6. 一种非常重要的网球比赛技巧

让对手获得的每一分都要付出一些精力,因为如果不扰乱他的势头,会很快获得失去分数结束了这一局。

在落后时,选择以非受迫性失误送出这一局是完全没有必要的。你需要深呼吸,在脑海中坚定赢下这一盘的信念。通过赢下一分来集中精力重新回到比赛,这样就可以回到中等风险的网球水平了。

同样,当你陷入紧张胶着的比赛时,当比分为平分或者有一些优势时,请使用低风险的网球。如果在一个不断打成平分的过程中挣扎了一会了,就可以尝试着去冒险打出自己的优势。

在大多数情况下,应打出低风险的网球击败对手,以赢得比赛的胜利。如果对方打出两个惊人的制胜球来获得胜利,也请向他致敬。当然在大多数情况下,你的对手很难赢得这样的机会,他需要做的是降低非受迫性失误的概率。当你对自己的比分并不满意或者正在激烈地竞争时,请使用低风险的网球。

### 7. 高风险的网球比赛技巧

现在让我们讨论一下网球比赛中高风险的技巧。

打高风险的球是有趣的,因为这会让你充满战斗力。当你大比分领先时,希望尽快拿下这一局,这时候就需要高风险的网球技术。正所谓高风险等于高回报,这个时间段正好是可以承受这些风险的。

高风险的回球能让你更加集中注意力,将球发向 T 字形的区域。这种回球同样可以为第二次回球积累优势。当第一次发球发在了 T 字形区域,对手勉强回击,这时候就能发球上网,获得这一分。如果想结束这盘或者是尽快赢得这一分,就可以尝试这样的方式。

### 8. 如何利用网球比赛的技巧打好网球?

在比赛中适合的阶段采取适合的战术是需要好好练习,只有这样才能增加赢得比赛的可能。

如果有效使用这些网球比赛的技巧,就有可能击败一些比你更加优秀的运动员。比赛持续的时间变长,对手的战斗力会有所下降。不断练习并且使用不同风险的战术和技术,虽然不能让你一定赢得比赛,但是能够让你更好地在比赛中分配体力、提升比赛能力,在网球技术方面不断成长。

# 第十一章 太极拳

太极拳是中国传统武术之一，与形意拳和八卦掌并称中国三大内家拳。太极拳强调中定、放松、心静、慢练及九曲珠等特点，与外家拳有明显不同之处。2007年，中国民间文艺家协会认定河南省焦作市温县陈家沟为中国太极拳发源地。太极拳于2020年被列入联合国教科文组织人类非物质文化遗产代表作名录。

## 第一节 太极拳概述

太极拳的发展涵盖了陈、杨、吴、武、李、孙等多个流派。太极拳的套路主要有陈式和杨氏两大流派，其中陈氏太极拳的习练难度较大，套路中包含发力的动作，而杨氏太极拳则以基础健身护体为主，可根据个人喜好逐步提升难度。

### 一、太极拳的由来与发展

太极拳作为中国传统武术的瑰宝，不仅是一种防身技巧，而且是一种蕴含哲学思想、健身思想的文化形态。太极拳的发展历史悠久且丰富，可以分为以下几个阶段：

#### （一）起源与形成（宋末至明末）

太极拳的起源尚存争议，但普遍认为其渊源可追溯到宋末明初的张三丰。据传，张三丰结合道教的导引术和古老的武术形成了太极拳的雏形。这一时期，太极拳主要以养生、修炼为主。

#### （二）体系化发展（清代）

到了清代，太极拳开始逐渐体系化。特别是在陈家沟（陈氏太极拳的发源地），太极拳经过陈王廷等人的传承与创新，形成了较为完整的体系。陈式太极拳成为最早的流派。

#### （三）流派分化与传播（清末至民国）

清末至民国时期，太极拳经历了重要的发展。陈式太极拳的传人陈长兴传授给杨露禅，杨露禅则创立了杨氏太极拳。此后，吴、武、孙等多个流派相继出现，太极拳的技艺和理论不断丰富。

### (四)现代化与国际传播(20世纪至今)

进入20世纪,随着国际交流的增多,太极拳开始走向世界。各流派的大师们,如陈发科、杨澄甫、吴鉴泉等,致力于太极拳的传播与普及。同时,太极拳的健身功能开始受到更多人的重视,成为深受国内外人们喜爱的一种运动。

### (五)非物质文化遗产与现代应用(21世纪)

21世纪,太极拳被联合国教科文组织列入人类非物质文化遗产,标志着其文化价值得到国际认可。现代社会,太极拳不仅仅是一种武术形式,更是一种生活方式,融入日常生活,被广泛应用于健康促进、心理调适等方面。

太极拳的发展历史不仅反映了中国武术的演变,也映射了中国传统文化的深远影响。从古至今,太极拳以其独特的魅力,不断吸引着世界的目光。

## 二、太极拳的特征

太极拳作为一种深受全球喜爱的中国传统武术,不仅是一门防身术,更是一种哲学、一种生活方式。它独有的特征不仅体现在其外在的动作上,更蕴含在其深邃的内涵中。以下是太极拳的一些核心特征:

### (一)阴阳哲学:平衡之道的体现

太极拳的根基是阴阳哲学,这一思想贯穿于太极拳的每一个动作和呼吸之中。在动作的执行上,太极拳追求软硬相济、动静结合,通过这种方式帮助练习者实现身心的平衡和谐。阴阳哲学不仅是中国文化的精髓,也为世界文化提供了独特的视角,尤其在处理现代人类面临的诸多对立和冲突问题上,提供了一种和谐共处的智慧。

### (二)内外兼修:身心合一的追求

太极拳的练习强调内在精神的培养和外在身体的锻炼同等重要。这一理念在今天看来,与现代心理学和身体健康的理念不谋而合。通过缓慢而有意的动作,太极拳帮助练习者达到一种内心的平静和专注,从而促进精神的健康。此外,这种练习方式还帮助人们在快节奏的现代生活中找到一种放慢脚步、内省的方式。太极拳不仅是一种身体锻炼的方式,更是一种心灵修炼的途径。通过太极拳的练习,人们可以学会如何在生活中保持平和、积极的心态,面对困难与挑战时能够保持冷静和清晰的头脑。太极拳强调"以静制动",在这个快节奏的社会中,它教会我们如何在动中寻找静的境界,实现心灵的平静和淡定。

太极拳以其独特的练习方式,对预防和辅助治疗多种疾病显示出了显著的效果。现代医学研究表明,太极拳对于改善高血压、糖尿病、心脏病等慢性疾病有着良好的辅助治疗作用。此外,太极拳还能够帮助减轻压力,提高睡眠质量,增强免疫系统的功能。

### (三)柔和缓慢的动作:与自然同步的艺术

太极拳的动作柔和而缓慢,每一式都充满了深意,仿佛与自然界的节奏同步。这种练习方式不仅对身体的各个部位都有深入的锻炼,还可帮助练习者学会如何在生活中应对压力和挑战,保持内心的平和。太极拳的动作以柔和、缓慢、连贯为特点,这种练习方式不仅有助于提高身体的协调性和柔韧性,还能增强肌肉的力量。缓慢的动作让练习者有足够的时间去感受身体的每一个细微变化,有助于深入理解动作的内涵。在现代社会,这一特征尤为重要,它教会人们在面对压力和快节奏生活时,如何保持冷静和坚韧。

### (四)呼吸与动作的协同:生命力的流动

太极拳中,呼吸不仅是生命的基本征象,还是练习的核心。通过调整呼吸来引导动作,太极拳使得身体的每一次运动都充满了生命力的流动。这种对呼吸的重视,在现代人忽略呼吸健康的背景下显得尤为重要。科学研究显示,正确的呼吸方式能够提高身体健康,减少焦虑和抑郁情绪,提高生活质量。

在太极拳的练习中,呼吸不仅是生理活动的一部分,更是连接身体与心灵的桥梁。通过深长而平稳的呼吸,太极拳练习者能够更好地控制动作,达到放松身心的效果。这种呼吸方式还有助于提高氧气利用率,对身体健康有着积极的促进作用。

太极拳的这些特征,不仅使其成为一种深受人们喜爱的身体锻炼方式,更使其成为一种哲学思想和生活方式的体现。在练习太极拳的过程中,人们不仅能够获得身体上的健康,更能在精神层面上实现自我提升和超越。

## 三、太极拳的教育价值

太极拳作为一种历史悠久的中国传统武术,不仅在全球范围内广受欢迎,更因其独特的哲学思想、修身养性的功能,以及对促进身心健康的重要作用,成为现代教育体系中不可或缺的一部分。本节从四个方面探讨太极拳的教育价值:身心健康的培养、性格塑造与心理调适、文化传承与国际交流创新思维与终身学习的促进。

### (一)身心健康的培养

太极拳以其柔和、缓慢、连贯的动作特点,不仅能有效提高个体的身体协调性、柔韧性和力量,还能通过深长而平稳的呼吸方式,增强心肺功能,提高氧气利用率。这些身体练习对于预防和辅助治疗多种慢性疾病显示出了显著的效果,为个体提供了一种简便、有效的身体锻炼方式。

从心理层面来看,太极拳的练习过程要求练习者心无旁骛、专注当下,这种状态有助于减轻心理压力、缓解焦虑和抑郁情绪。通过持续练习,个体可以学会如何控制情绪,保持心态的平和与积极,从而促进心理健康。

### (二)性格塑造与心理调适

太极拳不仅是一种身体锻炼的方式,更是一种性格教育和心理调适的工具。太极拳强调"以柔克刚",通过柔和的动作抵抗外来力量,这不仅是一种物理上的技巧,也象征着面对生活中的困难和挑战时,应采取的灵活应对策略。这种思维方式有助于个体在遭遇压力和挑战时,保持冷静、理性,采取更加灵活有效的应对措施。

此外,太极拳的练习还能培养个体的耐心和毅力。缓慢而连贯的动作训练,要求练习者不断重复,这种过程能够锻炼个体的持之以恒,培养面对困难不轻言放弃的性格特质。

### (三)文化传承与国际交流

太极拳作为中国传统文化的重要组成部分,其深厚的文化内涵和独特的哲学思想,是中国传统文化传承的重要途径。对太极拳的学习和练习,不仅可以让更多的人了解和学习中国传统文化,还能促进中华文化的传播和国际交流。太极拳在世界各地的推广,使其成为一种跨文化的交流语言,增进了不同文化之间的相互理解和尊重。

### (四)创新思维与终身学习的促进

太极拳的练习不仅仅限于传统的套路和动作,更强调个人感悟和创新。在练习过程中,鼓励练习者根据自己的身体条件和理解,对动作进行适当的调整和创新,这种思维方式激发了个体的创造力和探索精神,有助于培养创新思维能力。

同时,太极拳的学习和练习是一个持续不断的过程,它体现了终身学习的理念。通过不断的练习和探索,个体不仅能在技艺上达到更高的层次,而且能在精神和思想上实现自我超越,体现了终身学习和自我完善的价值。

总之,太极拳作为一种综合身心培养、性格塑造、文化传承及创新思维培养的教育资源,在现代教育体系中的价值不容忽视。对太极拳的学习和练习不仅能够促进个体的身心健康,还能在性格培养、文化学习和创新能力的提升上发挥重要作用。在快节奏、高压力的现代社会,太极拳提供了一种回归自然、追求内心平和的方式,是现代人精神文明建设中不可或缺的一部分。

## 第二节 太极拳的安全防护

尽管太极拳的运动强度相对较低,安全性较高,但为了确保练习者能够健康、安全地进行练习,避免可能的伤害,掌握一些基本的安全防护知识是必要的。本节从太极拳的基本原则、练习前的准备、练习中的注意事项,以及练习后的恢复四个方面,详细探讨太极拳的安全防护措施。

### 一、太极拳的基本原则

太极拳强调"以柔克刚",追求的是身体力量与内在能量的和谐统一。因此,练习太极拳时,首要的安全防护原则是遵循太极拳的核心哲学,即在练习过程中应保持动作的自然流畅,避免过度用力或进行剧烈的运动,以防肌肉拉伤或关节扭伤。

### 二、练习前的准备

#### (一)健康评估

在开始练习太极拳之前,练习者,尤其是中老年人和有特定健康问题的个体,应进行一次全面的健康评估。评估的目的是确认个体是否存在可能影响太极拳练习的健康状况,如心脏病、高血压或骨质疏松等,并根据评估结果调整练习计划。

#### (二)热身运动

热身运动是开始任何形式的运动练习前的重要步骤,太极拳也不例外。通过进行5到10分钟的热身运动,如步行、轻松跑步或太极拳基本手部运动,可以帮助身体逐渐适应即将进行的运动,预防运动伤害。

### 三、练习中的注意事项

#### (一)保持正确姿势

在太极拳的练习过程中,维持正确的姿势是非常重要的。错误的姿势不仅会影响太极拳的效果，还可能导致肌肉或关节的伤害。练习者应在专业教练的指导下学习和保持正确的站立、移动和转身姿势。

### （二）动作幅度

太极拳的动作应该在不造成身体不适的情况下进行。初学者应从小幅度动作开始，逐渐增加动作的幅度，避免过度拉伸或扭曲身体，预防肌肉拉伤和关节损伤。

### （三）适当调整

根据个人的身体状况和能力，适当调整练习的难度和强度。身体某些部位有伤或者处于恢复期的练习者，应避免对该部位造成过大的压力，必要时可咨询医生或专业教练进行专门的指导和调整。

## 四、练习后的恢复

### （一）放松运动

太极拳练习结束后，进行5到10分钟的放松运动，如太极拳的放松功、深呼吸练习或轻柔地拉伸身体各部位，可以帮助缓解肌肉紧张，加速身体恢复。

### （二）营养补充

适当的营养补充对于恢复体力和预防伤害也是非常重要的。练习后应补充足够的水分，适量摄取蛋白质、碳水化合物和电解质，帮助身体恢复。

### （三）休息

确保在练习日和练习后给予身体足够的休息时间。过度训练可能会导致身体疲劳，增加受伤风险，适当的休息有助于身体恢复和维持长期的练习计划。

通过以上四个方面的详细介绍，我们可以看到，虽然太极拳是一种相对安全、适合各年龄段人群的身体锻炼方式，但合理的安全防护措施仍然是保证练习效果和预防伤害的关键。只有在确保安全的前提下，太极拳练习者才能真正享受到太极拳带来的身心健康益处。

# 第三节　太极拳基本技术

接下来从太极拳的核心理念、基本功、基础步法、手法、身法、眼法、呼吸法几方面进行全面的阐述。太极拳是一种内外兼修的武术形式，它强调内心与动作的和谐统一，通过柔和、缓慢、连贯的动作达到强身健体的效果。

## 一、太极拳的核心理念

太极拳源于中国古代的哲学思想，以阴阳的变化和五行的相生相克为理论基础，追求天人合一的最高境界。太极拳强调"以柔克刚""动中求静"，通过练习达到身体的放松、心灵的平和与自然界的和谐共鸣。

## 二、太极拳的基本功

基本功是太极拳练习的基础，包括站桩功、柔软功、转腰功和沉肩坠肘等，旨在通过长时间的练习,使练习者的身体达到松弛、平衡的状态,提高身体的灵敏度和协调性。

**1. 站桩功**

站桩是太极拳训练中的基础,通过静态的姿势练习,帮助练习者感受体内的气流,达到心静体松的状态。

**2. 柔软功**

通过对身体各部位的拉伸和放松训练,提高肌肉的柔韧性和延展性。

**3. 转腰功**

太极拳中的动作大多以腰为轴进行转动,转腰功可以加强腰部的灵活性和力量,是动作发力的关键。

**4. 沉肩坠肘**

通过放松肩部和肘部,使内力下沉到丹田,增强动作的稳定性和力量的传递。

## 三、太极拳的基础步法

太极拳的步法灵活多变,主要包括弓步、虚步、歇步、跟步等。每一种步法都有其独特的身体重心转移和调整方法,对提高身体协调性和平衡感有着重要作用。

**1. 弓步**

一前一后呈弓形站立,主要用于前进、后退和发力。

**2. 虚步**

一脚实一脚虚,主要用于调整身体重心和方向转换。

**3. 歇步**

前脚脚尖触地,后脚负重,用于快速移动和转身。

**4. 跟步**

两脚相跟,一前一后移动,保持身体稳定。

## 四、太极拳的手法

太极拳的手法丰富多样,如推、挤、按、采、捌、肘、靠等,每一种手法都蕴含着独特的应用技巧和内在意义。

**1. 推**

通过与对手轻柔的手部接触和推拉,感知对方的力量方向和变化,寻找合适的应对策略。

**2. 挤、按**

挤是向外旋转施力,按是直接向下施力,两者都是太极拳中重要的发力手法。

**3. 采、捌**

采指的是控制对方的攻击,捌则是用手臂或腿部钩住对方进行制约。

**4. 肘、靠**

利用肘部或身体的其他部位对对手进行近距离的冲击和顶撞。

## 五、太极拳的身法

太极拳的身法是太极练习中极为核心的部分,它涉及练习者身体各部分的运动技巧和动作协调,是太极拳"形"的基础和载体。正确的身法不仅能使太极拳的动作展现得更为准确和美观,还能提高动作的实用性和内在功效,进而促进练习者身心的和谐与健康。以下是太极拳身法的详细讲解及其实践指南。

### (一)太极拳身法的基本原则

太极拳身法的基本原则包括松、沉、连和随。这几个原则相互关联,共同构成了太极拳身法的核心。

#### 1. 松

"松"是太极拳身法的首要原则,意指身体各部分尤其是关节、肌肉的放松状态。在练习太极拳时,要求练习者去除身体的僵硬和紧张,实现真正的放松和松软,以便于气血的流通和内力的发挥。

#### 2. 沉

"沉"指的是在保持身体放松的基础上,通过意念引导,感受身体各部分尤其是丹田的沉稳。这种沉稳不是靠硬生生地压低身体部位实现的,而是一种内在的、通过放松达到的稳定感。

#### 3. 连

"连"强调的是身体动作的连贯性,无论是手与足、肘与膝、肩与胯,都要达到内外协调一致、上下相随的状态。在太极拳中,任何动作的执行都不能孤立,而是通过身体的连贯性来表达动作的完整性和流畅性。

#### 4. 随

"随"则是指动作的自然转换和应变能力,要求练习者在保持身体松沉连贯的同时,能根据外界的变化自然而然地调整动作,做到心意领导下的自如随动。

### (二)太极拳身法的关键要素

太极拳身法的实现,涉及以下几个关键要素的协调和运用:

#### 1. 身体定位

太极拳的身体定位涉及站立、移动和转身等基础姿势。正确的身体定位是实现松、沉、连、随的基础,要求练习者在任何动作中都保持身体的中正、平稳。

#### 2. 动作流转

太极拳中的动作需要平稳流畅地过渡,无论是手法、步法还是身法,都要做到无始无终,如同水流一般连续不断。这要求练习者在练习中不断磨炼动作的连贯性和转换的自然性。

#### 3. 力的发出

太极拳身法中力的发出讲究"以意导气,以气导力",力量的发出不是靠外力的粗暴使用,而是通过身体内部的气和意的引导。这种内力的使用方式,要求身体各部分的协调和内外的合一。

### (三)太极拳身法的练习要点

#### 1. 领悟松沉

在太极拳的练习中,首先要领悟到真正的松和沉。这需要练习者在放松的基础上,通过长期的练习和体会,感受到身体内部的稳定感和力量的根基。

#### 2. 练习连贯性

身法的连贯性要求练习者在动作的执行中,注意身体各部分的协调和动作的顺畅。这不仅仅是外在动作的连贯,更是内在气势和意念的流转。

**3. 培养适应能力**

太极拳身法的随应能力是通过长期的对练和实战演练培养的。练习者应在保持基本身法原则的前提下,逐渐学会如何根据对手的力量和动作自然而然地调整自己的身法和策略。

**(四)太极拳身法的效益**

太极拳身法的正确练习,不仅能够提升太极拳技艺的水平,还能促进身体健康,如改善体态、增强体能、提高协调性和反应速度。长期坚持,更能深刻体会太极拳身心合一的哲学精神,达到修身养性的境界。

太极拳的身法是一门深奥的学问,需要练习者在长期的练习中不断探索和体悟。通过对身法原则的深入理解和正确练习,太极拳的练习者可以逐步提升自己的技艺,达到身心的和谐统一。

## 六、太极拳的眼法

太极拳的眼法通常被视为太极练习中的"心法"之一,是指练习者在练习太极拳时眼睛的注视方向和视线转移方式。正确的眼法不仅能够提高动作的准确性和协调性,而且能够增强内在的集中力,有助于达到太极拳所追求的身心合一的境界。下面将详细介绍太极拳中的眼法及其实践要点。

**(一)太极拳眼法的基本原则**

太极拳眼法的基本原则是"眼随手势,意随眼动"。这意味着眼神的转动应与手势和身体动作相协调,通过眼神的引导来增强动作的意图和精准度。在太极拳的练习中,眼神应保持平和、深邃,避免空洞或凝视,以达到内外合一的效果。

**(二)太极拳眼法的具体应用**

**1. 注视手势**

在执行太极拳的各种动作时,练习者的视线通常需要随着手势的移动而转动。例如,在进行推手时,视线跟随手掌的推移而前移,这样可以增强动作的协调性和空间感知能力。

**2. 跟随方向移动**

在太极拳的步法转换或身体转向时,眼神需要提前转向移动方向。这种提前的视线转移有助于身体动作的顺畅转换和平衡感的维持,同时也能增强对周围环境的感知。

**3. 定点凝视**

在某些特定的动作中,如站桩或某些形意拳动作中,可能需要眼神凝视一个固定点。这种定点凝视有助于提高集中力,静心养性。

**(三)太极拳眼法的练习技巧**

**1. 眼神放松**

在练习太极拳的眼法时,首先要做到眼神放松,避免过分紧张或凝视,以免导致眼睛疲劳。放松的眼神有助于保持身心的平和,更好地融入太极拳的练习。

**2. 意识引导视线**

在太极拳的练习中,眼神的转移应由内而外,即通过意识的引导来完成视线的转移。这样做不仅能提高眼法的准确性和自然性,还能增强意志力和内在的集中力。

**3. 结合呼吸**

太极拳的眼法练习也可以与呼吸法结合起来,通过呼吸来调节眼神的转移速度和节奏,达到身心的和谐统一。例如,在吸气时缓慢转动视线,呼气时将视线定点凝视,以此来增强练习的效果。

### (四)太极拳眼法的效益

正确的眼法练习不仅能提高太极拳技术的精准度和协调性,还能促进身心健康。长期坚持眼法练习,可以提高视力,缓解眼睛疲劳;增强集中力和意志力;提升对外界环境的感知能力,使练习者在太极拳的练习过程中更加自信和从容。

总之,太极拳的眼法是太极练习中不可或缺的组成部分。它通过视线的转移和凝视来增强动作的意图,提高身心的集中和协调。正确的眼法练习可以使太极拳的动作更加生动有力,同时达到修身养性的目的。

## 七、太极拳的呼吸法

太极拳的呼吸法是太极练习中至关重要的一环,它不仅关系到动作的流畅与否,更直接影响到练习者的气血循环、内在能量的调动与身心健康。在太极拳的世界里,呼吸被视为"内功"的一部分,是连接身体与心灵、人与自然的桥梁。正确的呼吸法可以增强身体的能量,提升练习效果,帮助达到身心合一的境界。下面详细介绍太极拳的呼吸法及其实践指南。

### (一)太极拳的呼吸原则

太极拳的呼吸强调自然、深长、细腻及均匀。呼吸应与动作密切配合,通过呼吸来引导动作,或以动作促进呼吸的深入。在练习时,要特别注意呼吸的自然过渡,避免生硬地将呼吸与动作割裂开来。

#### 1. 自然呼吸

太极拳讲究的是自然呼吸,即不刻意去控制呼吸的频率、深浅,而是让呼吸保持自然的节奏。这种呼吸方式有助于身心的放松,是达到太极拳练习中"虚领顶劲,气沉丹田"的基础。

#### 2. 腹式呼吸

在太极拳练习中推崇腹式呼吸,即吸气时,腹部自然膨胀;呼气时,腹部自然收缩。这种呼吸方式能更好地促进气血流通,加强内脏的功能,提高身体的内在能量。

### (二)太极拳的呼吸法技巧

#### 1. 吸气与动作的配合

在太极拳的起式、提手、云手等开展性动作中,通常配合吸气。这些动作往往伴随着身体的展开和上升,吸气能帮助练习者更好地提升内在能量,达到身体放松和气血充盈的效果。

#### 2. 呼气与动作的配合

在太极拳的按、推、下势等闭合性动作中,通常配合呼气。这类动作往往伴随着身体的闭合和下沉,呼气有助于促进内力的下沉和集中,加强动作的稳定性和内在力量的发出。

#### 3. 焦点转移与呼吸的配合

在太极拳的转身、换步等焦点转移动作中,应用呼吸来帮助集中注意力,增强身体的协调性和平衡感。通过调节呼吸,可以更好地控制身体的重心转移,使动作更加流畅自然。

### (三)太极拳呼吸法的练习要点

#### 1. 练习环境

选择一个空气流通、环境安静的地方练习,有利于放松身心,更好地融入练习状态。

### 2. 练习姿态

无论是站立、坐着还是行走练习,都应保持身体自然直立,背部挺直,这有助于呼吸的顺畅和内力的流转。

### 3. 注意放松

在练习呼吸法时,应特别注意放松颈部、肩膀和胸部,避免因紧张而导致呼吸不畅。放松的身体能更好地配合呼吸,促进内在能量的流动。

## (四)太极拳呼吸法的效益

太极拳的呼吸法不仅有助于提升太极拳的练习效果,而且对健康有极大益处。长期练习可以改善呼吸系统的功能,增强心肺能力,提高血液循环效率,促进身心健康。

综上所述,太极拳的呼吸法是太极练习中不可或缺的一部分。它通过与动作的紧密配合,不仅能增强太极拳的技术效果,还能提升练习者的身心健康水平。因此,无论是初学者还是资深太极拳爱好者,都应当重视呼吸法的练习,使之成为日常练习的重要组成部分。

# 第四节 太极拳基本训练

太极拳作为中国传统武术的一种,不仅是一项深受世界各地人们喜爱的运动,也是一种兼具身体锻炼和心灵修养的内外兼修的艺术。太极拳强调"以柔克刚""动中求静",通过一系列缓慢、连贯、圆润的动作,达到强身健体、减压放松的效果。本节将介绍太极拳的基本训练方法,旨在帮助初学者正确入门,逐步掌握太极拳的精髓。

## 一、了解太极拳的理论基础

太极拳作为一种古老的中国武术,其训练不仅仅局限于身体动作的练习,更涵盖了深厚的哲学、医学和武术理论基础。太极拳的理论基础主要围绕太极哲学、阴阳五行理论、中医经络理论,以及内家拳的武术原理展开。这些理论构成了太极拳训练的核心,指导着练习者如何通过太极拳的练习达到强身健体和心灵修养的目的。

### 1. 太极哲学

太极是中国传统哲学中的一个重要概念,象征着宇宙的最初状态,是一切变化的根源。太极拳以太极哲学为指导,强调阴阳两极的平衡与转化。太极拳的动作设计旨在通过柔和、连绵的动作演练,体现阴阳相生相克、动静结合的哲学理念。通过太极拳的练习,练习者可以体验到力与柔、速与慢、动与静之间的和谐转换,进而达到身心的和谐统一。

### 2. 阴阳五行理论

阴阳五行理论是中华传统文化中的一种自然哲学,将宇宙万物分为阴阳两大类,认为五行(金、木、水、火、土)相生相克,共同作用于自然界和人体的生理、病理变化之中。太极拳的动作与五行相对应,如"金"对应收敛,"木"对应舒展,"水"对应下沉,"火"对应上升,"土"对应稳定。通过模拟自然界的阴阳五行变化,太极拳练习有助于调和人体五脏六腑的功能,促进气血运行,增强身体的自我调节能力。

### 3. 中医经络理论

中医经络理论认为,人体的生命活动由经络系统中的气血流动和脏腑功能状态决定。太极拳练习强调以意引气,通过动作的缓慢执行促进气血流畅,调整脏腑功能,达到预防疾病、强身健体的效果。太极拳中的各种推手、发力技巧也都与经络穴位的刺激有关,通过练习可以增强身体的抗病能力,提高生命力。

#### 4. 内家拳的武术原理

太极拳作为内家拳的一种,其武术原理强调内外合一、软中含刚、以静制动。不同于外家拳力求外在的硬直和爆发力,太极拳训练更多注重于内力的培养和运用,通过松、沉、静、柔的训练方法来提高身体的协调性和敏捷性,实现以柔克刚、四两拨千斤的高境界。此外,太极拳的练习还涉及心法的练习,如心静、意守丹田、意不离形等,通过心意的调控来指导动作的执行,进一步强化内外合一的训练效果。

太极拳训练的理论基础深厚且广泛,融合了中华传统文化的精髓。通过对这些理论的学习和实践,练习者不仅能够提高自身的武术技能,还能够在练习的过程中体验到身心的和谐与统一,达到修身养性的目的。因此,深入理解和掌握太极拳的理论基础,对于太极拳的学习和提高至关重要。

## 二、掌握基本站姿和步法

太极拳作为一门内外兼修的武术,其基本步法不仅是太极拳动作的基础,也是太极拳流畅、连贯、平稳的关键。掌握良好的步法,对于提升太极拳的练习效果、增强身体协调性及平衡能力有着至关重要的作用。以下将详细介绍太极拳训练中的几种基本步法,包括马步、弓步、虚步、侧步和转身步,以及它们的练习要点。

### (一)马步

马步是太极拳中最基础的站立方式,要求练习者两脚分开,大约与肩同宽或稍宽,两膝微屈,身体自然下沉,胸微收,背部保持直立。马步训练的重点在于稳定中腰,练习者应感觉到身体的重量均匀分布在两腿之上,通过马步的练习可以增强腿部力量,提升身体稳定性。

### (二)弓步

弓步是太极拳中的一种基本前进或攻击步伐,要求一脚向前迈出,前脚膝盖弯曲,不超过脚尖,后脚脚掌全贴地,脚尖稍向外,两腿之间形成一个"弓"字形状。在练习弓步时,要注意保持上身直立,不要前倾或后仰,以保证动作的稳定性和连贯性。弓步训练有助于增强腿部力量和爆发力,提高步法的灵活性。

### (三)虚步

虚步是太极拳中的一种防守步法,要求练习者一脚轻点地面,大部分体重落在另一脚上。虚步的关键在于如何正确分配体重,使得行动灵活,能够随时调整方向和姿势。虚步的练习有助于提升身体的平衡能力和反应速度,增强步法的适应性和变化性。

### (四)侧步

侧步是太极拳中用于侧向移动的基本步法,要求练习者身体侧向,一脚引,一脚随,步伐轻盈,身体保持稳定。在练习侧步时,要注意脚步的协调性和身体的平衡,保持脚步轻盈而不失稳健。侧步的练习有助于增强腿部力量,提高移动的灵活性和敏捷性。

### (五)转身步

转身步是太极拳中用于转身变向的步法,关键在于如何协调身体各部分的动作,实现平稳、流畅的转身。在练习转身步时，要注意脚步的先后顺序和转身的角度，确保转身过程中身体的稳定性和连贯性。转身步的练习不仅可以提高身体的协调性和控制力，还是提升太极拳技艺的重要步骤。

#### （六）练习要点

在练习太极拳的基本步法时，以下几点是非常重要的：
(1)保持身体的自然状态，不要过于用力，以免影响动作的流畅性和自然性。
(2)注意呼吸的调节，应与动作相配合，达到内外兼修的效果。
(3)保持心态的平和，通过练习达到身心合一的太极境界。

太极拳的基本步法练习虽看似简单，但要做到位、做到精、做到深不是一朝一夕之功，需要长期的坚持和不断的实践探索。通过对基本步法的深入练习，练习者可以逐渐掌握太极拳的动作要领，提高整体的太极拳技艺水平。

### 三、学习太极拳的基本手法

太极拳的基本手法是构成太极拳技巧的核心，涵盖了多种手部的运动方式和技巧。掌握这些基本手法对于练习太极拳的动作准确性、连贯性和流畅性至关重要。下面详细介绍太极拳中的几种基本手法，包括挥手、推手、摊手、抱手、云手，以及它们的练习要点。

#### （一）挥手

挥手是太极拳中最常见的手法之一，主要用于打击或挡开对手的攻击。挥手的关键在于手臂的放松和控制，使手臂如鞭子般有力而灵活。在练习挥手时，注意手臂的自然伸展，力量从脚跟经过身体传至手指，实现内外合一。

#### （二）推手

推手是太极拳中的一种基本手法，主要用于推开对手或稳定自己的姿势。推手的核心在于运用身体的整体力量，而不仅仅是手臂的力量。在练习时，要注意力量的连续性和稳定性，以及手部与身体其他部位的协调性。

#### （三）摊手

摊手在太极拳中常用于防御或引导对方的力量。摊手要求手掌平展，指尖略微上翘。练习摊手时要注意手腕的放松，使手掌与前臂形成一定角度，手指自然伸展，展现太极拳中的圆润和连续性。

#### （四）抱手

抱手是一种常用于太极拳的防御和准备动作的手法。抱手时，两手仿佛拥抱一个大球，一手在上，一手在下，呈圆形状态。练习抱手时要注意手臂的圆润和放松，以及与胸部的协调，体现太极拳的整体性。

#### （五）云手

云手是太极拳中一种极具特色的手法，通过连续、圆滑的手臂运动模仿云彩的流动。练习云手时要注重手臂动作的连续性和平稳性，手法如同云彩般轻盈无力，但内含灵活多变的变化。

#### （六）练习要点

在练习太极拳的基本手法时，以下几点是非常重要的：

(1)重视手法与身体其他部分,特别是腰部和腿部的协调,体现太极拳的整体性。
(2)注意练习中呼吸与动作的配合,通过呼吸来引导动作,实现内外合一。
(3)练习时要放松,避免用力过猛或僵硬,保持手法的柔和与流畅。

极拳的基本手法不仅仅是单纯的手部运动,还是整个身体协调一致的表现。在日常练习中,应不断反复练习这些基本手法,以提高自身技艺的精准度和流畅度。随着练习的深入,可以逐渐体会到太极拳中手法与身法、步法相结合的美妙与效用。

## 四、练习太极拳的基本套路

太极拳的基本套路是太极拳练习中不可缺少的部分,它通过一系列连贯的动作组合,帮助练习者理解太极拳的内在意义,同时提升身体协调性和技巧。下面将详细介绍太极拳训练中常见的几种基本套路及其特点:

### (一)24式简化太极拳

24式简化太极拳是最为普及的太极拳入门套路之一,由中国国家体育委员会于1956年推广。这一套路简洁明了,包含了太极拳的主要动作,适合初学者学习。它通过24个动作的组合,展现了太极拳的基本原理和技巧,如"起势""白鹤亮翅""搂膝拗步"等。

### (二)48式太极拳

48式太极拳比24式更加复杂和全面,融合了多种传统太极拳的特点。它由中国国家体育总局于1976年编排,包含了多种手法、步法和身法,是进阶学习的良好选择。这个套路包括了"单鞭""云手""金鸡独立"等动作,要求动作更为精准和流畅。

### (三)陈式太极拳老架

陈式太极拳是太极拳的源头之一,其老架套路历史悠久,动作包含了软硬相济、快慢相间的特点。这个套路动作多变,技巧性和实战性强,适合有一定太极拳基础的练习者。陈式老架强调以意领气,气沉丹田,动作中蕴含爆发力和连贯性。

### (四)杨式太极拳

杨式太极拳动作大开大阖,圆润柔和,注重内在修养和气血流转。杨式太极拳套路平稳舒展,注重动作的连续性和协调性,适合各个年龄层的人群练习。其中"揽雀尾""单鞭"等动作是其核心内容。

### (五)武式太极拳

武式太极拳注重实用性和对抗性,其套路动作紧凑,节奏快速,表现出明显的武术风格。这种风格的太极拳适合对武术对抗技术感兴趣的练习者。

### (六)练习要点

在学习太极拳基本套路时,以下几点需要特别注意:
(1)动作要求流畅、自然,避免生硬和断续。
(2)通过套路练习,理解太极拳中的松、沉、静、活四字真谛。
(3)融入呼吸和内在休养,实现动静结合,外柔内刚。
(4)注重实际操作中的身法、手法和步法的协调,形成一个统一的整体。

太极拳基本套路的学习不单单是动作上的模仿,更重要的是理解其背后的哲学和原理。通过不断练习和体悟,太极拳的精髓将逐渐显现,从而使练习者达到强身健体和心灵净化的双重效果。

### 五、注重呼吸与内功的修炼

太极拳的练习不仅仅是外形动作的模仿，更重要的是通过呼吸和内功的修炼，达到调养身心的目的。练习时应注意呼吸要自然、深长、均匀，尽量做到意守丹田，内外合一。通过长期练习，练习者可以增强体质，提高心肺功能，达到强身健体的效果。

### 六、寻找良师和练习环境

对于初学者来说，找到一位良好的指导老师和适宜的练习环境也是非常重要的。良师可以指导正确的动作要领，解答练习中的疑问，而适宜的练习环境则可以帮助练习者更好地放松身心，沉浸在太极拳的世界中。

太极拳的学习是一个循序渐进的过程，需要持之以恒的练习和不断的探索。通过掌握以上基本训练方法，初学者可以逐步进入太极拳的大门，体验到太极拳带来的身心愉悦和生命活力。随着练习的深入，太极拳的魅力也将逐渐展现，引领练习者走向更高层次的修炼之路。

## 第五节　太极拳比赛

太极拳比赛是传统武术比赛的一种形式，它不仅是对太极拳技巧和修为的一种检验，也是太极文化交流和传播的重要平台。随着太极拳在全球的普及，太极拳比赛逐渐成为武术比赛中的一个重要组成部分，吸引了众多太极拳爱好者和高手参与。

### 一、起源与发展

太极拳比赛的起源和发展是一个富有历史深度和文化内涵的话题。从最初的个人修行到现代的国际性竞技活动，太极拳比赛的演变不仅反映了太极拳本身的发展，也映射出传统武术与现代体育的交融。以下是对太极拳比赛起源和发展的详细介绍：

#### （一）太极拳的起源

太极拳起源于中国明末清初，最初是作为一种内家拳术，强调内在气功的修炼和身体健康。其经过不同流派的发展，形成了多种风格和技法。最初的太极拳更侧重于个人修行和健康，与竞技比赛的概念相距较远。

#### （二）早期的太极交流

早期的太极拳交流主要是在师徒传授和家族内部进行的。随着太极拳的逐渐传播，其技艺交流开始出现在更广泛的社会范围内。这种交流的最初形式多为私下切磋，随后发展成为各地的武术聚会和表演，但这些活动更多是以展示和交流为主，尚未形成真正意义上的比赛形式。

#### （三）现代太极拳比赛的萌芽

20世纪初，随着现代体育运动观念的引入和武术运动的推广，太极拳开始被纳入更为规范化和竞技化的框架。在这一过程中，太极拳比赛的概念逐渐形成。特别是在中华人民共和国成立后,政府大力推广民族体育,太极拳作为具有深厚文化底蕴的传统武术,其比赛形式开始得到官方的认可和支持。

### (四)太极拳比赛的规范化

进入 20 世纪下半叶,随着国内外对太极拳兴趣的增加,太极拳比赛开始向更加规范化和系统化的方向发展。国际武术联合会等机构开始制定太极拳比赛的标准规则,比赛形式也日益多样化,包括套路比赛和推手比赛等。这标志着太极拳从一种传统武术转变为一项国际性的竞技体育项目。

### (五)国际化发展

随着全球化的推进,太极拳逐渐走出国门,成为世界范围内流行的健身和武术形式。太极拳比赛也随之国际化,多项国际太极拳比赛和交流活动举办,吸引了众多国际选手参与。这不仅提升了太极拳的国际知名度,也促进了不同文化背景下的武术交流与融合。

### (六)当代的挑战与发展

在当代,太极拳比赛面临着多种挑战和机遇。一方面,现代生活节奏和体育消费习惯的变化给太极拳的传播和推广带来挑战;另一方面,随着健康意识的增强和传统文化的重视,太极拳比赛也在不断吸引新的参与者。同时,随着科技的发展,太极拳比赛的传播方式和形式也在不断创新,比如通过网络直播和虚拟现实技术,这项古老武术在现代社会焕发了新的活力。

总之,太极拳比赛的起源和发展是一个从传统到现代,从封闭到开放的过程。它不仅是太极拳技艺发展的一个重要方面,也是中华文化传承和国际文化交流的重要桥梁。随着时间的推移,太极拳比赛将继续以其独特的魅力和深厚的文化底蕴吸引全世界的目光。

## 二、比赛流程

太极拳比赛作为一种融合了体育竞技与传统文化的活动,其流程体现了对参赛选手技艺、理论知识,以及精神风貌的全面考核。太极拳比赛通常包括报名参赛、分组抽签、比赛进行、裁判评分及颁奖几个环节,每个环节都是比赛顺利进行的重要组成部分。以下是对太极拳比赛流程的详细介绍:

### (一)报名参赛

比赛的第一步是报名参赛。组织者会事先发布比赛通知,包括比赛时间、地点、参赛条件、报名方式等信息。感兴趣的太极拳爱好者或专业选手需要在规定的时间内完成报名手续,通常需要提交个人信息、比赛级别、参赛项目等资料,并可能需要缴纳一定的报名费用。

### (二)分组抽签

报名结束后,组织者根据参赛选手的级别、年龄、性别等条件进行分组,并通过抽签的方式确定每个选手在比赛中的对阵顺序。分组抽签是确保比赛公平、有序进行的重要环节,它影响着比赛的整体布局和选手的策略安排。

### (三)比赛进行

太极拳比赛一般分为套路比赛和推手比赛两大类,各有不同的比赛流程。

**1. 套路比赛**

选手依照抽签结果依次上场,表演指定的太极拳套路。套路比赛注重技术动作的准确性、表演的艺术性,以及太极拳的内涵理解。选手需要在规定的时间内完成整套动作,表现太极拳的流畅性和协调性。

**2. 推手比赛**

两名选手上场,通过太极拳的推手技巧进行对抗,比赛重点是考查选手的实战能力、力量控制和技巧应用。推手比赛通常有固定的比赛时间,裁判会根据选手的表现给出得分。

### (四)裁判评分

太极拳比赛中,裁判的评分标准通常包括技术动作的准确性、流畅性、稳定性、力度表现等方面。在套路比赛中,还会考量选手的表演艺术性和套路难度;而在推手比赛中,会更多关注选手的控制能力和应用技巧。比赛结束后,裁判会根据这些标准对选手的表现进行评分。

### (五)颁奖

所有比赛项目结束后,组织者会根据裁判的评分结果确定各个级别和项目的获奖选手。颁奖仪式通常在比赛的最后进行,组织者会对获奖选手进行表彰,颁发奖杯、证书等奖励。颁奖环节是比赛的高潮部分,它不仅是对选手技艺和精神风貌的认可,也是推动太极拳文化交流和发展的重要时刻。

太极拳比赛的流程是一个复杂且精细的过程,它不仅考验选手的技艺和实力,也考验组织者的筹备和管理能力。通过这样规范化的比赛流程,太极拳比赛不仅能够公平、公正地评判选手的水平,也能有效地推广太极拳文化,促进太极拳爱好者之间的交流与学习。

### (六)对参赛选手的影响

参加太极拳比赛对选手而言,不仅是一次技艺和水平的检验,更是一次宝贵的学习和成长机会。通过比赛,选手可以了解到自己在太极拳修炼上的不足之处,同时也能从其他选手那里学习到不同的技巧和理念。此外,太极拳比赛也是促进太极拳交流、传承和发展的重要途径,参赛选手通过这一平台,不仅能展示自己的技艺,也能为推广太极拳文化做出贡献。

总之,太极拳比赛是太极拳实践中的一个重要组成部分,它不仅展现了太极拳的技术美学,也推动了太极拳技艺和文化的传播与发展。通过参与比赛,太极拳爱好者和练习者可以在竞技中提升自己,在交流中获得启发,共同推动太极拳这一古老武术形式向前发展。

## 三、执裁流程

太极拳比赛的执裁流程是确保比赛公正、公平和顺利进行的关键。这个流程涉及裁判员的选拔、培训,比赛中的职责分配、评分标准和规则解释等多个环节。以下是对太极拳比赛执裁流程的详细介绍:

### (一)裁判员的选拔和培训

**1. 选拔**

裁判员通常由具有丰富太极拳知识和实践经验的专家组成。组织者会根据裁判员的资历、经验和以往的执裁表现进行选拔。

**2. 培训**

选拔后,裁判员需要参加专门的培训课程,这些课程覆盖比赛规则、评分标准、比赛流程,以及如何处理比赛中可能出现的各种情况。培训确保每位裁判员都对执裁标准有清晰、统一的理解。

### (二)裁判团队的组成

太极拳比赛的裁判团队通常包括主裁判(裁判长)、副裁判、记录员和计分员等角色。其中,主裁判负责整体监督比赛的公正进行,副裁判负责观察和评分,记录员负责记录比赛过程中的重要信息,计分员则负责统计和公布分数。

### (三)比赛前的准备

比赛前,裁判团队会进行最后的会议,确认比赛规则、评分标准和各自的职责。同时,主裁判会检查比赛场地,确保场地符合比赛要求,没有安全隐患。

### (四)比赛中的执裁流程

**1. 开赛**

比赛开始前,主裁判会向选手和观众宣布比赛规则,确保所有参与者对比赛流程和规则有清晰的了解。

**2. 进行评分**

在套路比赛中,副裁判根据选手的表现对其进行评分,主要考查技术动作的准确性、表演的流畅性和艺术表现等。在推手比赛中,裁判则更多关注选手的控制能力、技巧应用和攻防转换。

**3. 记录与统计**

记录员负责详细记录比赛过程和选手的表现,计分员则根据裁判的评分进行分数统计。

**4. 处理违规**

如果比赛中出现违规行为,主裁判有权根据比赛规则对选手进行警告或判罚。重大违规行为可能导致选手直接被取消资格。

**5. 公布结果**

比赛结束后,计分员汇总所有裁判的评分,主裁判会核实分数无误后公布比赛结果。

### (五)比赛后的总结

比赛结束后,裁判团队会进行总结会议,讨论比赛中出现的问题和亮点,对执裁过程进行反思和评估,以便在未来的比赛中持续改进和提高执裁质量。

太极拳比赛的执裁流程不仅要求裁判员具备丰富的太极拳知识和公正无私的态度,还需要他们准确理解和执行比赛规则,公平评判每一位选手的表现。通过规范化的执裁流程,太极拳比赛能够确保每位选手在公平公正的环境中展示自己的技艺,同时也为推广太极拳文化、促进武术交流做出贡献。

# 第十二章 八段锦

八段锦是一种源远流长的传统运动,历史悠久,起源于中国,已有数百年的历史。作为一种简单易学的运动,八段锦通过一系列缓和、流畅的动作和深长的呼吸,调和身心,达到强身健体的目的。它不仅在中国广为流传,在全世界也有很多人练习。八段锦的每一个动作都包含了深厚的中医理论基础,通过调节人体的气血,平衡阴阳,促进身体健康。

## 第一节 八段锦概述

### 一、八段锦的起源与发展

八段锦的起源和发展蕴含着丰富的文化背景和深厚的历史意义。从古至今,八段锦不断演化,逐步成为世界各地广泛认可和练习的健身运动。详细探究八段锦的起源与发展,可以帮助我们更好地理解其健身价值和文化内涵。

#### (一)八段锦的起源

八段锦的起源可以追溯到中国的南北朝时期,最初形成于道家的养生思想中。早期的八段锦被视为一种内炼的方法,旨在通过调整呼吸和身体动作,达到养生延寿的目的。据史料记载,八段锦最早的文献出现在《太上老君内观经》中,其中描述的动作和后来的八段锦有相似之处。

随着时间的推移,八段锦逐渐融合了中医理论、武术动作及养生哲学,形成了一套具有预防和治疗作用的体育活动。到了明清时期,八段锦已成为民间广泛流传的健身方法。

#### (二)八段锦的发展

八段锦在历史的发展过程中,不断吸收和融合了多种健身养生的理论和实践,形成了多个流派和版本。尤其是在20世纪,随着人们健康意识的提高和养生文化的普及,八段锦得到了新的发展和推广。

**1. 标准化和系统化**

20世纪50年代以来,八段锦作为传统气功的重要组成部分,被纳入健身气功的范畴进行标准化教学和普及。20世纪80年代,随着健身气功的兴起,八段锦被正式编入健身气功教程,并推广到全国乃至世界各地。

### 2. 国际化

随着中国文化的对外交流,八段锦作为一种简单易学的健身方法,逐渐受到世界各地人们的欢迎和喜爱。国际上很多国家和地区的健身机构都开设了八段锦教学班,八段锦也成为国际上推广中国传统文化的重要载体之一。

### 3. 现代研究和应用

在现代社会,随着科技的发展和医学的进步,八段锦作为一种传统的健身方法,其健康效用开始被科学研究验证。许多研究表明,长期练习八段锦可以有效改善心肺功能、调节血压、缓解压力、提高免疫力等,使得八段锦在现代社会的健康领域占有一席之地。

八段锦从起源到发展,不仅是中国传统养生文化的重要组成部分,也是中华民族智慧的结晶。它跨越千年,传播至今,不断地被人们继承和发扬,已成为连接过去和未来、沟通东西方的文化桥梁。无论是在中国还是在世界各地,八段锦都将继续发挥其独特的健康价值,惠及更多追求健康生活的人。

## 二、八段锦的特点

八段锦具有独特的特点和深远的影响。这些特点不仅体现在其动作设计上,还体现在其理论基础、健康效益、练习方式等多个方面。详细分析这些特点有助于我们更深入地理解八段锦的内涵和价值。

### 1. 历史渊源与文化内涵

八段锦源于古老的中国,融合了道家养生、中医理论和民间健身方法。它不仅仅是一种简单的身体锻炼,更是一种包含哲学思想和文化精髓的练习方式。八段锦的每一个动作都不是孤立存在的,它们背后蕴含了中华民族对天人合一、阴阳五行等自然哲学的理解。

### 2. 动作特点

八段锦的动作以柔和、平稳、缓慢而连贯为特点。这些动作看似简单,却能够在练习中达到调整身体、练习呼吸、放松心态的效果。其动作设计充分考虑了人体的生理结构和功能需求,注重动作的开合、收放、上升与下沉,以及动静结合。

### 3. 呼吸配合

八段锦的练习中,呼吸方法尤为关键。其要求呼吸要与动作紧密结合,动作引导呼吸,呼吸深长而自然。这种呼吸方式有助于增强肺部功能,改善气血循环,促进身心健康。

### 4. 调和身心

八段锦不仅是一种身体锻炼,更是一种心灵的修炼。在练习过程中,练习者需要达到身心合一的状态,通过动作和呼吸的协调,使得心态达到平和、放松的状态,从而起到减压、安神的效果。

### 5. 健康效益

八段锦对于改善和预防各种健康问题具有显著效果。它能够调节身体各系统功能,如呼吸系统、循环系统、消化系统等。长期练习可以增强免疫力、改善睡眠质量、促进身体的柔韧性和平衡能力,适合所有年龄段的人群练习。

### 6. 易学易练

八段锦的动作简单,容易上手,不受场地和器械的限制,人们可以在家中、公园或任何安静舒适的环境中进行练习。这种易学易练的特性使得它成为广大人民群众喜爱的健身方式之一。

#### 7. 灵活性与适应性

八段锦在练习时具有很强的灵活性和适应性。练习者可以根据自己的身体状况和实际情况调整动作的幅度和强度，使得练习既安全又有效。无论是年轻人、中老年人，还是体弱者都可以通过适当的调整来练习八段锦。

#### 8. 全面的身体调节

与其他健身方式相比，八段锦更注重身体各部分的全面调节。它通过一系列动作的练习，不仅能够锻炼特定的肌肉群，还能够调节内脏功能，促进身体各系统的协调运作。

八段锦作为一种综合性的健身气功，以其独特的动作设计、深厚的文化底蕴、显著的健康效益，以及易学易练的特点，在全世界范围内受到了广泛的欢迎和认可。无论是作为一种健身方式，还是作为一种心灵修养的手段，八段锦都展现了其独特的魅力和深远的影响。

## 第二节　八段锦基本技术

八段锦的基本技术不仅体现了中国传统养生文化的精髓，也融合了中医理论和道家养生哲学的智慧。八段锦通过一系列具有特定意义的动作和呼吸技巧，达到强身健体、调和身心的目的。

### 一、基本原则

八段锦深受广大练习者喜爱的原因不仅在于其简单易学、效果显著的特点，更在于它所遵循的一系列基本原则。这些原则深深植根于中医的理论基础和道家的养生哲学，不仅指导着动作的执行，还体现了八段锦作为一种整体健身方式的深层价值。以下是对八段锦基本原则的详细探讨：

#### （一）"意、气、形"三者统一

八段锦练习的核心原则是"意、气、形"的统一。这一原则体现了中华养生哲学的精髓，即通过精神（意）、呼吸（气）、身体动作（形）的有机结合，达到健身的目的。

##### 1. 意

在练习八段锦时，练习者需要用心思引导动作，保持心神内守，集中精神。通过意念的导引，可以使气随意动，从而更好地指导气的流动和身体状态的调整。

##### 2. 气

气在这里指的是人体内的生命能量，通过特定的呼吸技巧来调控这种能量。在八段锦的练习中，通过深长、平稳的呼吸配合动作，来增强体内气的流动，促进气血循环，达到强身健体的效果。

##### 3. 形

形即动作本身，八段锦的每个动作都要求规范、柔和且流畅。动作的正确执行不仅能够帮助身体达到特定的健身效果，还能促进气的流动和心神的集中。

### (二)顺应自然

八段锦的练习强调顺应自然,这包括与自然界的和谐相处及顺应人体自然规律两个层面。练习者需要在安静、空气清新的环境中练习,尽量与自然接近,这有助于心情放松,身心合一。同时,练习中的动作和呼吸要顺应人体的自然规律,避免过度用力,力求动作自然、呼吸自如。

### (三)循序渐进

八段锦的练习注重循序渐进,这既是指个别动作的练习,也是指整个八段锦练习体系的学习。对于初学者来说,首先应从最基本的动作学起,逐渐熟悉每个动作的要领和呼吸方法,然后再逐步提高动作的准确性和流畅性,最后达到意、气、形三者统一的境界。在整个学习过程中,练习者应根据自己的身体条件和实际情况,逐步增加练习的难度和强度,避免急于求成。

### (四)调整心态

在八段锦的练习中,调整心态是一个非常重要的原则。练习者应保持平和的心态,释放心中的压力和紧张,达到身心的放松和平静。通过调整心态,不仅可以增强练习的效果,还能帮助练习者在日常生活中保持良好的心态,应对各种压力和挑战。

八段锦的基本原则是八段锦练习中不可或缺的部分。它们共同构成了八段锦的理论基础,指导着练习者如何通过这一套动作和呼吸技巧,达到调和身心、强身健体的目的。了解和掌握这些原则,对于希望通过练习八段锦来提高健康水平的人来说,是非常重要的。

## 二、动作要领

八段锦通过一系列的动作配合呼吸,旨在调和身心、通经活络、增强体质。八段锦的动作看似简单,但每个动作都有其特定的健身效果。下面详细介绍八段锦的八个动作:

**1. 两手托天理三焦**

(1)目的:调整身体的三焦,即上焦(心肺)、中焦(脾胃)、下焦(肾膀胱),促进气血运行。

(2)动作步骤:

①站立,双脚与肩同宽。

②双手掌心向上,从两侧缓慢上举至头顶。

③手掌向上推,伸展全身,稍停留。

④缓慢降手,回到起始位置。

(3)呼吸:上举时深吸气,下降时缓缓呼气。

**2. 左右开弓似射雕**

(1)目的:模拟射箭动作,锻炼腰背和手臂,增强肺功能。

(2)动作步骤:

①站立,左脚微步前移。

②右手拳,左手掌,模拟拉弓姿势,右手向后拉,左手向前推。

③眼睛注视左手掌。

④换边重复,右脚微步前移,左手拳,右手掌,模拟右侧拉弓。

(3)呼吸:拉弓时深吸气,放松时缓缓呼气。

**3. 调理脾胃须单举**

(1)目的:通过伸展动作调理脾胃,促进消化系统健康。

(2)动作步骤:

①站立,双脚与肩同宽。
②一手上举过头,掌心向外;另一手下压,掌心向下。
③上下手交替,伸展身体。
(3)呼吸:抬手时深吸气,换手时缓缓呼气。

### 4. 五劳七伤向后瞧
(1)目的:预防和缓解颈椎、肩部疾病,增强脊柱的灵活性。
(2)动作步骤:
①站立,双手自然下垂。
②双手缓慢上举至背后相握,尽量抬高,同时上体微向后仰,头部尽量向后看。
③保持姿势稍作停留,然后缓慢恢复。
(3)呼吸:向后仰时深吸气,恢复时缓缓呼气。

### 5. 摇头摆尾去心火
(1)目的:缓解心火,调理肝胆,适用于缓解情绪压力。
(2)动作步骤:
①轻松坐下,双手放在膝盖上。
②上体向左旋转,头部随之向左看,模仿摇头动作。
③换向右侧重复。
(3)呼吸:自然呼吸,重在放松。

### 6. 两手攀足固肾腰
(1)目的:强化腰部和腿部肌肉,有助于肾脏功能。
(2)动作步骤:
①站立,身体缓慢前倾。
②双手尽量向下伸展,努力触及脚趾。
③保持姿势稍停留,然后缓慢恢复。
(3)呼吸:前倾时深吸气,恢复时缓缓呼气。

### 7. 攒拳怒目增气力
(1)目的:增强气力,提升内在能量,调理肝气。
(2)动作步骤:
①站立,双手握拳,拳心向上。
②双拳缓慢上提至胸前,同时怒目。
③放松,拳心下沉,回到起始位置。
(3)呼吸:提拳时深吸气,放松时缓缓呼气。

### 8. 背后七颠百病消
(1)目的:通过轻松拍打背部,促进全身血液循环,增强免疫力。
(2)动作步骤:
①站立,双手自然下垂,然后轻轻拍打背部。
②从腰部向上至肩膀,适度用力,整个过程自然放松。
(3)呼吸:拍打时自然呼吸,保持呼吸均匀。

## 三、动作详解和注意事项

每个动作不仅要掌握其基本的执行步骤,更要注意动作的精细调整和呼吸的配合。以下是对每个动作的详细解读和注意事项，帮助更好地理解和实践八段锦。

**1. 两手托天理三焦**

动作要缓慢、平稳，伸展时保持身体直立，避免过度用力造成肌肉紧张。上举和下降的过程中，保持呼吸的自然流畅。

**2. 左右开弓似射雕**

保持身体平衡，拉弓动作中，后拉的手臂应尽量伸直，前推的手掌保持平稳。眼神跟随手掌，增强动作的协调性和集中力。

**3. 调理脾胃须单举**

上下手的伸展要充分，尽量做到上手高举，下手向下压，增强脾胃的运作效率。保持每次换手动作的平稳过渡，避免急促。

**4. 五劳七伤向后瞧**

进行此动作时，应确保背部平直，避免过度弯曲脊柱。后仰时要适中，以自身舒适为准，避免颈部或腰部受伤。

**5. 摇头摆尾去心火**

旋转动作要缓慢且有控制，避免过快导致头晕。保持脊柱的自然曲线，避免过度扭曲。

**6. 两手攀足固肾腰**

前倾时，腿部尽量保持伸直，但不要锁膝。若不能触及脚趾，可适当弯曲膝盖，逐渐增加柔韧性。

**7. 攒拳怒目增气力**

怒目时，目光可以集中，但避免过度紧张眼睛，造成眼部疲劳。动作中要保持整个身体的放松，避免紧绷。

**8. 背后七颠百病消**

拍打背部时，力度要适中，既能感觉到轻微的震动，又不至于造成疼痛。手掌拍打的范围应涵盖整个背部，特别是肩膀和腰部区域。

八段锦不仅是一种传统的健身方法，还融合了深厚的中医理论和养生哲学。练习八段锦不仅可以增强体质，调节身心，还能深入理解和体验中华文化的博大精深。重要的是要持之以恒，根据自身条件循序渐进，逐步提高。随着练习的深入，不仅身体会有显著的改善，心灵也将得到净化和升华。

# 第三节　八段锦比赛

八段锦比赛不仅仅是一场技能的比拼，更是一种文化的传承和个人修炼水平的体现。比赛规则围绕着参赛者的动作准确性、呼吸技巧、内在气质，以及动作与呼吸的协调性等多个方面来设计。下面是关于八段锦比赛的详细解读：

## 一、比赛的目的和意义

八段锦比赛虽不如某些武术和体育比赛那样广为人知，但在气功、健身及传统文化爱好者中占有一席之地。这类比赛通常强调参赛者的技巧精准度、动作流畅性、呼吸与动作的协调性,以及整体表演的美感和内在气质。八段锦比赛旨在推广中国传统文化,提高人们的健康意识,以及通过严格的评判标准促进参赛者技能的提升。通过比赛,参赛者可以更好地理解八段锦的精髓,同时也能增强自我修炼的动力。

## 二、参赛资格

八段锦比赛通常对参赛者的背景没有严格限制,既欢迎长期练习的高手,也鼓励对传统文化有兴趣的新手参与。八段锦比赛旨在鼓励更多的人了解和参与到这项传统健身活动中来。不过,为了确保比赛的公正性和专业性,主办方可能会设置不同的组别,如年龄组、性别组和经验级别组等。

## 三、比赛规则

### (一)动作执行

**1. 准确性**

每个动作必须按照八段锦的要求准确执行,包括手脚的位置、身体的转动等。

**2. 流畅性**

动作之间的过渡需要自然流畅,展示出良好的控制能力和身体协调性。

### (二)呼吸配合

参赛者需要展示出动作与呼吸的完美配合,呼吸应自然深长,与动作同步。

### (三)内在表现

比赛还会评判参赛者的内在气质,包括精神集中的程度、表情的自然,以及整体的气势。

## 四、评分标准

评分通常由几个方面构成,包括技术(动作准确性、流畅性)、呼吸技巧、表演(包括内在气质和精神表现),以及创意与风格。每个部分都有一定的分值,由专业的评委打分。

## 五、比赛流程

**1. 预赛和决赛**

大型比赛可能分为预赛和决赛两个阶段,小型比赛则可能直接进行决赛。

**2. 表演顺序**

参赛者的表演顺序一般通过抽签确定。

**3. 评分与反馈**

每位参赛者表演结束后,评委会根据评分标准进行打分。比赛结束后,评委可能会提供反馈,帮助参赛者进一步提升。

# 第四节　八段锦安全注意事项

练习八段锦时,虽然其动作温和,对身体的要求不高,但为了确保安全和健康,遵守一些基本的安全注意事项还是非常必要的。下面是八段锦练习中应该注意的几个方面：

**1. 温和开始**

在开始练习八段锦之前，进行简单的热身活动，可以帮助身体逐渐进入状态，预防肌肉拉伤或其他运动伤害。

**2. 适当的场地**

选择一个安静、空气流通的场所进行练习，确保有足够的空间进行各种动作，避免在滑的或不平整的地面上练习，降低跌倒的风险。

**3. 服装与鞋履**

穿着舒适、宽松的衣物，以及合脚的鞋子（或赤脚），以确保练习时的舒适性和安全性。

**4. 听从身体的信号**

在练习过程中，应该随时注意自己的身体感受。如果出现任何不适，如疼痛、晕眩或呼吸困难，应立即停止练习并寻求专业意见。

**5. 适合自己的强度**

根据自己的身体条件和练习经验调整练习的强度和范围。初学者应从简单的动作开始，逐渐增加难度和复杂性。

**6. 注意呼吸**

八段锦的练习中，呼吸是非常重要的一环。应该确保呼吸自然、深长，与动作协调一致，避免屏息或呼吸过于急促。

**7. 避免饭后立即练习**

避免在饭后立即进行八段锦的练习，建议至少在餐后1小时后开始，以免造成消化不良或不适。

**8. 慢性疾病或特殊情况**

对于有心脏病、高血压、骨折或其他慢性疾病的人，在开始练习八段锦前应咨询医生的意见。孕妇在进行任何形式的体育活动前也应先咨询专业医生。

通过遵循上述安全注意事项，可以使练习八段锦成为一种既安全又有益的体验。如在练习过程中有任何疑问，应寻求资深教练或健身专业人士的指导。

# 第十三章 健身运动

健身运动是指任何旨在改善或维持身体健康和体能的体育活动。这些活动可以是有氧运动、力量训练、柔韧性练习或平衡能力训练,旨在提升心肺功能、增强肌肉力量、改善身体柔韧性、促进心理健康等。

## 第一节 健身运动概述

健身运动作为一种提升身体素质、增强健康水平的活动,已经成为现代生活中不可或缺的一部分。它不仅包含了一系列的体育活动,如跑步、游泳、举重等,还涵盖了各种强度训练、柔韧性练习和平衡能力训练。以下是对健身运动的简单介绍:

### 一、健身运动发展概况

健身运动的发展历史悠久且多彩,它不仅反映了人类对健康和体能追求的演变,也映射了社会、文化和技术进步的足迹。从古代的体力劳动和军事训练到当代的多样化健身方式,健身运动已经成为全球亿万人日常生活的一部分。

#### (一)古代至19世纪:健身运动的起源

健身运动的历史可以追溯到古代文明,如古希腊和罗马,当时的体育活动主要与军事训练和奥林匹克运动会等体育竞赛相联系。这些活动强调的是身体的力量、耐力和美学。进入中世纪和文艺复兴时期,随着社会和经济的变迁,健身运动开始逐渐被民众接受,不再局限于贵族和军事用途。

19世纪,随着工业革命的发展,人们开始关注因长时间工作而引起的健康问题。在这一时期,健身运动开始作为一种改善健康和体能的手段被更广泛地认识和接受。例如,德国的特纳运动和瑞典的体操运动都强调使用体操和体育活动来提高国民的身体素质。

#### (二)20世纪:健身运动的普及与多样化

进入20世纪,随着科学技术的进步和生活水平的提高,人们开始有更多的时间和资源投入健身活动。两次世界大战之间和战后的时期,健身运动快速发展,各种体育设施和健身俱乐部如雨后春笋般出现。

到了 20 世纪后半叶,健身运动经历了重大变革,出现了许多新的运动方式和理念。例如,有氧运动和爵士舞健身在 20 世纪 80 年代变得极为流行,而瑜伽和普拉提则在 20 世纪 90 年代末到 21 世纪初受到广泛欢迎。同时,随着科学研究的深入,人们对健身运动的益处有了更深的理解,健身运动被认为是预防和治疗多种慢性疾病的有效手段。

### (三) 21 世纪:数字化与个性化

21 世纪健身运动的特点是数字化与个性化。互联网和智能设备的普及使得在线健身课程、健身应用和虚拟现实健身成为可能,人们可以在家中或任何地方进行个性化的健身训练。此外,穿戴式设备和健康追踪器的发展也为个人健康管理提供了便利,使得健身运动更加科学和高效。

同时,社会对健康和健身的重视程度不断提高,健康饮食、减压和全面健康的概念与健身运动紧密结合。此外,随着对包容性和多样性的关注增加,为不同年龄、能力和背景的人提供适合的健身方式成为行业的一个趋势。

### (四) 展望未来

展望未来,健身运动将继续融合新技术、新科学和新理念,为人们提供更加多样化、个性化和高效的健身方式。随着全球人口老龄化的挑战,针对老年人的健身程序将变得更加重要。同时,环境可持续性和户外健身活动也将受到更多关注。

总之,健身运动的发展反映了人类对健康和体能追求的不断演变。从古代的基础体能训练到今天的全面健康管理,健身运动不仅是提高生活质量的手段,而且是社会文化变迁的一个镜像。随着技术的发展和社会的进步,健身运动的未来将更加多元化和个性化,成为人们生活中不可或缺的一部分。

## 二、健身运动的特点

健身运动作为一种全球普及的活动,不仅是一种提升身体素质的方法,还蕴含着深厚的文化内涵、科学原理和心理影响,影响着人们的生活方式和健康观念。本部分旨在深入探讨健身运动的特点,包括其多样性、科学性、可持续性、社交性、心理影响、整合与创新等方面。

### (一) 多样性

健身运动的一个显著特点是多样性。从有氧运动到力量训练,从团体课程到个人训练,从室内健身到户外探险,健身活动几乎涵盖了每个年龄段和兴趣点。例如,年轻人可能倾向于高强度间歇训练(HIIT)或搏击课程,中老年人可能更喜欢太极或瑜伽。这种多样性不仅满足了不同人群的需求,也使得每个人都能找到适合自己的运动方式,增加了参与健身活动的可能性。

### (二) 科学性

现代健身运动强调科学性。随着运动科学和营养学的发展,健身不再是一种简单的体力活动,而是一种需要科学指导和合理规划的系统工程。个性化的训练计划、基于数据的健康监测、合理的饮食配合,以及休息和恢复的重要性都是健身运动科学性的体现。科学的训练方法不仅可以有效提高健身效率,还能显著降低受伤风险。

### (三) 可持续性

可持续性是健身运动的另一个重要特点。与短期的减肥计划或极端的体能挑战不同,健身运动鼓励人们采取一种长期、可持续的生活方式。这种方式强调平衡饮食、适量运动和足够休息的重要性,旨在实现长期的健康和福祉,而不仅仅是短期的身体改变。

（四）社交性

健身运动具有显著的社交特点。无论是在健身房参加团体课程,还是在户外与朋友一起运动,健身活动都为人们提供了社交的机会。这种社交性不仅增加了运动的乐趣,还可以提供额外的动力,帮助人们建立起支持和鼓励的社区,从而更容易坚持健身计划。

（五）心理影响

健身运动对心理健康的积极影响不容忽视。规律的体育活动被证明可以减轻压力、焦虑和抑郁症状,提高自尊心和自我效能感。此外,运动产生的内啡肽（一种自然产生的化学物质）可以增强人们的幸福感和满足感。通过健身运动,许多人找到了释放压力、提升心情的有效方式。

（六）整合与创新

随着科技的发展和人们生活方式的变化,健身运动正在经历前所未有的整合和创新。数字化健身解决方案,如在线健身课程、健身应用和虚拟现实健身体验正变得日益流行。这些技术的应用使得健身更加便捷和个性化,为人们提供了更多样的选择和更灵活的健身方式。

综上所述,健身运动是一个复杂而多维的领域,它不仅仅关乎身体,也深刻影响着人们的心理健康和社会生活。通过其多样性、科学性、可持续性、社交性和对心理健康的积极影响,健身运动已经成为现代社会提高生活质量的重要方式之一。未来,随着更多的科技应用和理念创新的融入,健身运动将继续发展和演变,为全球的健康和福祉做出更大的贡献。

## 三、健身运动的分类

健身运动的分类繁多,覆盖了从传统到现代、从室内到户外的各种形式。这些运动不仅可以提高身体健康,增强体力,还能改善心理状态,促进社交交往。以下是对健身运动分类的详细说明,旨在展示健身运动的广泛性和多样性：

（一）有氧运动

有氧运动是指在充足氧气供应下,通过持续、节奏性的身体活动来增强心肺功能的运动类型。这类运动有助于提高心血管健康,燃烧脂肪,提升整体耐力和能量水平。

跑步：是最常见的有氧运动之一,无须特殊设备,可在户外或跑步机上进行。

骑自行车：包括户外自行车和室内动感单车,可有效提高下肢力量和心肺功能。

游泳：全身性运动,对关节友好,适合各年龄段人群。

有氧操：通过编排的舞蹈动作提高心率,包括健身操、搏击操等。

跳绳：简便易行的全身性有氧运动,对提高协调性和敏捷性特别有效。

（二）力量训练

力量训练旨在通过抵抗训练增强肌肉力量和耐力,改善身体组成。它包括使用自身体重、哑铃、杠铃或健身器械等训练。

自重训练：利用自身体重进行的训练,如俯卧撑、仰卧起坐、深蹲等。

举重：使用哑铃、杠铃等设备进行的重量训练,适合进阶健身者。

器械训练：在健身房使用特定器械进行的训练,可针对性强化特定肌肉群。

交叉训练:结合有氧运动和力量训练的多元化训练方式,可提高全身力量和耐力。

### (三) 灵活性和平衡训练

灵活性和平衡训练有助于提高身体的灵活度,增强核心稳定性,预防受伤。

瑜伽:通过一系列体位法和呼吸控制来提高身体的柔韧性和平衡性。

普拉提:注重核心肌群的训练,提升身体控制能力和稳定性。

太极:一种温和的运动形式,通过缓慢、连贯的动作提高平衡能力和身心健康。

### (四) 团体运动

团体运动通过集体参与的方式,增加运动的趣味性和社交性。

篮球、足球等球类运动:不仅锻炼身体,还能培养团队合作和竞争意识。

舞蹈:包括街舞、芭蕾、民族舞等,提高身体协调性和节奏感。

户外探险运动:如登山、徒步、皮划艇等,锻炼身体的同时享受大自然。

### (五) 特殊目的训练

针对特定目的的训练,如康复训练、孕妇健身、老年健身等,这些训练考虑到了特定人群的身体条件和需求。

康复训练:针对受伤后的恢复训练,需要专业指导。

孕妇健身:适合孕期女性,强调安全和效果,促进孕期健康。

老年健身:注重提高老年人的身体功能,延缓衰老。

### (六) 新兴健身趋势

随着科技的进步和社会的发展,出现了许多新兴的健身趋势。

虚拟现实健身:通过 VR 设备,将健身与游戏、虚拟体验结合起来。

在线健身课程:提供灵活的在线训练方案,方便在家中进行健身。

高强度间歇训练(HIIT):短时间内进行高强度的训练,提高健身效率。

健身运动的分类和形式随着人们需求的变化而不断演进。每种运动都有其独特的好处和适用人群,关键在于找到适合自己的运动方式,并将其融入日常生活,以实现健康和幸福的生活。

## 第二节 健身运动基本技术

健身运动包含多种形式,每种运动都有其独特的技术要求和执行方法。了解和掌握这些基本技术对于提高运动效果、防止受伤极为重要。本节将详细介绍一些普遍适用于多种健身活动的基本技术,包括正确的姿势、呼吸技巧、力量训练的基本原则、有氧运动的执行技巧,以及伸展和恢复的方法。

### 一、正确的姿势

对齐和稳定:无论是站立、坐着还是躺下进行健身,保持身体的正确对齐至关重要。这意味着要使身体各部位正确对齐,如耳朵、肩膀、髋部、膝盖和脚踝在一直线上。这样可以确保力量均匀分布,减少受伤风险。

核心稳定：维持核心稳定性是执行所有运动的基础。核心不仅指腹部，还包括背部和骨盆区域。在进行运动时，保持核心紧绷，可以提供稳定性，保护脊柱和内脏。

## 二、呼吸技巧

呼吸同步：正确的呼吸技巧可以提高运动效率，减轻疲劳。一般来说，应在运动的最困难部分呼气，在准备阶段吸气。

深呼吸：进行深层呼吸，利用腹部而非胸部，可以提高氧气吸收，帮助身体在运动中更有效地使用氧气。

## 三、力量训练的基本原则

渐进性负荷：为了提高力量和耐力，需要逐渐增加训练的负荷。这可以通过增加重量、增加次数或减少休息时间来实现。

多关节练习优先：进行力量训练时，先从涉及多个关节和肌肉群的练习开始，如深蹲和卧推，然后再进行针对单一肌肉群的练习。

恢复：肌肉需要时间来恢复和增长。确保每次训练后给予肌肉足够的恢复时间，避免过度训练。

## 四、有氧运动的执行技巧

持续性和节奏：有效的有氧运动应持续至少 20 分钟，保持稳定的节奏。这有助于提高心肺功能和耐力。

逐步增加强度：开始新的有氧运动程序时，应从低强度开始，逐渐增加到中等强度，最终达到高强度，以降低受伤风险，提高运动适应性。

## 五、伸展和恢复的方法

动态伸展：运动前进行动态伸展，通过模拟即将进行的运动类型的动作，来准备肌肉和关节。这种伸展方式有助于提高运动表现和降低受伤风险。

静态伸展：运动后进行静态伸展，当肌肉仍然温暖时，逐渐拉伸并保持姿势，有助于提高灵活性和减轻肌肉紧张。

掌握健身运动的基本技术对于运动计划的成功至关重要。正确的姿势、有效的呼吸、科学的力量训练原则、有氧运动技巧，以及恰当的伸展和恢复方法，都是保障健身效果和安全的基石。运动者应根据自身情况选择合适的运动形式，并在专业教练的指导下，学习和应用这些基本技术，以期达到最佳的健身效果。

# 第三节　健身运动比赛

健身运动的比赛规则因运动种类的不同而有很大差异，这里将介绍几种常见健身运动比赛的基本规则：

## 一、体操比赛规则

体操分为艺术体操和竞技体操两大类,每种都有自己的比赛规则:

竞技体操:包括男、女子多项全能、团体和单项赛。评分基于难度和完成度,扣分项包括动作的不完美、失衡和落地时的步伐。

艺术体操:运动员使用绳、圈、球、棍和绸带等器械进行表演。评分依据为动作的难度、完成度和艺术表现。

## 二、举重比赛规则

举重比赛通常包括两个项目:抓举和挺举。

抓举:运动员必须在单次尝试中将杠铃从地面直接举过头顶。

挺举:分两个阶段,首先将杠铃举至胸前,然后再推举过头顶。

评分基于运动员在这两个项目中举起的最大重量。

## 三、体能训练(CrossFit)比赛规则

CrossFit比赛,如CrossFit Games,是测试运动员多方面体能的比赛,包括力量、速度、耐力和灵活性等。比赛项目多样,每年都有所不同,规则根据具体项目确定。通常,比赛分为多个阶段,每个阶段包含数个不同的挑战项目,运动员根据完成项目的时间或完成度获得分数。

## 四、马拉松和其他路跑比赛规则

马拉松和其他路跑比赛通常按照国际田联(IAAF)的规则进行。主要规则包括:

比赛路线必须经过认证,确保距离的准确性。

运动员起跑时不能越过起跑线。

完成比赛时必须通过全程,且不能接受任何形式的外力帮助。

运动员的计时从枪声响起时开始,穿过终点线时停止。

## 五、铁人三项比赛规则

铁人三项包括游泳、自行车和跑步三个部分。比赛规则包括:

转换区:运动员在游泳后转换到自行车,自行车后转换到跑步。在转换区有特定的规则,比如在特定区域内上下自行车。

禁止"草图":在自行车赛段,禁止紧跟在其他选手后面以减少风阻。

安全规则:游泳时要求穿着救生衣,骑自行车时必须戴头盔。

这些只是一部分健身运动的相关比赛规则。不同比赛和组织可能有自己特定的规则细节,参赛前应仔细了解和准备。

# 第四节 健身运动的常见损伤及预防

健身运动虽然能够提升我们的身体健康和运动能力,但如果训练方法不当或是忽视安全

措施，就可能会导致各种运动损伤。了解这些常见损伤及其预防措施，对于任何级别的运动爱好者来说都极为重要。本节将详细介绍一些常见的健身运动损伤及其成因，以及如何有效预防这些损伤。

## 一、健身运动的常见损伤

### （一）肌肉拉伤

成因：肌肉拉伤通常发生在力量过度或使用不当时，特别是没有充分热身的情况下进行高强度运动时最为常见。

预防：进行充分的热身，逐渐增加运动强度，避免突然进行高强度训练；加强肌肉的力量和灵活性训练，以增强肌肉的耐力和适应能力。

### （二）膝盖损伤

成因：膝盖损伤，包括韧带撕裂、半月板损伤等，通常由于不正确的运动姿势或过度使用引起。

预防：加强大腿前后肌肉的平衡训练，保持正确的运动姿势，特别是在进行跑步、深蹲等膝盖负担较大的运动时；使用合适的运动鞋，减少对膝盖的冲击。

### （三）肩部损伤

成因：包括肩袖损伤和肩关节脱位等，常因为肩部过度使用或是在进行举重等动作时姿势不当导致。

预防：加强肩部周围肌肉的力量，提高稳定性和灵活性。在进行肩部练习时，注意重量选择，避免过重导致损伤；确保运动时肩部保持正确对齐。

### （四）背部损伤

成因：包括椎间盘突出和肌肉紧张等，往往是由于不正确的举重技巧或是长时间保持不良姿势引起。

预防：加强核心肌群的训练，提高腰背部的稳定性和支持力。在进行重量训练时，使用正确的技巧，确保背部保持直立并适当使用腰带保护；避免长时间保持同一姿势，定期改变姿势。

### （五）踝关节扭伤

成因：在跑步、跳跃时着陆不当或是行走在不平坦地面时，踝关节受到突然扭转。

预防：加强踝关节周围肌肉的力量和灵活性训练，提高踝关节的稳定性；选择合适的运动鞋，确保在稳定和支持性较好的地面上进行训练。

## 二、运动损伤的总体预防策略

充分热身和冷却：每次训练前后都进行充分的热身和冷却活动，可以提高肌肉的温度和灵活性，降低损伤风险。

逐步增加训练强度：不要突然增加训练的强度或持续时间，应遵循渐进性原则，逐步增加负荷。

保持正确姿势和技巧：学习并保持正确的运动技巧和姿势至关重要，不正确的姿势是许多运动损伤的主要原因。

休息和恢复：确保足够的休息和恢复时间，避免过度训练。在高强度训练后给予身体足够的时间恢复。

使用合适的装备：穿戴适合特定运动的鞋子和服装，使用个人防护装备（如腰带、护膝等）可以有效降低损伤风险。

总之，了解和采取预防措施是避免健身运动损伤的关键。合理安排训练计划，保持正确的运动技巧，以及加强身体的力量和灵活性，可以在享受运动带来的乐趣和健康益处的同时，最大限度地降低损伤的风险。

# 第十四章 越野滑雪

越野滑雪,作为一种古老而充满魅力的冬季运动,已经从它的实用根源演化成一种享受自然、锻炼身体和参与竞技的方式。这项运动结合了滑雪的速度感和户外探险的乐趣,吸引了全世界的运动爱好者。

## 第一节 越野滑雪运动概述

越野滑雪的历史可以追溯到几千年前,最初是作为一种在雪地中行走的方式。在挪威,越野滑雪甚至被视为一种生存技能,随着时间的推移,它逐渐发展成为一种体育运动。

### 一、越野滑雪概念的由来

越野滑雪概念的由来紧密关联着滑雪运动的历史和发展。最初,滑雪是作为一种在雪地中移动的实用方式出现的,它让人们能够在冬季穿越被雪覆盖的地面,进行狩猎、交通和其他生存活动。这种形式的滑雪,我们今天称之为越野滑雪,强调的是穿越自然雪地的能力,而不仅仅是一种竞技运动。

### 二、越野滑雪运动的形成与发展

越野滑雪作为一种运动,其形成与发展的过程值得我们了解。

#### (一)古老的根源

越野滑雪的根源可以追溯到公元前。最初的滑雪者利用简单的木板在雪地上行走,以应对恶劣的冬季环境。随着时间的推移,这种移动方式演化成了一种技能,特别是在斯堪的纳维亚半岛,滑雪成了一种被广泛练习的生存技巧。

#### (二)演变成体育运动

到了19世纪,随着欧洲人对冬季体育活动兴趣的增长,越野滑雪开始逐渐从一种实用技能转变为体育运动。挪威是这一转变的先驱,不仅在技术上进行了创新,还开始组织滑雪比赛,比如著名的奥斯陆滑雪节,从1892年开始举办,至今仍是世界上最著名的滑雪赛事之一。

### (三)命名与普及

越野滑雪这一术语,随着这项运动的普及和发展而广为人知。它强调的是在未经开发的自然环境中滑行,区别于在专门准备的滑雪场进行的高山滑雪。随着越野滑雪技术的演进,包括经典技术和自由技术的发展,以及越来越多的人参与到这项运动中,越野滑雪成为一种受到全世界喜爱的冬季运动。

### (四)现代越野滑雪

今天,越野滑雪不仅是一种受欢迎的休闲活动,也是奥运会和世界冠军赛等国际体育赛事的重要项目。它融合了运动、冒险和与自然亲密接触的元素,成为许多人热爱的冬季活动。从实用的出行方式到竞技和娱乐活动,越野滑雪的演变反映了人类对挑战自我和探索自然的不懈追求。

## 三、越野滑雪运动的特点

越野滑雪以其独特的魅力和挑战性吸引着全球的爱好者。它不仅是对体能和技巧的考验,还是一种与自然亲密接触的方式。以下是越野滑雪运动的特点详细介绍:

### (一)融合体能与技巧的极限挑战

越野滑雪要求运动员具备优秀的体能,包括耐力、力量、敏捷性和协调性。运动员在比赛或训练中需在各种地形上滑行,包括上坡、下坡和平地,这对体能和技巧都是极大的挑战。运动员需要通过精确的技巧控制滑雪板,实现高效的前进和转向,同时保持速度和平衡。

### (二)探索自然的独特方式

与高山滑雪相比,越野滑雪更多地发生在未经开发的自然环境中,从森林小道到山谷,提供给人们与自然亲密接触的机会。这不仅让参与者享受到运动的乐趣,还让其感受到四周环境的宁静和美丽,是一种身心都能得到放松的活动。

### (三)竞技与休闲并存

越野滑雪既是奥运会和世界锦标赛等重要赛事的竞技项目,也是广大滑雪爱好者的休闲选择。从严格的比赛到家庭娱乐,越野滑雪适合所有技能水平的人士。这种多样性使得越野滑雪不仅是高水平运动员的竞技场,也成为普通人享受冬季运动乐趣的平台。

### (四)技术的多样性

越野滑雪包括经典技术和自由技术两种主要风格。经典技术更加传统,要求在预设的轨道内滑行,强调技巧和节奏的控制。自由技术(又称滑步技术)则类似于滑冰,允许在开阔的雪地上以更快的速度前进。这种技术的多样化使得越野滑雪适应不同的雪质和地形,增加了运动的趣味性和挑战性。

### (五)对装备的特殊要求

越野滑雪的装备与高山滑雪有所不同,滑雪板更长更窄,以适应在雪地上有效滑行和转向。绑带更加灵活,以适应不同的滑雪技巧。滑雪鞋旨在提供足够的支持和舒适性,而滑雪杖则是控制速度和方向的重要工具。合适的装备对于提高性能和保证安全至关重要。

### (六)训练与准备的重要性

成功的越野滑雪不仅依赖于天赋和技能,还需要系统的训练和准备。运动员通常需要进行全年的体能训练,包括夏季的训练,如跑步、骑行和力量训练,以及冬季的技术练习。适当的训练计划有助于运动员在比赛中达到最佳状态,同时减少受伤的风险。

### (七)安全与环境保护

虽然越野滑雪是一项相对安全的运动,但在野外滑雪时仍需注意安全措施,比如了解天气和雪况、携带必要的安全装备,并遵循当地的滑雪规则。此外,越野滑雪者也应关注对自然环境的保护,避免对野生动植物栖息地造成破坏。

越野滑雪作为一项综合体能、技巧和心智的运动,为参与者提供了独一无二的体验。它不仅能带来身体上的挑战和锻炼,也让人在自然中找到精神上的慰藉和放松。无论是作为竞技项目还是休闲活动,越野滑雪都是探索冬季魅力的绝佳方式。

## 四、越野滑雪运动的作用

越野滑雪运动不仅可以带来刺激的体验和对大自然的探索,还可以带来身体、心理和社会层面上的多重益处。下面是越野滑雪运动作用的详细介绍:

### (一)身体健康的全面促进

越野滑雪是一项全身运动,能有效提高心肺功能,增强心脏健康。在高强度滑雪过程中,心率显著提升,有助于改善心血管系统的功能,促进血液循环,提高身体的氧气利用率。同时,它还是一项极佳的耐力训练,能显著提高个体的体能水平,增加肌肉力量,尤其是对腿部、背部和手臂的肌肉群有显著加强作用。

### (二)体重管理和健康维持

越野滑雪消耗的能量极高,是一项优秀的减脂运动。长时间的滑雪活动能够大量燃烧卡路里,帮助控制体重,防治肥胖。此外,这项运动还能帮助调节血糖、改善身体的代谢率,对预防糖尿病具有积极作用。

### (三)心理健康的改善

越野滑雪在为运动者提供身体锻炼的同时,也提供了一种心灵上的洗礼。在自然环境中进行的越野滑雪活动能够有效降低心理压力,减轻焦虑和抑郁情绪。这种与自然亲密接触的体验,让人们得以从日常生活的忙碌和压力中解脱出来,享受运动带来的快乐和宁静。同时,越野滑雪还需要运动者具有高度集中的注意力和决策能力,这种精神上的锻炼有助于提高认知功能和大脑健康。

### (四)社交互动和团队合作

越野滑雪不仅是一项个人技能的展现,它还鼓励参与者之间的团队合作和社交互动。加入滑雪俱乐部或参与团队滑雪活动,能够使人们在学习和提升滑雪技巧的同时,结识志同道合的朋友,增强社会联系。共同体验户外冒险的时光,不仅能够培养深厚的友情,还能增强团队协作能力,提高个人的社交技能和对社区的归属感。

### (五)自我意识和自我挑战增强

越野滑雪要求参与者学习新技能,面对自然条件和复杂地形的挑战,这一过程极大地增强了个人的自我意识、自信心及解决问题的能力。每当滑雪者技术有所进步或成功克服某个难题,那份成就感和满足感会成为他们继续前进、不断挑战的动力。这种过程不仅促进了个人技能的提升,也加深了对自我的认识和尊重。

#### (六)对自然环境的认知和尊重

越野滑雪使参与者有机会深入探索自然,体验自然界的壮丽与力量。这种亲密接触自然的经历不仅让人们增强了对自然美的欣赏,也提升了对环境保护的意识。参与自然中的体育活动,可以激发人们对环境保护的责任感,促进可持续的户外运动和环境保护行为。

综合来看,越野滑雪作为一项综合性运动,其影响远远超出了单纯的体育活动范畴。它不仅能够带来身体和心理上的多重益处,还能促进社会互动和个人成长,提升生活质量。越野滑雪教会人们面对挑战的勇气,尊重和保护自然环境的意识,是一项集健康、教育和娱乐于一体的多元化运动。无论是追求休闲放松的爱好者还是对技术挑战感兴趣的专业运动员,越野滑雪都提供了一个极富吸引力的平台,让每个人都能在这项运动中找到属于自己的位置和乐趣。

越野滑雪不仅仅是在雪地上的一种滑行,它更是一种生活方式的体现,一种与自然和谐共存的方式。它教会我们如何在自然中找到平衡,如何利用我们的身体和心智去适应不同的环境和挑战。通过越野滑雪,人们不仅能够增强自身的体能和耐力,还能学会如何面对生活中的各种挑战和困难,培养出一种积极向上、永不放弃的生活态度。

在越野滑雪的过程中,每一次的滑行都是一次新的探险,每一次的降雪都带来了新的可能性。这种不断探索和挑战的精神,不仅使得越野滑雪成为一项充满乐趣和刺激的运动,也使其成为一种精神上的修行和自我超越的过程。人们在享受速度和激情的同时,也在不断地学习、成长和进步,实现自我价值和生命的丰富多彩。

此外,越野滑雪作为一项团队性极强的运动,促进了人与人之间的交流和理解,增强了社会的凝聚力。它不仅仅是一种个人的体育活动,更是一种文化和社会的纽带,将不同背景、不同年龄的人们聚集在一起,共同分享这项运动带来的欢乐和挑战。这种社区感和团队精神的培养,对于构建一个健康、积极、和谐的社会环境具有不可估量的价值。

综上所述,越野滑雪远远超出了一项单纯追求体育成就的运动。它是一种文化,一种探索自我和自然的方式。通过越野滑雪,我们不仅能够体验速度与激情,感受雪的纯净和大自然的壮丽,更能在这一过程中发现自我,实现自我超越,与他人建立深厚的联系。无论对于个人的成长,还是对于社会的发展,越野滑雪都具有深远的意义和价值。在这片雪白纯净的世界中,每一个人都可以找到属于自己的轨迹,书写属于自己的故事。

## 第二节　越野滑雪运动基本技术

越野滑雪也被称为北欧滑雪或者滑行滑雪,是一种在雪地上进行的运动,与传统的滑雪相比,它更多地发生在非铺设滑雪道的自然环境中。越野滑雪强调的是在不同的雪质和地形上进行滑行和探索。

### 一、越野滑雪装备

越野滑雪板:与阿尔卑斯滑雪板相比,越野滑雪板通常更长、更窄,以便于在未经处理的雪地上滑行。

靴子和绑定:越野滑雪靴相对柔软,易于步行和移动。绑定系统则是连接滑雪板和滑雪靴的关键部件。

杖:越野滑雪杖比赛道滑雪杖更长,以增加在深雪和不平地形中的平衡和支持。

## 二、基本技巧

平衡与姿势:学习保持平衡,通过适当的身体姿势来适应不同的地形和雪质。

滑行技术:掌握基本的滑行技巧,如经典技术和自由技术。经典技术更像是在雪地上滑步,而自由技术则类似于滑冰动作。

上坡和下坡:学习在上坡时通过"鱼跃步"或"希尔步"前进,在下坡时掌握如何控制速度和方向。

转弯技术:在越野滑雪中,转弯需要更多的技巧和平衡,包括雪地踏步转弯和平行转弯。

## 三、登山

在越野滑雪中,登山是必须掌握的技能之一,特别是当你需要穿越未铺设滑雪道的山地时。

### (一)踏步技巧

当面对较缓的斜坡时,可以采用直线上升的方式,即将滑雪板保持在斜坡的方向上,通过交替踏步向上移动。

### (二)希尔斯步

对于较陡的斜坡,可以采用希尔斯步。这种方法是将滑雪板的尾部分开,尖端相向,借助滑雪杖向上推进。

### (三)使用"皮肤"

对于极其陡峭的斜坡,滑雪者通常会在滑雪板底部贴上一层特制的皮肤。这些皮肤在向前滑动时平滑,在后退时抓地,有助于在陡峭的斜坡上爬升。

## 四、滑降

滑降是越野滑雪中最刺激的部分,它要求滑雪者具备良好的控制技巧和速度感知能力。

### (一)基本姿势

保持膝盖微弯,身体稍微前倾,重心低,双手前伸,以保持平衡。

### (二)控制速度

通过雪地刹车(将滑雪板尖端靠拢,尾部分开,形成"A"字形)或使用滑雪杖在雪地上轻轻滑动来控制下滑速度。

### (三)雪地转弯

在下滑过程中,通过轻微调整滑雪板的角度和方向,以及身体重心的转移,实现方向的改变。

## 五、转弯

转弯是越野滑雪技巧中非常关键的部分,它既是一种控制技术,也是提高滑雪乐趣的重要方式。

### (一)雪地踏步转弯(Step Turn)

这是一种基本的转弯技术,适用于初学者。当进行转弯时,通过踏步动作,将滑雪板一前一后摆动,以实现方向的改变。

### (二)平行转弯(Parallel Turn)

对于更高级的滑雪者,平行转弯是一种更为流畅和高效的转弯方法。它通过同时转动双脚上的滑雪板,保持板与板之间平行,实现快速而平滑的转弯。

## 六、平稳滑行

平稳滑行是越野滑雪的基础,它要求滑雪者能够在不同雪质和地形上保持稳定和高效的滑行。

### (一)经典技术

经典滑行技术类似于步行或跑步,每次推进都是通过一只脚的推力来实现的,适用于大部分雪地条件。

### (二)自由技术(滑板技术)

自由技术类似于滑冰的动作,通过侧向推脚来获得前进的动力,这种技术速度更快,但需要更平坦硬实的雪面。

每种技巧的掌握都需要时间和练习,了解并练习这些基础技能是享受越野滑雪乐趣的关键。建议在有经验的教练指导下学习,以确保安全和正确掌握技巧。随着技能的提高,你将能够更自由地探索更广阔的雪域,享受越野滑雪带来的无限乐趣。

# 第三节 越野滑雪运动比赛及训练

越野滑雪运动的比赛和训练是两个紧密相关的方面,既要求运动员具备高水平的技术能力,又要求他们有良好的身体条件和心理素质。以下是越野滑雪比赛和训练的一些关键点:

## 一、越野滑雪比赛

### (一)比赛的历史

越野滑雪作为一项古老的运动,其起源可以追溯到公元前的挪威,最初作为一种生存技能在北欧地区传播。随着时间的推移,越野滑雪逐渐发展成为一项竞技运动,第一次正式的比赛记录出现在1842年的挪威。从那时起,越野滑雪在全球范围内逐渐获得了认可,尤其是在寒冷的国家和地区。1924年,越野滑雪作为冬季奥运会的正式比赛项目被引入,此后,它的竞技形式和规则不断发展和完善。

### (二)比赛的类型

越野滑雪比赛主要分为两大类:经典赛(Classic)和自由式赛(Freestyle)。经典赛要求运动员使用传统的越野滑雪技巧,滑行轨迹较为固定,而自由式赛则允许运动员使用更灵活的滑行技巧,通常速度更快。除了这两种基本形式,越野滑雪比赛还包括了以下几种:

个人起跑赛:运动员按照固定的时间间隔分别出发,竞争最短总用时。

集体起跑赛:所有运动员同时起跑,以最先到达终点的运动员获胜。

接力赛:每个队伍由几名运动员组成,通过接力的方式完成比赛。

追逐赛:运动员根据之前比赛的成绩差异,错开时间起跑,谁先到达终点谁获胜。

### (三)赛事组织和规则

越野滑雪比赛由国际滑雪联合会(FIS)负责规范和组织。比赛通常在冬季进行,赛道包括平地、上坡和下坡部分,对运动员的耐力、技巧和战术选择提出了高要求。赛事组织者需要确保赛道符合国际滑雪联合会的标准,包括赛道的长度、宽度和难度等。运动员在比赛中必须遵守起跑、滑行和完成比赛的相关规则,违规者将受到罚时或直接取消比赛资格。

### (四)运动员策略

在越野滑雪比赛中,运动员的策略包括对赛道的了解、体能管理、技术选择和对手分析等方面。运动员需要根据赛道的特点和自己的强项来制定比赛策略,比如在何处加速、在何处保持体力、如何选择最有效的滑行技术等。此外,运动员还需要关注天气变化和雪况,这些因素都会影响比赛策略和成绩。

### (五)越野滑雪的意义

对于运动员而言,越野滑雪比赛是展示自己技术和体能的舞台,也是实现个人价值和职业生涯目标的重要途径。对于观众而言,越野滑雪比赛不仅是一种视觉享受,也是了解和欣赏这项古老运动的机会。越野滑雪通过比赛,促进了不同国家和地区之间的文化交流,增强了人们对自然环境和身体健康的认识。

越野滑雪比赛作为冬季运动的重要组成部分,不仅要求运动员具备高超的技术和强大的体能,还需要他们在比赛中展现出智慧和战术。随着科技的发展和运动训练方法的创新,越野滑雪的比赛形式和技术也在不断进步,为世界各地的滑雪爱好者提供了无尽的挑战和乐趣。

## 二、越野滑雪训练

### (一)基本原则

越野滑雪作为一项耐力和技术要求极高的运动,其训练是建立在科学基础之上的。训练计划应当个性化,考虑到每位运动员的体能条件、技术水平、比赛目标,以及可能的环境因素。基本原则包括系统性、连续性、循序渐进和多样性。训练内容需要涵盖技术熟练度的提高、体能的增强、心理素质的培养,以及战术能力的提升。

### (二)技术训练

技术训练是越野滑雪训练的核心,包括滑行技巧、转弯技术、起伏地形中的速度控制、节奏变换和经典赛与自由式赛的特定技巧。技术训练不仅是为了提高运动员的动作效率,还包括提高在不同雪质和赛道条件下的适应性。

滑行技巧:强调动作的流畅性和节奏感,以及在不同地形上保持有效的滑行姿势。

转弯技术:转弯是越野滑雪中的关键技能,训练时要注重转弯的速度、角度和时机,确保转弯过程中速度的损失最小。

起伏地形技巧:在起伏的地形中滑行,运动员需要学会如何利用地形进行加速,以及如何在上坡时有效地使用力量。

### (三)体能训练

体能训练包括耐力训练、力量训练、速度训练和灵活性训练,是越野滑雪训练计划中不可或缺的一部分。

耐力训练:作为一项耐力运动,越野滑雪对运动员的心肺功能和肌肉耐力提出了很高的要求。长距离跑步、骑自行车和游泳等有氧运动是常用的耐力训练方法。

力量训练:重点增强下肢力量、核心力量及上肢的推动力。力量训练不仅有助于提高运动性能,还有助于预防伤害。

速度训练:通过间歇性的高强度训练来提高速度和爆发力,如短距离冲刺和带有速度变化的滑行训练。

灵活性训练:提高身体的灵活性和关节的活动范围,减少运动伤害的风险,同时提升技术动作的准确性和效率。

### (四)战术训练

战术训练侧重于比赛中的决策制定,如根据赛道特点、对手情况和个人状态调整比赛策略,包括赛道分析、起跑策略、对手观察和中途调整策略等。模拟比赛的训练可以帮助运动员提高战术应变能力。

### (五)心理训练

心理训练旨在提高运动员的自信心、集中注意力的能力、比赛中的压力管理及目标设定技巧。方法包括心理暗示、目标设定、放松训练和模拟比赛压力等。

### (六)装备选择和维护

正确的装备选择和维护也是越野滑雪训练中的重要部分。运动员应该了解不同类型的滑雪板、靴子的选择对性能的影响,并学会如何维护和调整自己的装备以适应不同的雪况和天气条件。

### (七)恢复策略

有效的恢复策略是训练计划成功的关键,包括适当的营养补充、充足的睡眠、主动恢复(如轻量训练)和被动恢复(如按摩和冷热交替浴)。恢复策略有助于减轻运动员的疲劳,预防过度训练,确保训练效率的最大化。

## 第四节　越野滑雪运动损伤的预防与处理

越野滑雪虽然相较于高速滑雪项目来说伤害风险较低，但由于其运动特性和外部环境的不确定性，运动损伤仍是不可忽视的问题。了解和采取有效的预防措施，在发生损伤后能够提供合理的处理方案，对于运动员的健康、训练和比赛成绩至关重要。

### 一、运动损伤的类型及原因

越野滑雪运动损伤通常可以分为急性损伤和慢性过度使用损伤两大类：

急性损伤：这类损伤往往是由于摔倒、碰撞或突然的不当动作导致的。常见的急性损伤包括扭伤、拉伤、骨折和脱臼等。

慢性过度使用损伤：这类损伤多由于长期重复的运动负荷，没有足够恢复而逐渐累积导致的，如肌腱炎、滑膜炎、腱鞘炎等。

### 二、预防措施

#### （一）体能训练

全面的体能训练：增强运动员的力量、柔韧性、耐力和平衡能力是预防损伤的关键，特别是加强核心肌群和下肢肌肉的训练，可以提高稳定性和降低受伤风险。

柔韧性训练：通过定期进行拉伸练习，增加肌肉和关节的灵活性，降低扭伤的风险。

#### （二）技术训练

正确的滑雪技术：掌握正确的滑雪姿势和技巧是预防损伤的基础。特别是在滑行和转弯技术上，正确的技术不仅可以提高效率，还能显著减少受伤的机会。

模拟训练和情境训练：通过模拟实际比赛中可能遇到的各种情况，让运动员熟悉应对突发事件的策略和方法。

#### （三）适当的装备

个性化的滑雪装备：选择合适的滑雪板、靴子和绑定器，确保装备适合运动员的技术水平、体重和滑雪风格。

保护性装备：佩戴合适的头盔、护膝和护腕等保护性装备，以减轻摔倒或碰撞时的伤害。

#### （四）环境因素

在恶劣天气或雪况不佳时增加安全防范措施，必要时避免训练或比赛，以降低意外伤害的风险。

#### （五）恢复与休息

充分的恢复：确保训练和比赛之后有充足的恢复时间，避免过度训练。适当的恢复活动，如轻量训练、按摩和伸展运动，有助于身体的恢复。

休息：保证充足的睡眠和休息，以支持身体的自然恢复过程。

## 三、损伤的处理

### (一)急性损伤处理

遵循 RICE 原则(休息、冰敷、压迫、抬高)是急性软组织损伤初期处理的标准方法。

休息:避免继续使用受伤部位,以防加重损伤。

冰敷:在受伤后的 48 小时内,使用冰袋冰敷受伤部位,每次 15～20 分钟,每 2～3 小时 1 次,以减轻肿胀和疼痛。

压迫:使用弹性绷带对受伤部位进行适度压迫,有助于控制肿胀。

抬高:将受伤部位抬高至心脏以上,以减少肿胀。

### (二)慢性损伤处理

减少训练强度:遇到慢性过度使用损伤时,应适当降低训练强度和频率,给予身体恢复的时间。

物理治疗:如超声波治疗、激光治疗和电疗,可以帮助减轻疼痛和促进恢复。

专业指导:在康复过程中,根据物理治疗师和医生的指导进行针对性康复训练。这些训练可能包括针对特定受伤部位的力量训练、柔韧性训练及其他恢复性练习,旨在逐步恢复受伤部位的功能和强度。

### (三)强化心理恢复

心理支持:受伤期间,运动员可能会经历挫败感、焦虑和抑郁等负面情绪。提供心理支持和积极的心理干预,如心理咨询或与心理师合作,可以帮助运动员更好地应对受伤造成的心理压力,保持积极的康复态度。

### (四)饮食和营养

合理的饮食和营养补充对于加速恢复至关重要。确保摄入足够的蛋白质有助于肌肉和软组织的修复。同时,摄入充足的维生素和矿物质(如维生素 C、维生素 D 和钙等)对于维持骨骼健康和促进受伤部位恢复也非常重要。

### (五)预防复发

逐步回归训练:在受伤部位基本恢复后,不应急于回归原来的训练强度。应逐渐增加训练量和强度,同时监测受伤部位的反应,以避免损伤复发。

调整训练和比赛计划:根据受伤和恢复情况,适当调整训练计划和比赛安排,避免在恢复不完全的情况下过度负荷。

持续的预防措施:即使完全恢复后,也应继续执行上述预防措施,如进行针对性体能训练、技术训练、正确使用装备等,以降低再次受伤的风险。

越野滑雪运动损伤的预防与处理是一个系统的工程,涉及训练、装备、营养、心理等多个方面。只有通过全面的预防措施、合理的训练规划,以及发生损伤后及时有效的处理,运动员才能最大限度地降低受伤风险,保持最佳的身体状态和竞技水平。同时,教练员和运动员需要建立良好的沟通,共同关注运动员的身体状况,及时调整训练和恢复策略,以促进运动员的健康、安全。

## 第五节　越野滑雪运动比赛裁判制度

越野滑雪比赛的裁判制度是确保比赛公平、公正进行的关键组成部分。它不仅包括了一套复杂的规则体系,还涵盖了裁判的职责、资格认证,以及他们在比赛中的具体工作流程。

### 一、裁判的角色与职责

越野滑雪比赛的裁判团队通常由主裁判、起跑裁判、终点裁判、时间裁判、技术代表和赛道裁判等组成。每一位裁判员都有其独特的职责,共同保证比赛的顺利进行。

主裁判:负责监督比赛的整体流程,确保所有规则得到遵守。主裁判还需要处理比赛中出现的任何争议,并做出最终决定。

起跑裁判:负责管理比赛的起点区域,确保运动员按照正确的顺序和时间出发。

终点裁判:负责记录每位运动员的完成时间,并监督终点区的一切活动。

时间裁判:使用计时设备精确记录运动员的比赛时间。在技术赛事中,这一角色尤为关键。

技术代表:由国际滑雪联合会(FIS)指派,负责确保比赛遵循国际标准,包括赛道设置、设备检查和安全标准。

赛道裁判:负责监督赛道上的特定区域,确保运动员遵守赛道规则,同时评判赛道条件是否满足比赛要求。

### 二、裁判的选拔与培训

成为一名合格的越野滑雪比赛裁判,需要通过专业的培训和认证程序。国际滑雪联合会(FIS)及各国家级滑雪协会通常负责这一培训和认证过程。

基础培训:初级裁判需要了解越野滑雪比赛的基本规则和裁判职责。这一阶段的培训通常包括课堂学习和实地观摩。

高级培训:对于那些希望担任更高级别职位(如技术代表)的裁判员,必须参加更高级的培训课程,这些课程涉及更复杂的比赛规则和裁判技巧。

实践经验:除了理论学习,裁判员还需要积累大量的实践经验。通过参与不同级别的比赛,裁判员能够提高自己的判断能力和处理突发事件的能力。

### 三、确保比赛公正性的重要作用

裁判在确保越野滑雪比赛的公正性中发挥着不可或缺的作用。他们不仅需要精确执行比赛规则,还必须在压力下保持冷静,公正无私地做出决定。

规则的正确执行:裁判确保所有参赛运动员遵守同一套规则,从而保证比赛的公平性。

技术和安全标准的维护：通过对赛道和装备的检查，裁判员确保比赛的安全性，防止因技术问题导致的不公平竞争。

处理争议：裁判员需要处理比赛中出现的争议和投诉，他们的决定往往对比赛结果有着直接的影响。

促进运动精神：裁判通过公正的裁决，促进了运动员之间的尊重和运动精神，为运动员树立了榜样。

越野滑雪比赛的裁判制度是维护比赛公平性和专业性的基石。对裁判的严格选拔和专业培训，以及裁判在比赛中的专业执行，确保了比赛能够按照高标准进行。裁判不仅是规则的执行者，也是比赛公正性的守护者和运动精神的传播者。因此，无论是运动员、教练还是观众，都应该给予裁判最高的尊重和支持，共同推动越野滑雪运动的发展。

# 第十五章 健美操

健美操是一项深受广大群众喜爱的、普及性极强的，集体操、舞蹈、音乐、健身、娱乐于一体的体育项目。

## 第一节 健美操概述

健美操是一种有氧运动，特征是持续一定时间的、中低程度的全身运动，主要锻炼练习者的心肺功能，是有氧耐力素质的基础。跳健美操有诸多好处，不仅能帮助我们有效地强身健体，而且还有减肥的功效，这种运动减肥方法集健美和健身于一体，特别适合女性，受到了广大女性同胞的喜爱。

竞技健美操竞赛项目包括男子单人、女子单人、混合双人、三人（性别不限）、集体六人等。

### 一、国际健美操运动的起源

健美操的起源可追溯到两千多年前。古希腊人对人体美的崇尚举世闻名。他们喜爱采用跑跳、投掷、柔软体操和健美舞蹈等各种体育项目进行人体美的锻炼。而古印度很早就有瑜伽术，其中的一些姿势与当前流行的健美操常用的基本姿势是一致的。由此可见，古代人对健身健美的追求是现代健美操形成与发展的基础。

19世纪末、20世纪初，欧洲出现了许多体操流派，其在理论和实践上的创新对健美操的发展起到了推动作用。而20世纪80年代初，随着遍及全球的健身热和娱乐体育的发展，健美操以其强大的生命力风靡世界。美国是对世界健美操的发展有着重要影响的国家，其代表人——简·方达，根据自己的健身体会和经验，撰写了《简·方达健美术》一书。该书自1981年出版后，引起了轰动。她现身说法，促进了健美操在世界范围内的推广。自1985年开始，美国正式举办一年一度的健美操锦标赛，并确定了竞赛项目和规则，使健美操发展成为竞技性运动项目。

### 二、国内健美操的发展

世界性的健美操热是于20世纪70年代末传到我国的。当时北京、上海、广州等地相继举办了各种健美操培训班。随后各种新闻媒介对国外各种健美操的介绍,逐步推动了健美操在我国的广泛开展。随着人民生活水平的不断提高,健美操所特有的保健、医疗、健身、健美、娱乐的实用价值受到人们越来越多的重视,吸引了不同年龄的爱好者参与,出现了一定规模的消费群体。各级电视台纷纷制作以健美操竞赛、普及为内容的专题节目。健美操比赛可在体育馆和舞台上举行,加之健美操运动时场地运用集中的特点,给企业结合比赛进行广告宣传创造了机会。健美操项目受到越来越多企业的青睐。

## 三、健美操的特点

健美操的特点很多,具体而言如下:

### 1. 高度的艺术性

健美操是融体操、舞蹈、音乐于一体的追求人体健与美的运动项目,因此,健美操属于健美体育的范畴,具有高度的艺术性。健美操的艺术性主要体现在其"健、力、美"的项目特征上。"健康、力量、美丽"是人类有史以来所追求的身体状况,而健美操运动中,无论是健身健美操还是竞技健美操,无不处处表现出"健、力、美"的特征,包含着高度的艺术性因素,使健美操不同于其他运动项目,这也正是人们热爱健美操运动的原因之一。健美操运动协调、流畅、有弹性,使练习者不仅锻炼了身体、增强了体质,而且从中得到了"美"的享受,提高了艺术修养。而健美操运动员在比赛中所表现出的健美的体魄、高超的技术、流畅的编排和充沛的体力等,也无不给观众留下深刻的印象,充分体现出健美操运动的"健、力、美"特征和高度[①]。

### 2. 强烈的节奏性

健美操动作具有强烈的节奏性特点,并通过音乐充分地表现出来,因此音乐是健美操运动不可缺少的组成部分。健美操音乐的特点是节奏强劲有力、旋律优美,具有烘托气氛、激发人们情绪的效果。健美操运动之所以深受人们喜爱,除练习本身的功效性、动作的时代感外,很重要的因素之一是现代音乐给健美操带来的活力。健美操运动与音乐的强烈的节奏性使健美操练习更具有感染力,使健美操比赛和表演更具有观赏性。

### 3. 广泛的适应性

健美操练习形式多样,运动量可大可小、容易控制,对场地器材的要求也不高,因此,对各个年龄层次、不同性别、不同身体素质、不同技术水平的人都适宜,各种人群都能从健美操练习中找到适合自己的方式,从中得到乐趣。例如,中老年人可选择低强度的有氧练习,达到锻炼身体、娱乐身心、保持健康的目的;而对具有较好身体素质、有意进一步提高的年轻人来说,可选择难度较高、运动量较大的竞技健美操作为练习的手段。竞技健美操练习,不仅可以锻炼身体,而且可提高技术水平,满足其进取心要求。因此,健美操运动具有广泛适应性的特点。

## 四、健美操的主要作用

健美操是一项老少皆宜的活动,主要的作用如下:

### (一)增强体能

健美操可以提高关节的灵活性,使心肺系统的耐力水平提高。由于健美操是由不同类型、方向、路线、幅度、力度、速度的多种动作组合而成的,经常跳健美操可以提高人的记忆力,增强体能,提高神经系统的灵活性、均衡性,从而有利于改善和提高人的协调能力。

---

[①] 冯道光,张小龙.健美操[M].广州:华南理工大学出版社,2020.

### (二)塑造迷人的曲线

经常练健美操的女性体态优雅、矫健,魅力四射。健美操还可以延缓衰老,让人更加有活力,拥有迷人的曲线。

### (三)缓解精神压力

健美操是一项充满青春活力的运动,可以帮助人们释放压力和烦恼,使精神压力得到缓解,在锻炼的时候能让人忘却烦恼和压力,从而拥有最佳的心态。

### (四)增强人的社交能力

健美操可以提高人的社交能力。参加锻炼的人来自社会各阶层,所以这种锻炼方式扩大了人们在社会的交往范围,把大家从工作和家庭的压力中解脱出来,从中认识更多的人。大家一起跳,一去锻炼,每个人都能心情开朗,解除戒心,互相交流。这样有助于增进人们彼此之间的了解,产生一种亲切感,从而建立起融洽的人际关系。

### (五)形成乐观的心态

健美操可以让一个人从孤单和烦恼的生活中解脱出来,可以让人打败消极的情绪,拥有美好心情,经常锻炼可以让人拥有一份乐观的心态。

### (六)具有保健功能

健美操是一项有氧运动,它的特点是强度低、密度大、运动量可大可小、容易控制,它对健康的人有良好的健身效果,对一些身体素质比较差的人来说也是一种非常好的锻炼手段,可以帮助其慢慢调整自身的体能,从而获得健康。

## 第二节 健美操基本动作

有氧健美操的基本动作是指动作中最稳定、最重要的部分,是掌握其他动作的基础。主要分两大类别:低冲量有氧操基本动作和高冲量有氧操基本动作。

### 一、低冲量有氧操基本动作

低冲量有氧操基本动作是指一脚始终接触地面的各种动作,身体承受的冲量和压力较小,保持一脚接触地面而减少跳跃、踢腿和跑步的冲量。

基本类型主要包括以下几种:

第一,原地踏步。由自然站立开始,左腿屈膝抬起的同时,右腿膝关节稍屈,胯微收,左腿下落,由脚尖过渡到脚跟着地,保持膝关节稍屈,胯微收,同时右腿屈膝直起。

第二,向前/后走步。向前走三步,第四步稍屈支撑腿,另一条腿前脚尖或脚跟着地。向后重复这一动作。

第三,侧点地。支撑腿稍屈,另一只脚侧点地,脚尖碰到地面。

第四,前点地。支撑腿稍屈,另一只脚向前伸,脚尖着地。

第五,后点地。支撑腿稍屈,另一只脚向后伸,脚尖着地,脚跟不着地。

第六,踏点步。双脚并拢,向侧面出脚,把身体重心移到这只脚上,另一只脚轻触地面。再用另一只脚先出,重复这一动作。

第七，后屈步。向侧面出脚，脚跟朝臀部弯曲。

第八，提膝步。向侧面出脚，另一只脚膝盖前提，提起时膝、臀部稍屈。

第九，交叉步。向侧面出脚，另一只脚交叉在支撑脚的后面，再向侧出脚，另一只脚轻触地面。

第十，向前/后起步提膝。向前走三步，第四步向前提膝。后退再重复。

第十一，V字步。双脚并拢，一只脚向前向侧面跨一大步，另一只脚也向前侧面跨一大步，双脚分开形成一个V字形，然后收回第一只脚，再收回另一只脚，并拢双脚。

## 二、高冲量有氧操基本动作

高冲量有氧操基本动作是指包含腾空阶段的动作，产生的冲力要大得多。

基本类型包括以下几种：

第一，开合跳。开始双脚并拢，跳起，双脚与肩同宽，吸收冲力。再跳起，并拢双脚。即双脚可能同时离地，这样对身体落地时，踝关节和膝关节微屈，以吸收冲力。再跳起，双脚并拢。

第二，弹踢腿跳。膝部向前，然后支撑腿起跳。跳起时双脚不会并在一起，一只脚放下时，另一只脚的膝部弯曲准备下一次踢脚。可以从前面、侧面或后面进行。

第三，提膝跳。开始时双脚稍微分开，向前提膝，抬起后，支撑腿上跳。上体不要弯下来，以免碰到膝盖。

第四，弓步跳。双脚并拢，同时跳开呈弓步，再跳起并双脚。可以朝左、右方向，也可以前、后方向进行。

第五，侧点地跳。开始双脚分开，屈膝跳到一侧，落地时膝关节要缓冲，然后收回跳到另一侧。

第六，前、后跳。双脚同时跳，身体前、后移动。

## 三、手臂动作

手臂动作能增加有氧锻炼的花样和强度。

常见的手臂动作包括以下几种：

### （一）互补

手臂跟着下肢的方向做动作。例如，身体侧向走动，手臂也是在一个侧平面上做动作。脚步做右、左交叉步动作，而手臂则是侧提动作。又如向前、向后走，手在较低位置向前、后摆动。

### （二）相对

手臂与下肢相向而动，或者在不同平面上做动作。例如，侧提时前后方向走动。

### （三）双边

两手同时做相同的运作，所以是对称或平衡的。

### （四）单边

一次只有一只手做动作。例如，向右走交叉步时右臂做屈伸，反之亦然。

### （五）交替

一手跟着另一只手做相同的动作。

### （六）不对称动作

两手臂同时做不同的动作。

## 四、常用的几种手型

健美操的手型是从芭蕾舞、现代舞、迪斯科、爵士舞中吸收和发展来的,常用的手型有:五指并拢式、五指分开式、芭蕾舞式、拳式、立掌式、西班牙舞手式六种,依次如图 15-1①～⑥所示。

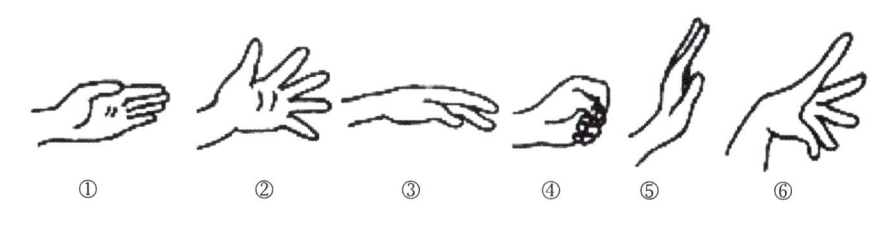

图 15-1 手型

掌握了有氧操的基本动作及其变化因素,就能够设计出很多有创造力和多姿多彩的套路。下面分别介绍低冲量步组合、高冲量步组合各一套。

## 五、低冲量步组合

现在来介绍低冲量步组合。

### (一)第一个八拍(图 15-2)

图 15-2 低冲量步第一个八拍

预备姿势:直立,两臂置于体侧。

1 拍两手半握拳,右脚向前一步,同时两臂弯曲,左臂前摆,右臂后摆。

2 拍左脚向前一步,同时两臂弯曲,右臂前摆,左臂后摆。

3 拍同 1 拍的动作。

4 拍成直立姿势,两臂弯曲置于身体两侧,双手半握拳,拳心向上。

5 拍右脚向右侧分成侧弓步,左腿伸直,左臂向右前方侧平举,拳心向下,右臂屈肘,右拳心向上置于体侧。

6 拍成直立姿势,两臂弯曲置于体侧,两手半握拳,拳心向上。

7 拍同 5 拍的动作,只是方向相反。

8 拍还原成预备姿势。

### (二)第二个八拍(图 15-3)

预备姿势:直立,两臂置于体侧。

1 拍两臂侧平举,两手半握拳,拳心向下,同时右脚向右侧走一步。

2 拍左脚向右侧移,在右腿后面交叉,两臂伸直,在体前交叉。

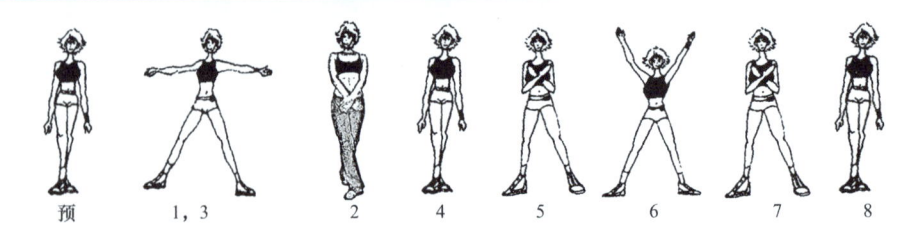

图 15-3　低冲量步第二个八拍

3 拍同 1 拍的动作。
4 拍成直立姿势，两手半握拳，拳心向内。
5 拍两臂弯曲在胸前交叉，两手半握拳，右脚向右前方迈一步。
6 拍两臂侧上举，两手半握拳，拳心向下，同时左脚向左方迈一步。
7 拍两臂弯曲在胸前交叉，拳心向内，右脚向右侧后方迈一步。
8 拍还原成预备姿势。

## （三）第三个八拍（图 15-4）

图 15-4　低冲量步第三个八拍

预备姿势：直立，两臂置于体侧。
1 拍两手半握拳，两臂弯曲，左臂前摆，右臂后摆，同时右脚向前走一步。
2 拍右臂前摆，左臂后摆，同时左脚向一步并右脚。
3 拍左臂前摆，右臂后摆，同时右脚向后走一步。
4 拍右臂前摆，左臂后摆，同时左脚向后一步并右脚。
5 拍右脚向前一步成前弓步，两臂侧上举，撑掌，掌心向上。
6 拍两臂放下置于体侧，同时原地后转 180°。
7 拍右脚再向前一步成弓步，两臂侧上举，撑掌，掌心向上。
8 拍原地转体 180°，两臂放下置于体侧。

## （四）第四个八拍（图 15-5）

图 15-5　低冲量步第四个八拍

预备姿势：直立，两臂置于体侧。

1拍右脚向左前方迈一步,右臂弯曲置于胸前,右手呈操化手型。右腿支撑,左腿向后屈膝弹动一次。

2拍左脚重新接触地面,其他身体姿势不变。

3拍右脚向右侧,两臂侧平举,两手成操化手型,掌心向下;左脚并右脚。

4拍右腿向右侧滑一步。

5拍以右腿为轴转体180°,同时送髋、左脚侧点,右手叉腰,左手半握拳,左臂旋出拳。

6拍左腿提膝,左臂肩侧屈。

7拍同5拍。

8拍拍右脚并左脚还原成预备姿势。

## 六、高冲量步组合

现在来介绍高冲量步组合。

### (一)第一个八拍(图15-6)

图15-6 高冲量步第一个八拍

预备姿势:直立,两臂置于体侧。

1拍右脚向右跨跳一步。

2拍左脚移向右脚后侧成交叉,右臂上举,掌心向内。

3拍右脚向右侧再跨一步,同时向下,右臂前平举,右手掌心向内。

4拍左脚并右脚,还原成预备姿势。

5拍右腿向后弯曲,左臂体前平屈,掌心向下。

6拍左腿向后弯曲,左臂伸直成侧平举。

7拍两腿成马步,同时左臂向上弯曲,掌心向前。

8拍还原成直立姿势。

### (二)第二个八拍(图15-7)

1拍跳起成前后分腿开立,左腿在前,同时两臂上举,撑掌。

2拍跳成并腿蹲立,同时两臂肩侧屈,握拳,拳心向内。

3拍同1动作,改为右脚在前。

4拍同2拍。

5拍跳成开立,同时两臂肩上侧屈,握拳,拳心相对。

6拍跳成并立,同时两臂胸前屈,拳心向内。

7拍跳成开立,同时两臂体前平屈,基本手型,掌心向下。

8拍跳成并立,同时两臂上举,两手半握拳,拳心向内。

图 15-7　高冲量步第二个八拍

### (三)第三个八拍(图 15-8)

预备姿势:直立,两臂上举半握拳,拳心向内。
1 拍右脚跳起,左脚向前高踢,同时两臂下拉至垂直向上屈肘(拳心向内)。
2 拍跳成预备姿势。
3～4 拍同 1～2 拍动作,换腿做。
5 拍跳成左后侧弓步,同时左臂肩侧屈握拳,拳心向内,右臂侧上举,半握拳,拳心向下。
6 拍跳成并立,同时两臂屈肘上举于胸前交叉,拳心向下。
7 拍跳成右后侧弓步,同时右臂肩屈握拳,拳心向内,左臂侧上举,半握拳,拳心向下。
8 拍还原成直立。

图 15-8　高冲量步第三个八拍

### (四)第四个八拍(图 15-9)

1～4 拍半蹲向前小跳,右臂前举,撑掌,掌心向下,左臂置于体侧。
5 拍右手半握拳,右臂向后甩,左腿侧踢,同时向右转体 90°。
6 拍再向右转体 90°,左腿并右腿,两臂还原至体侧。
7 拍跳转 180°,两臂侧平举,撑掌掌心向前,左腿支撑,右腿提膝内收。
8 拍还原成预备姿势。

# 第三节　健美操设计

健美操通过美来展现均衡性、协调性、整齐性的特点。审美是较为主观性的,而健美操与音乐结合的过程中可以通过高难度的技巧和新颖的编排体现出活力和趣味性,让学生能够直观地感受到体育项目的技术性和活力。

1~4　　　5　　　6　　　7　　　8

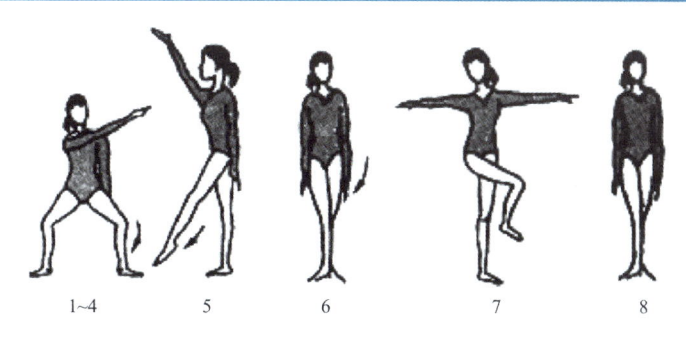

图 15-9　高冲量步第四个八拍

## 一、健美操动作设计

健美操的动作设计指根据不同种类健美操的目的、特定要求及相应的规则和规程,创编健美操成套动作。

## 二、健美操音乐设计

通常情况下,健美操由动作和音乐两部分组成,它们有着自己独特的规律,同时又相互依存、彼此交融。这里所谈及的健美操音乐,仅针对传统有氧健身操及竞技健美操。

### （一）有氧健身操音乐

有氧健身操音乐是在遵循健身操运动规律的基础上产生的。健身操的音乐结构基本保证乐句、乐段的完整,很少出现过渡与连接,通常会把几段不同的音乐结合串联在一起,使其在段落、速度等方面基本保持一致。

### （二）竞技健美操音乐

为了体现运动员的竞技能力并增加艺术的效果,激荡感染裁判和观众的心灵,竞技健美操音乐在结构上较为复杂,通常起伏较大。

### （三）健美操舞美设计

健美操舞美设计是交叉性的综合艺术,它包罗万象,又融为一体。健美操舞美设计通过舞台、布景、音效、灯光、服装、道具、化妆设计等艺术传达手段体现出来。

# 第四节　健美操比赛规则

在竞赛活动中,比赛规则协调和制约着运动竞赛的全过程。比赛规则主要是对技术规范及确定成绩和有关场地器材条件的政策与规定[1]。

## 一、规则概述

(1)比赛内容:规定动作比赛(全国健美操大众锻炼标准)、自选动作比赛。
(2)参赛人数:规定动作每队 5 人,性别不限,或按比赛规程执行;自选动作可分为个人、双

---

[1]杨萍.健美操与科学健身[M].北京:人民体育出版社,2021.

人和集体项目等,性别按规程执行。

(3)成套动作时间:规定动作的成套动作时间按《全国健美操大众锻炼标准》规定时间执行;自选动作的成套动作时间为 2 分钟～2 分钟 15 秒,计时从动作开始到动作结束。

(4)音乐伴奏:主办单位提供《全国健美操大众锻炼标准》规定动作音乐并统一播放;自选动作音乐由参赛队自备,音乐必须录在磁带 A 面或光盘的开头,必须准备 2 份,其中 1 份报到后交大会放音组;自选动作音乐允许有 2×8 拍的前奏,音乐速度不限。

## 二、成套动作的评分

### (一)规定动作评分(10 分制)

规定动作评分见表 15-1。

表 15-1　　　　　　　　　规定动作评分表

| 评分因素 | 内容 | 一般扣分/分 | 较差扣分/分 | 不可接受扣分/分 |
|---|---|---|---|---|
| 表演和团队精神<br>(4 分) | 表现力与热情 | 0.1～0.2 | 0.3～0.4 | 0.5 或更多 |
| | 队形 | 0.1～0.2 | 0.3～0.4 | 0.5 或更多 |
| | 一致性(每次) | 0.1 | 0.2 | 0.3 |
| 动作完成(6 分) | 动作的正确性 | 0.1～0.2 | 0.3～0.4 | 0.5 或更多 |
| | 动作不熟练、漏做动作 | 0.1～0.2 | 0.3～0.4 | 0.5 或更多 |
| | 身体的协调性 | 0.1～0.2 | 0.3～0.4 | 0.5 或更多 |
| | 动作连接 | 0.1～0.2 | 0.3～0.4 | 0.5 或更多 |
| | 改变动作或附加动作 | 0.1～0.2 | 0.3～0.4 | 0.5 或更多 |
| | 动作充分表现音乐的情绪 | 0.1～0.2 | 0.3～0.4 | 0.5 或更多 |
| | 动作和音乐节奏配合准确 | 0.1～0.2 | 0.3～0.4 | 0.5 或更多 |

### (二)自选动作评分(10 分制)

自选动作评分见表 15-2。

表 15-2　　　　　　　　　自选动作评分表

| 评分因素 | 内容 | 一般扣分/分 | 较差扣分/分 | 不可接受扣分/分 |
|---|---|---|---|---|
| 动作设计 | 主题健康、充满活力 | 0.1～0.2 | 0.3～0.4 | 0.5 或更多 |
| | 风格突出、富有创意 | 0.1～0.2 | 0.3～0.4 | 0.5 或更多 |
| | 动作类型丰富,动作的转换自然流畅 | 0.1～0.2 | 0.3～0.4 | 0.5 或更多 |
| | 服饰选择美观协调 | 0.1～0.2 | 0.3～0.4 | 0.5 或更多 |
| | 音乐的选择与动作风格相一致并配合协调,录音质量高、清晰 | 0.1～0.2 | 0.3～0.4 | 0.5 或更多 |
| | 充分利用场地和空间 | 0.1～0.2 | 0.3～0.4 | 0.5 或更多 |
| | 安全性 | 0.1～0.2 | 0.3～0.4 | 0.5 或更多 |
| | 每出现一个不安全动作 | 0.2 | | |

(续表)

| 评分因素 | 内容 | 一般扣分/分 | 较差扣分/分 | 不可接受扣分/分 |
|---|---|---|---|---|
| 动作完成 | 动作完成轻松、准确、流畅 | 0.1~0.2 | 0.3~0.4 | 0.5 或更多 |
| | 动作完成能体现所选择主题的风格和特点 | 0.1~0.2 | 0.3~0.4 | 0.5 或更多 |
| | 动作与音乐协调一致 | 0.1~0.2 | 0.3~0.4 | 0.5 或更多 |
| | 基本姿态和技术正确,动作优美 | 0.1~0.2 | 0.3~0.4 | 0.5 或更多 |

## 三、违例动作

违例动作包括各种竞技体操和技巧运动的翻转与抛接动作;过度弓背;无支撑体前屈;仰卧翻臀;头绕环和过度头后仰;膝转;足尖起;仰卧直腿起坐、仰卧直腿举腿、仰卧两头起;臀部低于膝关节的深蹲;高难度托举动作。不鼓励做竞技健美操中的难度动作,否则不仅不予加分,对错误动作还会减分。

## 四、特殊情况

运动员在遇到以下特殊情况时,应立即停止做动作并向裁判长反映,在问题解决后重做,在成套动作结束后提出的要求将不被接受:播放错音乐;由于音响设备而出现的音乐问题;由于设备问题而出现的干扰灯光、舞台、会场;其他任何异物进入比赛场地;运动员责任外的特殊情况而引起的弃权。

# 第十六章 体育舞蹈

体育舞蹈是一种身心都必须投入的全身性的娱乐运动项目。它的练习必须伴有音乐节奏，练习者沉浸于音乐旋律中，体会并了解音乐所表达的情感及意境，然后用舞蹈表达出来。因此，它对大学生的身心发展有着很大的好处，具有较高的心理学价值。在舞蹈过程中，舞者身心都投入舞蹈之中，注意力集中在音乐节奏及优美舞曲上，将内心的感觉赋予舞蹈，让身体的部分机体得以充分休息及调整。在舞蹈过程中人们的心情得到释放，消极情绪得以舒缓，不仅能陶冶个人情操也能消除精神疲劳。同时，体育舞蹈作为一种集体体育运动，不同的合作形式还有增强人的社会交往能力的作用。

## 第一节 体育舞蹈概述

体育舞蹈是一门融体育、音乐、美学、舞蹈为一体，以身体动作舞蹈化为基本内容，以双人或集体配合练习为主要运动形式的娱乐健身型的运动项目。体育舞蹈起源于欧洲，一些国家将民间舞蹈加以提炼和规范，形成了流行在宫廷中的"宫廷舞"[1]。起初，体育舞蹈的动作高雅繁杂、拘谨做作，完全没有民间舞的风格，只在宫廷盛行，专供贵族习跳和欣赏，是贵族的特权。人们以前称它为交谊舞，欧洲贵族会在宫廷举行交谊舞会。

法国大革命后，宫廷解体，体育舞蹈也进入了平民社会，成为社会中人人可舞的社交舞。巴黎出现了世界上第一家舞厅，从此，交谊舞在欧洲社会流行。这个时候的交谊舞更具有强烈的民族风味，被称为"美国学派的社交舞"。

1924年，欧美舞蹈界人士在广泛研究传统宫廷舞、交谊舞及拉美国家的各式舞的基础上，对此进行了美化与加工，于1925年正式颁布了华尔兹、探戈、狐步、快步四种舞的步伐，总称为摩登舞。

1950年，由英国世界舞蹈组织（ICBD）主办了一届世界性的大赛——黑池舞蹈节，并把规范后的舞蹈命名为国际标准交谊舞。这之后每年的5月月底，都在英国的"黑池"举办一届世界性的大赛。随着这种舞蹈在世界的不断推广，其自身也得到了发展，摩登舞

---

[1] 刘伟,陈志明,曾明,等.体育舞蹈教程[M].北京:中国水利水电出版社,2022.

中又增加了维也纳华尔兹。1960年,非洲和拉美一些国家规范后又增加了拉丁舞的比赛。

当时拥有74个会员的"国际舞蹈运动总会"于1997年9月4日正式成为国际奥林匹克委员会会员。国标舞于2000年成为悉尼奥运会表演项目,2008年成为正式比赛项目。国标舞虽和交谊舞相似,但对舞姿、舞步要求非常严格,一般是两个人一起跳。舞中姿势都已经标准化和分类,国际上有统一的用语,术语用英语口令。第二次世界大战后,美国人将该舞蹈散播到全国各地,并形成一股跳舞热潮,至今不衰。

## 一、体育舞蹈在世界范围的发展

体育舞蹈的发展过程经历了原始舞蹈、公众舞、民间舞、宫廷舞、社交舞、新旧国际标准交谊舞等时期。国际上存在两个国际体育舞蹈组织:世界体育舞蹈及体育舞蹈理事会——1950年9月22日在英国苏格兰的爱丁堡成立,注册地为英国伦敦;国际体育舞蹈联合会——1935年成立于布拉格,注册地为瑞士洛桑,于1997年获国际奥委会正式承认。体育舞蹈的前身就近来说的社交舞,也称交际舞、交谊舞,概括起来可以分成如下两个发展阶段:

### (一)第一阶段

1924年美国皇家交谊舞专业教师协会对当时的交谊舞进行了整理,将各种舞种的舞步、舞姿、跳法加以系统化和规范化。此后,相继制定了"布鲁斯""慢华尔兹""慢狐步舞""快华尔兹""快步舞""伦巴""探戈"七种交谊舞,称之为普通国际标准交谊舞,也称普通体育舞蹈。经过不断地演变,交谊舞已经不仅是一种自娱性舞蹈,而且发展成了一种艺术性高,具有技术性、表演性的竞技性舞蹈。

### (二)第二个阶段

1947年在柏林举行了首届世界交谊舞锦标赛,1960年拉丁舞也正式成为世界锦标赛项目,人们称之为"当代国际标准交谊舞",也称"体育舞蹈"。由于它具有高度艺术性及技巧性,故每年在国际上都有不同地区、不同级别、不同规模的多种比赛。

## 二、体育舞蹈在中国的发展

由于国标舞对舞姿、舞步有非常严格的要求,所以出现了要求相对低些的交谊舞,它保持了国标舞各种舞种的风格,但比较随意。国际标准交谊舞于20世纪30年代传入中国,20世纪80年代发展较快,先后与日本、美国、英国等国家进行交流活动。我国自20世纪80年代年正式引进体育舞蹈后,发展迅速,1986年成立"中国国际标准舞总会";1987年举办了"第一届全国国际标准舞锦标赛";1989年8月,原国家体委成立了体育舞蹈俱乐部;1993年12月举办了"中国上海、北京世界杯体育舞蹈锦标赛",这也是中国首次被认可的世界性公开赛;1994年"中国国际标准舞协会"和"国际标准舞学院"相继成立;1996年5月协会首次派考察团参加世界著名的英国"黑池"七十一届舞蹈节。如今,体育舞蹈在中国已经非常流行,加之国家对体育舞蹈项目的重视,中国参加体育舞蹈英国黑池舞蹈节比赛的选手已经非常多,水平也已经非常高,各层级竞赛中都能看到中国选手的身影,并且很多获得了优异的成绩。

## 第二节 体育舞蹈基本常识

体育舞蹈是将艺术、体育、音乐、舞蹈融于一体,把"健"与"美"完整结合的典范。作为艺术形式,体育舞蹈因为具有独特的观赏性和强烈的艺术感染力而在众多的体育项目中独树一帜。同时,作为一项体育运动,我们需要对其基本常识进行了解。

### 一、摩登舞

摩登舞是移动性很强的舞蹈,整个形体在惯性中移动。形体移动惯性流量的大小,是习舞者综合技术的集中反映,值得认真探索和体验。

#### (一)摩登舞的舞程向和舞程线

第一,舞程向是指整套舞蹈进行的方向。摩登舞的特点之一是在行进中完成整套动作,为避免舞者之间相互碰撞,规定在舞场起舞时均按逆时针方向进行。

第二,舞程线是指舞者在起舞时,沿舞场四侧之一按舞程向行进时的直线。在长方形的场地中,长边称为 A 线和 C 线,宽边称为 B 线和 D 线,起舞时位于 A 线的起端或 C 线的起端均为最佳位置。

第三,在舞蹈中大家必须沿着同一方向环绕进行,以避免相互碰撞。

舞程线如图 16-1 所示。舞程线外侧为壁,内侧为舞池中央。

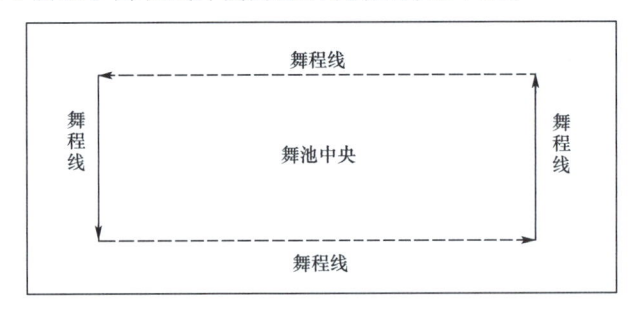

图 16-1 摩登舞的舞程线

#### (二)摩登舞步结构

**1. 身体位置**

身体位置是指舞步开始或结束时,身体与舞场的位置关系,包括:面对舞程向、背对舞程向、面对中央、面对墙壁、背斜对墙壁。舞者可根据舞蹈编排的需要选择或变化位置关系,以突出舞蹈风格特点和提高表演效果。

**2. 脚位**

脚位是指舞者在运动中脚与身体的位置的关系。

(1)左脚或右脚前进。

(2)左脚或右脚后退。

(3)左脚或右脚向侧。

(4)左脚或右脚斜进。

(5)左脚或右脚斜退。

### 3. 转度

转度是指舞者运动时每一步之间脚位方向变化的度数,通常以圆的切分法来表示,即 1/8 表示 45°;1/4 表示 90°;1/2 表示 180°;5/8 表示 225°;3/4 表示 270°;等等。

### 4. 节奏

节奏是指音乐的均衡循环。由于音乐节奏的变化,会产生不同的音乐格调,舞者可根据音乐节奏的变化来调整舞步,从而展现出不同风格特点的舞姿。

### 5. 脚步动作

在舞蹈进行过程中,脚步动作非常重要,正确使用脚的不同部位接触地面,可使身体的移动展现出平衡、圆滑、优美的舞姿。一般将脚分为脚尖、脚掌、脚跟三个部位。

因此,在练习中要特别注意掌握正确运用脚的不同部位,以提高表演的效果。

## 二、拉丁舞

古巴是拉丁舞和拉丁音乐的发源地。最初,拉丁的音乐和舞蹈是人们庆祝胜利或丰收的一种表达方式,后来渐渐发展为年轻人相互表达爱慕之情的一种方法。在其发展的过程中,拉丁舞曾因为动作过于热情、表达情感过于直率又没有任何约束而受到排斥,但这并没有影响拉丁舞的发展,令人无法抗拒的魅力终使拉丁舞风靡世界。

### (一)拉丁舞的舞程向与舞程线

拉丁舞与摩登舞的风格有很大的区别,不似摩登舞的五个舞种都遵循同样的舞程向和舞程线,拉丁舞自身的五个舞种之间风格有所不同,所以,拉丁舞每支舞曲的舞程向与舞程线有其自身的特点。

伦巴舞、恰恰舞、牛仔舞在起舞时可沿逆时针方向行进,也可从场地中央开始向场地四个角的方向进行。桑巴舞和斗牛舞在表演和比赛时以面对观众或评委起舞为最佳。拉丁舞在表演或自娱时,起舞的方向和路线可根据舞蹈编排的需要或舞厅场地条件灵活变化,均可取得良好的表演效果。舞者起舞向舞程向行进的直线即为拉丁舞的舞程线。

### (二)拉丁舞的姿态

#### 1. 伦巴舞和恰恰舞

(1)两脚自然轻松地靠拢站好,脚跟靠拢,脚尖打开呈约 90°。

(2)挺胸、脊柱骨伸直,不可耸肩。

(3)任一脚向侧跨出一步,支撑重心的另一只脚伸直,并将重心全部移到这只脚上,以使骨盆可往旁边方向移动,因而感觉上重量放在支撑脚的脚跟,其膝盖要向后锁紧。至于骨盆移动的幅度要以不影响上身的姿态为原则。

#### 2. 桑巴舞和牛仔舞

(1)两脚自然轻松地靠拢站好,脚跟靠拢,脚尖打开呈约 90°。

(2)挺胸、腰杆伸直,不可耸肩。

(3)任一脚向外跨出一步,支撑重心的另一只脚伸直,并将重心全部移到这只脚上,使重量前移至前脚掌,而后脚跟仍不离地板,并且支撑脚的膝盖不可向后锁紧。某些舞步则是例外,如桑巴舞中的分式摇滚步、后退缩步和卷褶步,以及牛仔舞里的鸡走步。

#### 3. 斗牛舞

由于斗牛舞没有骨盘或臀部的运动,其姿势与上述各种拉丁舞的不同处如下:

(1)骨盆向前微倾,上身挺拔,铿锵有力。
(2)重量由两个脚掌很均匀地承受。
(3)当脚伸直时,膝盖不可向后扣紧。有一个例子除外,那就是西班牙舞姿。

### (三)拉丁舞的方位

拉丁舞中以肩引导(侧行)时,方位的正确与否十分重要。伦巴舞、恰恰舞和牛仔舞是非前进式的舞蹈,桑巴舞与斗牛舞则为前进式舞蹈。

### (四)拉丁舞的转度

在跳拉丁舞时除非两脚并拢,否则两脚从不平行。像这样的脚部转动,大半是向外转,不过是脚带着全部或部分的体重转动,属于"被动式的转动"。舞动时脚部转动与上身的转量多半不同。最典型的例子有桑巴舞中扫形步的第2步。

在伦巴舞和恰恰舞中,抑制前进走步,以及所有的后退走步。因此,当跳完某个舞步时,其脚部带动的重心和身上所面对的方向不同时,要以其上身的转量为准。在伦巴舞和恰恰舞中,后退走步本身只带动重心脚,大约会有1/16圈的外转。为了让身体重心稳定而造成的转动,就称为"被动式的转动"。

## 三、体育舞蹈的礼仪

国标舞已为越来越多的人所关注,并且也有越来越多的人开始跳国标。那么,在跳国标舞时有什么需要遵从的礼节呢?国标礼节包括请舞、领舞、共舞和谢舞四个环节。请舞、领舞、共舞的要领与常规跳舞时相同。在音乐开始之前的起势动作称为起舞,起舞时,男女要分开相向站立,男士正面站立,以左手邀请,虎口向上;女士侧身站立,看到男士的起势动作后,有两种回应:一种是直接交手共舞,另一种是双手携裙,右脚在左脚后,左膝微屈,以示诚意,然后交手共舞。谢舞要面对评委或者观众。不管哪种礼节,都要求舞者高标准、高质量地完成。

### (一)请舞

请舞又叫邀舞。舞曲响起后,男士听清楚音乐的节奏和所跳的舞蹈是几步舞后,应主动走到女士面前邀请对方跳舞。一般来说,跳舞是男士主动邀请女士,但并不排除女士邀请男士的形式。男士邀请女士跳舞时,女士可以拒绝,但要很有礼貌地婉言谢绝;相反,当女士主动邀请男士跳舞时,男士即使不会跳舞,也不可以拒绝女士。男士或女士邀请有舞伴的女士或男士跳舞时,首先要征得对方舞伴的同意,然后才能邀请对方。

### (二)领舞

领舞是邀请到舞伴后带对方到舞池中去跳舞。做法有两种:如果在正规场合跳舞,男士要用右手或左手,牵带女士的左手或右手,掌心向上;如果是在非正式场合或者是同事、朋友及比较熟悉的人在一起跳舞,邀请舞伴后,也可以男士在前、女士在后跟随的方式去做。

### (三)共舞

共舞是男士和舞伴随着音乐共同跳舞的过程。在共舞时,应当保持优美的舞姿,遵循跳舞场合的礼仪。在共舞过程中,男士对女士应多关照,始终以礼相待。引带手势要清楚,不要用力,直至一支舞曲结束。

### (四)谢舞

谢舞是男士领带女士共舞结束时以有礼节的形体动作向舞伴表示谢谢和再见。根据音乐结束时的旋律,男士左手举高引带女士向左旋转一圈或两圈,以示感谢。此动作要求男士掌握动作要领,讲究规范,高标准、高质量地完成。

### (五)舞场礼仪

国际标准交谊舞是集娱乐、健身与美育于一身的有益活动,对增进健康、陶冶情操有积极的作用,故跳舞要做到姿态美和心灵美。在舞场上要注意以下礼仪:

(1)参加舞会时应该注意仪表、衣着,须发应该整洁,行为举止应文雅,邀请舞伴要大方有礼貌,跳舞前应先征得舞伴的同意,跳完舞应向舞伴致谢。

(2)在舞场不可大声喧哗或随便穿行,应遵守舞场规定。跳舞时要运步自然、潇洒,不要做怪动作。舞伴间要相互尊重,根据对方的水平跳出各种花样。不要苛求对方,更不要显出不耐烦的神态。男伴在领舞时,可做轻微的推、拉、扭、按,向女伴示意。

## 第三节 体育舞蹈技术动作组合

体育舞蹈中,各个舞蹈的风格有一些区别,动作要领等不尽相同。本节以摩登舞、华尔兹、拉丁舞为例,为大家讲解一些最基本的技术动作。

### 一、摩登舞

#### (一)闭式握持姿势

在摩登舞中,闭式握持姿势最为常用。

(1)男女舞伴相对站立,双腿并拢,双膝自然放松。男伴与女伴的两脚相距10~15cm,右脚尖对准对方两脚的中间。

(2)双方均身体稍前倾。男伴身体重心在右脚,挺胸立腰沉肩,收腹微提臀,髋部向左微转约15°;女伴身体重心在左脚,收腹提臀,紧腰沉肩。以腹部1/2的右腹接触对方。

(3)男伴头部基本保持正直;女伴头部向左转约45°,含颌,颈部尽量向上牵伸,向后打开胸部线条。

(4)男伴双臂侧平举,两肘保持水平。左臂的大臂与小臂弯曲形成90°角左右,左肘比肩低5~10 cm,左手高度与女伴右耳齐平。右臂的大臂与小臂弯曲形成70°~80°角;女伴双臂侧平举,两肘保持水平,右臂弯曲约150°,左臂轻贴男伴右臂之上。

(5)男伴的左手虎口与女伴右手虎口相交,握于女伴小指之下,掌心空出。女伴左手虎口张开,放在男伴右上臂三角肌下部,拇指在内侧,其他四指在外侧,腕部和小臂放平,不得凸起。

#### (二)开式(散式)握持姿势

在闭式握持姿势的基础上,男女舞伴上身均向外打开,目光通过相握的手向同一方向远视,但腰、髋并不分离,两人身体呈"V"字形。

### 二、华尔兹的基本舞步

华尔兹典雅大方,动作流畅,旋转性强,热烈而兴奋,动作具有起伏、倾斜、摆荡和反身的特点。其音乐为3/4拍,每分钟30~32小节。其舞步基本上是一拍跳一步,每小节跳三步,一些特殊舞步则是每小节跳四步,如犹豫步、前进和并步(又称追步)、前进锁步和后退锁步。

华尔兹是五种摩登舞中最基础,也是最难跳的一种。下面我们主要介绍前进、并脚换位、1/4 左转连接 1/4 右转、叉形步、侧行追步等基础步法。

### (一)前进、并脚换位

前进、并脚换位包括左足前进、并脚换位和右足前进、并脚换位的动作。其动作步骤见表 16-1 和表 16-2。

表 16-1　　　　　　　　　　　男士动作步骤

| 节奏 | 要领 | 脚法 | 方位 | 升降 | 转度 | 倾斜 |
|---|---|---|---|---|---|---|
| 1 | 右脚正前方进步,左腿屈膝 | 跟、掌 | 面向舞程线 | 降、升 | 不转 | |
| 2 | 左脚经右脚横步 | 掌 | 面向舞程线 | 继续升 | 不转 | 右 |
| 3 | 右脚并于左脚,双腿屈膝 | 掌 | 面向舞程线 | 升最高,结尾降最低 | 不转 | 右 |

表 16-2　　　　　　　　　　　女士动作步骤

| 节奏 | 要领 | 脚法 | 方位 | 升降 | 转度 | 倾斜 |
|---|---|---|---|---|---|---|
| 1 | 左脚后退,右腿屈膝 | 跟、掌 | 面向舞程线 | 降、升 | 不转 | |
| 2 | 右脚经左脚横步 | 掌 | 面向舞程线 | 继续升 | 不转 | 左 |
| 3 | 左脚并于右脚,双腿屈膝 | 掌 | 面向舞程线 | 升最高,结尾降最低 | 不转 | 左 |

左足前进、并脚换位的动作与右足前进、并脚换位的动作要领相同,动作相反。

### (二)1/4 左转连接 1/4 右转

1/4 左转连接 1/4 右转动作步骤见表 16-3 和表 16-4。

表 16-3　　　　　　　　　　　男士动作步骤

| 节奏 | 要领 | 脚法 | 方位 | 升降 | 转度 | 倾斜 |
|---|---|---|---|---|---|---|
| 1 | 左脚前进,右肩前送 | 跟掌 | 面斜中央线 | 结尾开始上升 | 开始左转 | 左 |
| 2 | 右脚经左脚横步 | 掌 | 背斜壁线 | 继续上升 | 1/4 | 左 |
| 3 | 左脚并于右脚 | 掌跟 | 背斜壁线 | 继续上升,结尾下降 | | |
| 1 | 左脚并于右腿 | 掌跟 | 背斜壁线 | 继续上升,结尾下降 | | |
| 2 | 右脚经右脚横步 | 掌 | 面斜中央线 | 继续上升 | | 右 |
| 3 | 左脚并于右脚 | 掌跟 | 面斜中央线 | 继续上升,结尾下降 | 1/4 | |

表 16-4　　　　　　　　　　　女士动作步骤

| 节奏 | 要领 | 脚法 | 方位 | 升降 | 转度 | 倾斜 |
|---|---|---|---|---|---|---|
| 1 | 右脚后退,左肩后送 | 掌、跟 | 背斜中央线 | 结尾开始上升 | 开始右转 | 右 |
| 2 | 左脚经右脚横步 | 掌 | 面斜壁线 | 继续上升 | 1/4 | 右 |
| 3 | 右脚并于左脚 | 掌、跟 | 面斜壁线 | 结尾下降 | | |
| 1 | 左脚前进,右肩前送 | 跟、掌 | 面斜壁线 | 结尾开始上升 | 开始左转 | |
| 2 | 右脚经左脚横步 | 掌 | 背斜中央线 | 继续上升 | | 左 |
| 3 | 右脚并于左脚 | 掌、跟 | 背斜中央线 | 结尾下降 | 1/4 | |

### (三)叉形步

叉形步动作步骤见表 16-5 和表 16-6。

表 16-5　　　　　　　　　　　　　　男士动作步骤

| 节奏 | 要领 | 脚法 | 方位 | 升降 | 转度 | 倾斜 |
|---|---|---|---|---|---|---|
| 1 | 左脚前进 | 跟、掌 | 面斜壁线 | 结尾开始上升 | 转度 | 倾斜 |
| 2 | 右脚经左脚横步 | 掌 | 面斜壁线 | 继续上升 | 不转 | 左 |
| 3 | 左脚在右脚后交叉 | 掌、跟 | 面斜中央线 | 结尾下降 | 1/4 | 左 |

表 16-6　　　　　　　　　　　　　　女士动作步骤

| 节奏 | 要领 | 脚法 | 方位 | 升降 | 转度 | 倾斜 |
|---|---|---|---|---|---|---|
| 1 | 右脚后退 | 掌、跟 | 背斜壁线 | 结尾开始上升 | 不转 | |
| 2 | 左脚经右脚横步 | 掌 | 背斜壁线 | 继续上升 | 不转 | 右 |
| 3 | 右脚在左脚后交叉,重心在后 | 掌、跟 | 面斜中央线 | 结尾下降 | 1/4 | 右 |

### （四）侧行追步

侧行追步动作步骤见表 16-7 和表 16-8。

表 16-7　　　　　　　　　　　　　　男士动作步骤

| 节奏 | 要领 | 脚法 | 方位 | 升降 | 转度 |
|---|---|---|---|---|---|
| 1 | 右脚前进并交叉于反身 | 跟、掌 | 面斜壁线,沿着舞程线 | 结尾开始上升位置 | 开始左转 |
| 2(前 1/2) | 左脚横步稍前 | 掌 | 面斜壁线 | 继续上升 | 1/8 |
| 2(后 1/2) | 右脚并于左脚 | 掌、跟 | 面斜壁线 | 继续上升 | 1/8 身体稍转 |
| 3 | 左脚横步稍前 | 掌、跟 | 面斜壁线 | 保持上升、结尾下降 | 不转 |

表 16-8　　　　　　　　　　　　　　女士动作步骤

| 节奏 | 要领 | 脚法 | 方位 | 升降 | 转度 |
|---|---|---|---|---|---|
| 1 | 左脚前进并交叉于反身 | 跟、掌 | 面斜壁线,沿着舞程线 | 结尾开始上升 | 开始右转 |
| 2(前 1/2) | 右脚横步稍前 | 掌 | 背斜壁线 | 继续上升 | 1/8 |
| 2(后 1/2) | 左脚并于右脚 | 掌、跟 | 背斜壁线 | 继续上升 | 1/8 身体稍转 |
| 3 | 右脚横步稍前 | 掌、跟 | 面斜壁线 | 保持上升、结尾下降 | 不转 |

## 三、拉丁舞

### （一）拉丁舞髋部的韵律摆动和切分

#### 1. 韵律摆动

拉丁舞在整个舞蹈过程中突出表现了男女双方髋的韵律摆动(简称律动)。髋部动作是以腰部摆动带动髋的韵律性摆动。髋部摆动时,腰部要放松,上体保持正直,两臂在体侧自然摆动,髋的律动要平衡,没有上下起伏的动作。

伦巴舞中髋部是向侧顶送的,此时要防止上体向体侧倾斜;恰恰舞髋的律动是向前侧或后侧摆送的,由于动作节奏较快,在做腰部的扭转和臀部的绕摆动作时,要注意保持髋部的律动平衡。

桑巴舞髋部的摆动与其他舞区别较大,其髋部的摆动是以身体纵轴环形绕摆,整个身体的律动也以髋和腹的环形绕动而摆动,胸和头自然前后摆动,动作中腰部要特别放松,膝、踝关节保持弹性以增强身体的协调摆动;斗牛舞髋的律动比其他舞摆动幅度小,随着舞步的移动,髋与上体同时摆动。

#### 2. 切分

动作的切分主要是指在音乐节奏的一拍中完成动作时,髋的摆动在后半拍中出现,尤其以伦巴舞和恰恰舞更为常见。如伦巴舞基本舞步中的前进并步第一拍中,前半拍左脚前进一步,重心前移;后半拍髋向左前侧顶送。第二拍中,前半拍右脚在后原地踏一步,重心后移;后半拍髋向右后侧顶送。

### (二)拉丁舞的步伐

拉丁舞的步伐多为擦地滑行运步,运步中腿部微屈,膝、踝关节的弹性表现突出,以脚尖着地运步配合快速多变的舞蹈节奏。例如,伦巴舞、恰恰舞、桑巴舞中,运步中滑行、拖步和并步运用较多,脚尖着地运步更为突出,膝部的弯曲度较大,膝、踝关节的弹性表现明显。斗牛舞动作节奏明快,步伐刚健有力,体现出了斗牛士勇敢、健壮的勇士气质。

## 第四节　体育舞蹈的裁判与竞赛组织

作为一项体育运动,体育舞蹈具有极强的竞技性,这也使它不同于崇尚表演的舞蹈艺术。同时,体育舞蹈还是一项老少皆宜的健身和娱乐方式。正因为如此,体育舞蹈自问世之日起,就很受大众喜爱并很快风靡世界。

### 一、体育舞蹈裁判标准

在体育舞蹈的比赛中,裁判员需要综合考虑裁判要素,评判选手的表现。因此,了解体育舞蹈的裁判标准十分重要。

#### (一)基本规则

第一,评判工作自选手进入比赛位置时开始,只有当音乐停止时方告结束。在整个舞蹈表演过程中,裁判必须不断地给选手打分并在必要时修正分数。

第二,若音乐尚未结束而选手停止表演,则其该项舞蹈的分数列最后一位。如果在决赛中发生这种情况,裁判必须不断地给选手打分并在必要时修正分数。

第三,裁判必须在规定的时间内对选手的特定舞种的表演进行单独评判。考虑任何其他因素,诸如选手的名气、以往的表现或在其他舞种中的表现,都是不允许的。

第四,裁判无须向选手解释评分结果,在比赛过程中或两轮比赛之间,不允许裁判和任何人讨论参赛选手或他们的表现。

第五,对于所有舞种,选手的时值和基本节奏是裁判打分的首要因素。因此,如果选手重复犯此错误,那么其该项的舞蹈分数列最后一位。

#### (二)评判内容

##### 1. 时值与基本节奏

裁判必须确定选手是否按时值和基本节奏进行表演。

(1)时值

时值是指每一舞步的时间正好与音乐合拍。

(2)基本节奏

基本节奏是指舞步在规定的时间内完成并且保持舞步之间正确的时间关系。

选手的时间和基本节奏错误时,其该舞蹈的所得分数必须是最低的。这种错误不能通过其在评判内容第五项的良好表现来弥补。

**2. 身体线条**

身体线条是指两位选手作为一个整体,在运动中身体各部位构成的整体效果应表现出优美的舞姿,包括:手臂线条、背部线条、肩部线条、胯部线条(骨盆姿势)、腿部线条、颈部和头部线条、左侧和右侧线条。

**3. 整体动作**

裁判必须确定选手是否正确掌握该舞蹈的风格特点,并且评估选手动作起伏,倾斜和平衡。在控制和平衡掌握良好的情况下,动作幅度越大,评分越高。在拉丁舞中,必须评估每种舞蹈典型的胯部动作。

**4. 节奏表现力与步波技巧**

裁判必须评估选手的正确舞蹈节奏表现力。这揭示出选手对舞蹈节奏的感受、理解、适应能力和在舞蹈中对音乐的理解与表现。若表现与节奏不合,也要按违反第一项处理。裁判必须评估选手正确舞步的脚法,如第一步足着点是脚掌、脚跟或脚趾等,以及脚步控制和表达力。

## 二、体育舞蹈竞赛与组织

### (一)体育舞蹈比赛基本流程

**1. 策划**

按各级体育舞蹈管理部门的等级,提前制订相应级别的年度竞赛计划,发往下属各级体育舞蹈管理部门,协调和确定各项赛事的承办单位及比赛冠名等事宜。

**2. 预案**

构建大会组织机构,确定比赛主办、承办、协办单位,比赛组别的设置,执行规则和各项要求,经费的来源与支出预算,确定比赛时间、地点、场馆、报名方法和报到地点等事项。

**3. 准备**

制定比赛规程并通过各种信息渠道告知下属体育舞蹈管理部门、大中专院校、行业体协及所属俱乐部等单位,并做好报名、赛程编排、计算机编组录入、印制秩序册、选手背号、奖品、接待团队、安保团队、广告宣传、比赛场馆及场地设施、餐饮的配备、后勤保障及医务人员、酒店入住安排、交通工具和票务等准备工作。

**4. 接待**

赛前1~2天进行组委会人员、各代表队人员接待和报到工作,运动员试场地(走场),召开领队教练员会议和联谊会等事宜。

**5. 比赛**

一般白天进行淘汰赛和部分决赛,晚上举行开幕式和观赏性强的组别的决赛,其间可穿插表演或其他性质的节目。组别设置较多的比赛一般不进行当场颁奖仪式,奖品和奖金的颁发采用定点自领的方式。

### (二)体育舞蹈比赛的申办与承办

**1. 申办、承办比赛的预案**

(1)首先需要确定主办、承办、协办比赛的权限问题,经上级竞赛主要管理部门批示、准许,制定比赛规模与相应组织机制。

(2)将比赛预案上报当地政府、公安、消防、工商税务等部门,并得到准许和支持,使得比赛能够如期、圆满地举行。

(3)落实比赛经费来源、赞助、冠名、广告宣传、赞助回报、经费支出预算、嘉宾、官员和裁判人员受邀请情况、比赛场地与灯光、音响设备、奖品证书、人员食、宿、行的安排、安全保卫、医疗应急预案等相关工作事宜[①]。

(4)组建比赛组织机构,主要包括领导机构、竞赛委员会、仲裁委员会、裁判委员会、后勤机构(或组织)。大型比赛还要包括电视台、专业网站、专业(或个体)杂志及其他媒体传媒机构。

(5)制定并发放比赛规程,至少提前一个月的时间,以各种信息传送形式下发至相关人员和机构,确保其在指定时间内获悉比赛相关信息。

(6)比赛期间,为了保证比赛的顺利进行,应做好如下工作:

第一,做好赛前竞赛工作准备会并制定比赛日程工作明细表(其中包括时间、地点及主要负责人)。

第二,做好选手报到工作,安排选手赛前走场练习。

第三,竞赛委员会和裁判委员会主持召开赛前领队教练员会,传达比赛相关重要信息、未尽工作事宜及相关安排。

第四,做好比赛场地各项设施(包括灯光、音响和各项电子仪器)正常进行的检查工作。

第五,启动参与比赛和协助比赛各级单位及组织机构的各项工作。

(7)做好赛后成绩公告、各项差旅劳务经费结算、答谢、送往、媒体宣传和总结汇报等工作。

**2. 经费来源与使用**

资金是顺利和成功举办体育舞蹈比赛的先决条件,经费的来源与使用是承办单位需精心筹划的重要工作之一。资金不足往往会使比赛出现捉襟见肘、怨声载道的现象。

(1)比赛的冠名与赞助

如若策划承办一次体育舞蹈比赛,最好能够得到单个或多个企业的资金赞助。其意义一是为了广告宣传或是支持体育舞蹈事业,二是为了推动当地体育舞蹈项目的开展、增强本地旅游经济的繁荣、提高文化娱乐活动的水平。正所谓互利双赢,作为回报,可以向赞助方出让比赛的冠名权,从而提升该赞助单位或产品的知名度。

申办比赛前,应确定赞助合作事宜的细则,并经过公正签署合同,以防中途发生变故而对全年的体育舞蹈比赛计划的实施造成不可挽回的影响。

(2)广告宣传

目前,我国体育舞蹈比赛的频率与规模呈逐年扩大的趋势,各类媒体的参与使得一次体育舞蹈比赛为许多实体与产业提供了广告宣传平台。承办单位要充分利用这一商机。

(3)报名费

参加体育舞蹈比赛的报名费是比赛经费来源之一。

---

[①]郭腾杰,周龙慧.体育舞蹈[M].北京:北京师范大学出版社,2022.

（4）门票收入

体育舞蹈比赛一般都在体育馆内举行，随着我国体育舞蹈事业不断发展及经济和文化水平的不断提高，越来越多的人喜欢观看和欣赏精彩纷呈的体育舞蹈比赛。要根据当地的消费水平和比赛规格确定门票的价格，可由承办单位和场地提供方协商制定。

（5）租用场馆与设备

举行体育舞蹈比赛需要有场地、工作间、观众席等，以在体育馆内进行为最佳。因此，租用场馆费用是比赛经费的较大开销之一。如果天气炎热或寒冷，需要开启空调设备，这样更会增加经费开支，需提前做出此项经费的预算。

另外，还需准备组委会工作人员的交通工具及比赛所使用的设备（音响系统/计算机/打印机和复印机/灯光 LED 显示屏）等。

（6）各类工作人员的接待与报酬

参与比赛的组委会工作人员、特邀嘉宾、媒体宣传等人员的宾馆住宿及餐饮安排等事项需要大量的经费支出。

成功举办一次体育舞蹈比赛需要大量的工作人员参与。若不是志愿参加，则要给予相应的劳务报酬。例如，组委会人员差旅接待和劳务支出。此外，邀请国内外优秀选手赛间表演也是一项不小的开支。

（7）选手背号

体育舞蹈参赛选手背号分为职业组和业余组两种，职业组为黑底白字，业余组为白底黑字。

比赛选手背号上的广告内容区域不得超过整个背号面积的 20%。背号面积（包括预留给广告的 20% 在内）大小不得超过 DIN A5 纸张的大小。并且选手在拿到比赛背号后，不可改变或减小其面积。WDSF 国际性比赛要求每个参赛选手背号上的数字不得超过 3 个，国内比赛可根据我国的具体情况灵活而定。

（8）奖品

赛前需要准备比赛的奖品，通常有奖杯、奖金、奖牌、证书及其他奖品等。有些比赛还有纪念品和裁判员授牌，可根据比赛经费和参赛人数酌情安排开支。

（9）其他（承办费）

申办一次体育舞蹈比赛有时需要竞争，也需要一定的经费。有些比赛需要向主办单位上交承办费，以期得到各项支持和管理。

## 三、裁判员、工作人员的安排

### （一）衣、食、住、行

具备一定规模的比赛，主办单位会邀请许多重要的人员，选派裁判员和竞赛委员会成员等参与竞赛工作。为了比赛顺利进行，承办方要委派专人认真做好接待、服务工作。如提前安排舒适、方便的住处，提供比赛期间各项事务的时间安排表和负责人联系方式，安排合理、卫生的膳食，提供便捷的交通服务，快捷、高效地做好各项经费报销、工作报酬的发放和返程票务预订等事宜。

### （二）劳务费

裁判员及竞赛工作人员的劳务费一般是按照比赛场次的多少来支付的，比如：举办两天的比赛总共5个场次,则 $N \times 5 =$ 报酬。计分组人员和竞赛长的劳务费根据实际工作情况支付,多劳多得。

## 四、选手的安排

### (一)食宿安排

安排住宿的宾馆应相对集中,不要远离赛场,饮食、购物应十分方便。在比赛规程(通知)中要注明提前登记住宿的相关事宜,包括房间等级、价位、地理位置、联系方式、周边的交通信息、距赛场的距离等。

### (二)交通问题

由于一些赛场远离市区,比赛间歇和赛后,大量选手可能因交通问题不能顺利返回驻地而滞留在赛场,应坚决杜绝此类情况的发生。

很多比赛选在节假日举行,适逢旅游旺季,返程车、机票相对紧张,很多选手赛后不能及时、顺利地返回。承办方要尽可能做好返程票的提前登记和预订工作,做到善始善终。

## 五、应急预案

### (一)医疗

体育舞蹈选手在有限的场地内进行流动性强和速度较快的比赛,其生理和心理负荷都很大,比赛中相互碰撞而受伤的事情经常发生。另外,部分老年选手和有隐性、先天性疾病的选手,由于兴奋、紧张和疲劳等生理原因,比赛中突发心脑血管疾病甚至猝死的现象也偶有发生。因此,赛场内要预先安排好应急措施。如赛场内配备医务人员、常用的药品(外伤、速效救心类)和器具;如果赛场远离医院还可安排救护车待命。总之,医疗应急是承办方的重要预案之一。

### (二)突发事件的应对

体育舞蹈比赛有着参赛选手多且年龄跨度大的特点,从比赛前的报到工作、选手走场练习,到比赛时的检录、组与组之间上下场对接、更换服装等,场面无不显得嘈杂拥挤。这就要求承办方要有高度的责任感和组织能力,提前做好应对突发事件的预案,尤其是做好消防宣传和疏导、缓解拥挤场面的各种工作。为确保比赛的顺利进行,还要确保检录区、候场区、热身区、更衣室、卫生间、领奖处、观众席,以及各区域之间连接通道的相对通畅。避免造成人员(尤其是老幼选手)伤害事件的发生。

### (三)赛场安保工作

体育舞蹈比赛是一种高雅艺术的竞赛形式,应在轻松、愉悦的情绪中进行。然而,由于体育舞蹈独特的评判方式,个别比赛因选手、教练、家长、观众等的不满情绪而引发了赛场混乱甚至暴力事件,给体育舞蹈项目带来极坏的影响。因此,赛场内应安排一定规模的安全保卫人员,避免类似冲突事件的发生。

## 六、报到工作流程及准备

(1)严格按照比赛规程上的报到时间和地址安排报到工作,并在报到处及附近安放指示牌和标志,尽量给予前来报到的人员更多方便。

(2)报到场所应尽量安排在房间相对空旷和流动畅通的大厅内,办公的流程应采用流水线方式。

(3)报到流程如下:

①各参赛队人员实到确认,审核选手参赛资格,双方核对、确认参赛组别无误。

②缴纳选手参赛报名费,出具收据或发票。

③分发选手背号、秩序册,制作和发放通行牌证及纪念品等。

④公示赛前选手走场练习和领队会时间、地点和须知。

⑤尽量在秩序册上公示比赛场馆区域示意图,如比赛场地通道、候场区、检录处、更衣室、洗手间、公告栏、小商店等。若有遗漏则一定要在报到处公示。

# 第十七章 瑜伽

瑜伽能修身养性,平静内心。长期练习能让人心静,陶冶情操,使人更加自信,更加热爱生活。瑜伽能增强抵抗力,不仅可以提高人的身体素质和机能,还可以调节心理和精神状态。练习瑜伽要同时着眼于身体和心理的健康,两者密不可分。在练习瑜伽过程中,练习者逐渐深化自己的内在精神,从内到外,再从外到内,从感觉到精神、理性,而后到意识,最后使自我和内在精神融合,达到身心融合为一的完美境界。

## 第一节 瑜伽概述

瑜伽是一项有着悠久历史的关于身体、心理,以及精神的练习,起源于印度,其目的是改善身体和心性。2014年12月11日,联合国代表大会宣布6月21日为国际瑜伽日。

### 一、瑜伽的起源

瑜伽(Yoga)是一个汉语词汇,最早是从印度梵语"yug"或"yuj"而来,其含义为"一致""结合"或"和谐"。[①] 瑜伽源于古印度,是古印度六大哲学派别中的一系,探寻"梵我合一"的道理与方法。而现代人所称的瑜伽则主要是一系列修身养性的方法。

大约在公元前300年,印度的帕坦伽利(Patanjali)创作了《瑜伽经》,印度瑜伽在其基础上才真正成形,瑜伽行法被正式定为完整的八支体系。瑜伽是一个通过提升意识,帮助人们充分发挥潜能的体系。

瑜伽姿势运用古老而易于掌握的技巧,改善人们生理、心理、情感和精神方面的能力,是一种达到身体、心灵与精神和谐统一的运动方式,包括调身的体位法、调息的呼吸法、调心的冥想法等。

### 二、瑜伽功效

现代社会的快速发展使人们的生活越来越紧张,竞争越来越激烈。长期的精神压力、身体

---

① 黄灵素.瑜伽与冥想 零基础瑜伽书籍基础减肥瑜伽冥想引导初级入门[M].北京:北京联合出版公司,2022.

的疲劳状态和亚健康状态使人们身心承受焦虑和痛苦的折磨。瑜伽的不同练习方法,能把散乱的精神集中并使之平静下来,同时对神经系统起到良好的平衡作用。不仅提高人的身体素质和机能,还可以调节心理和精神状态。

练习瑜伽必须通过自身的体验来领悟其真谛,主动地去除精神和身体的束缚,以积极的态度融入美好的瑜伽世界。练习瑜伽可使人获得一颗乐观、豁达的心,使体内脏器、腺体、骨骼、肌肉、皮肤,以及各系统的功能处于一种均衡、稳定、由内向外的整体和谐状态。

### 三、瑜伽的分类

瑜伽博大精深,种类繁多。瑜伽分为三大类:一个是古典瑜伽,一个是现代瑜伽,现在还包括了正位瑜伽,练习的方法也不一样。印度正统古典瑜伽可分为智瑜伽、业瑜伽、哈他瑜伽、王瑜伽、昆达利尼瑜伽五大体系。

现在的大学生大多数是初学者,推荐学习哈他瑜伽。哈他瑜伽节奏舒缓,动作变化多样。哈他瑜伽体位练习包含 24 个体位动作,主要练习如何控制身体和呼吸,更深一层的效果是使身体各机能有序运转,从而使心灵获得宁静,变得祥和。它可使身心达到和谐与平衡,特别适合刚刚开始练习瑜伽的人群,它不要求做到完美,也不是充满竞争感的训练,而是强调对每一个体式的感觉。

### 四、瑜伽体位姿势

瑜伽体位法是一种练习瑜伽的方法。完整、系统、科学的练习可以强健身体,预防疾病和缓解病痛。瑜伽姿势可柔软身体各部位关节,伸展韧带和肌肉,轻柔地按摩体内脏器,使人体的血液循环系统、呼吸系统、消化系统、内分泌系统和神经系统处于平稳状态,使人获得健康的同时也获得精神上的幸福,从而实现身心健康的最终目的。

瑜伽体位练习舒缓柔和,动作过程清晰分明,不会过分地刺激心脏引起粗重急促的呼吸,有些姿势看起来很难,而事实上它的过程是循序渐进的,关键是掌握方法,量力而行,长期坚持。

练习瑜伽体位首先要有正确的认识,不要认为身体不够灵活柔软就不能练习瑜伽,这是非常错误的观念,正是因为身体机能没有处于最佳状态,才要通过练习去改善。急于完成某一个姿势也是不可取的,练习瑜伽是为达到身心健康,而不是用来表演或达成其他目的的,急于把一个姿势做"标准"也会给身体带来危害。因此,所有的瑜伽姿势只要做到自己感到舒服即可。

## 第二节 瑜伽基本动作

本节讲解瑜伽的常见基本动作,包括战士一式、战士三式、船式、顶峰式、海狗式。

### 一、战士一式

动作要领:两脚分开,吸气,双手侧平举(注意不要耸肩),右脚向右侧打开,左脚内扣(注意不要扭髋,髋部朝前),呼气,手臂带动身体向右侧扭转,稍稍调整一下左脚的位置,胯部下压,保持身体的稳定。双手胸前合掌,吸气展胸抬头,双手慢慢向上推送直到手臂伸直。保持自然呼吸①。

功效:纠正骨盆前倾问题,伸展背部、胸部和脊椎;舒缓腰背痛及坐骨神经痛;加强身体的柔软度和腿部力量。

### 二、战士三式

动作要领:站立,手臂向上伸展,举过头顶,与地面垂直;躯干前倾,同时抬起左腿离地,右腿伸直;身体继续前倾,手臂向前伸展,与躯干、左腿呈一条直线;保持平衡的同时,右腿完全绷直,与地面保持垂直,左腿完全伸展,整个身体与地面平行。

功效:收缩和加强腹部器官,使腿部肌肉更为匀称和强健,增强平衡力和专注感。

### 三、船式

动作要领:坐在垫子上,屈膝,双手置于体侧,贴近前脚掌(或脚踝附近),吸气,脚跟抬离地面,呼气,缓慢伸展双膝,向上延展双腿,稳定身体后,再次吸气,背部延展向上,收紧腹部,保持身体的稳定。

功效:强化腹直肌和腰直肌,挤压、按摩腹部器官,促进消化。

### 四、顶峰式

动作要领:跪坐于地,双手放于大腿上,自然呼吸。上身躯干前俯,双手掌心在膝盖前方撑地,与肩同宽,抬高臀部,双手、两膝着地,跪在地板上。吸气,双腿膝盖伸直,脚跟贴地,将臀部升高,放松颈部,头部自然下垂,处于双臂之间,身体呈倒Ⅴ形,自然呼吸。

功效:在颈部不承受压力的状态下,让头部适当增大血流量,快速消除疲劳,恢复精力。

### 五、海狗式

动作要领:坐在地板上,腰背挺直,双腿在体前自然打开。右腿弯曲,脚跟靠近身体,左腿自然弯曲。吸气,用双手抬起左脚,左臂绕过左脚,与右手在体前交握,呼气。吸气,双手保持交握状态,右手手肘绕到头后,右大臂和右侧腰部感到被拉伸,腰背挺直。保持自然呼吸。

功效:伸展背部、胸部和脊椎,打开胯部,舒缓腰背疼痛和坐骨神经痛。

## 第三节　瑜伽组合动作

瑜伽练习有很多动作组合,各种组合不但能增加练习的趣味性,还可以实现不同的锻炼效果。下面介绍向太阳致敬式。

### 一、向太阳致敬式概述

据说向太阳致敬式是练习者为表达对太阳的感激之情而创编的动作组合,经常练习此式

---

① 蒋玉梅.大学瑜伽教程[M].武汉:华中科技大学,2023.

能够促进血液循环,稳固身心状态。

## 二、向太阳致敬式演示

向太阳致敬式有多种版本,较为普遍的动作分解要领如下:

(1)挺身站立,放松,两脚靠拢。双手在胸前合十,正常呼吸。

(2)随着双臂高举到头上,缓慢而深长地吸气,上身自腰部起向后方弯曲。在这个过程中,双腿、双臂都伸直。

(3)呼气,慢慢向前弯曲身体,以不感到太费力为限,尽量使头部靠近双膝。

(4)保持双手和左脚在地板上稳定不动,慢慢吸气,同时把右脚向后伸展。慢慢把头向后弯曲,胸部向前方挺出,背部呈凹拱形。

(5)慢慢呼气,把左脚向后移,使两脚靠拢,臀部向上方抬起。两脚脚跟尽量压向地面,双臂和双腿伸直。

(6)吸气,臀部微微向前方移动,一直到双臂垂直于地面为止。

(7)蓄气不呼,弯曲两肘,膝盖着地,把胸部朝着地板方向放低,保持胸部略高于地面,一边慢慢呼气,一边把胸部向前移。

(8)直到腹部和两条大腿接触地面,吸气,同时慢慢伸直双臂,上身从腰部向上升起。背部应呈凹拱形,头部应向后仰起。

(9)呼气,同时臀部升高到空中。

(10)吸气,右腿弯曲并向前迈一大步,右脚脚趾与双手指尖方向平行。向上看,胸部向前挺,脊柱呈凹拱形。

(11)慢慢呼气,把左脚收回与右脚并拢,伸直双腿,尽量使头部靠近双膝。

(12)吸气,双臂伸直慢慢抬高,同时慢慢抬起身体,双臂和背部向后弯曲。

(13)呼气,手臂收回,双手在胸前合十,恢复到开始的姿势。

# 第十八章 田径

夏日的田径赛场,如同一幅动态绵延的画卷,展现了力与美、速与技的极致融合。那是一场场关于速度与耐力、飞跃与投掷的较量,每一次脚步触地,都是对人类极限的挑战与超越。运动员们在跑道上奔跑,如同穿梭在时光的隧道中,他们的每一次起跑和冲刺,不仅是对冠军宝座的追求,更是向着个人极限的勇敢冲锋。

在北京奥运会上,田径运动成为世界瞩目的焦点,那里有速度的极致展现,有力量与技巧的完美结合,有激动人心的接力赛和令人屏息的跳跃。每一名运动员,都在用自己的方式诠释着对奥林匹克精神的理解与尊崇。

## 第一节 田径运动概述

田径运动作为现代奥林匹克运动会的重要组成部分,是一项历史悠久且深受全球喜爱的体育项目。它不仅是体育竞技的展现,更是体能、意志和技巧的综合考验。田径运动的种类繁多,大致可以分为跑、跳、投三大类,其中还包括了如接力赛、多项全能竞赛等多种形式的比赛。

### 一、定义

田径运动,广义上,是一系列在户外进行的运动项目的总称,主要包括跑、跳、投等基本运动形式。这些项目在体育竞赛中,尤其是奥林匹克运动会中占据着核心位置,展现了运动员速度、力量、耐力、技巧和多功能性的全面竞技能力。在狭义的定义中,田径运动通常被分为两大类:一是"田赛",包括跳高、跳远、三级跳远、撑杆跳、铅球、标枪、铁饼和链球等项目,主要考验运动员的爆发力和技术;二是"径赛",涵盖了短跑、中长跑、马拉松、接力赛和障碍赛等项目,主要检验运动员的速度和耐力。此外,还有结合了多种单项的综合性比赛,如十项全能和七项全能,旨在考察运动员的全面能力。田径运动以其简单直接的竞赛形式和对基本运动能力的全面考验,被誉为"体育之母"。

### 二、历史背景

田径运动的起源可以追溯到古代希腊的奥林匹亚运动会,那时的比赛项目相对简单,主要包括短跑、长跑、跳远、标枪和铁饼。随着时间的推移,田径运动逐渐发展成为今天我们看到的多元化体育项目。到了19世纪末,随着第一届现代奥运会的举办,田径运动正式成为国际性的比赛项目。自此,田径运动开始规范化,各种比赛规则和项目标准逐步建立。

## 三、项目分类

### (一)跑步项目

跑步项目是田径比赛中最基础的部分,根据距离的不同,可分为短跑(100米、200米、400米)、中距离跑(800米、1 500米)、长距离跑(5 000米、10 000米),以及马拉松。此外,还有110米/100米栏、400米栏和3 000米障碍等栏架跑步项目,以及4×100米和4×400米的接力赛。

### (二)跳跃项目

跳跃项目检验的是运动员的爆发力和技术,主要包括跳高、跳远、三级跳远和撑杆跳。每项跳跃都有其独特的技巧要求,比如跳高通常采用弗洛普跳法,而撑杆跳则需要精准的撑杆控制和空中身体协调能力。

### (三)投掷项目

投掷项目主要考察运动员的力量和技术,包括铅球、标枪、铁饼和链球。这些项目要求运动员在有限的区域内,通过一系列专业的技术动作,将器械投掷出最远的距离。

### (四)多项全能

多项全能是田径运动中的综合性比赛,男子为十项全能,女子为七项全能。十项全能跨越两天进行,包括100米、跳远、铅球、跳高、400米、110米栏、铁饼、撑竿跳、标枪和1 500米。七项全能则在两天内完成100米栏、跳高、铅球、200米、长跳、标枪和800米。

# 第二节 田径运动基本技术

田径运动作为现代奥运会的核心项目之一,以其多样性和对人体极限的挑战而闻名。以下将探讨田径运动的基本技术,包括跑、跳、投三大类项目的技术要点。

## 一、跑步项目技术

跑步是田径运动中最基本的项目,涵盖短跑、中长跑和接力赛等多个项目。跑步技术的关键在于正确的起跑姿势、步频与步幅的控制,以及有效的呼吸方法。

起跑姿势:对于短跑运动员而言,爆发力起跑极为关键。运动员需要在起跑架上采用蹲踞式起跑,身体前倾,以确保起跑时能迅速加速。起跑的瞬间,前脚掌着地,用足尖推地,以最快提升速度。

步频与步幅:有效的步频和步幅是提高跑步速度的关键。步频是指单位时间内的步数,步幅则是每一步的长度。增加步频和控制合适的步幅,可以有效提高运动员的速度和耐力。

呼吸方法:跑步时正确的呼吸方法也非常重要。运动员应通过腹部呼吸,尽量保持呼吸的深度和节奏,避免过度紧张导致的呼吸急促。

## 二、跳跃项目技术

跳跃项目包括跳高、跳远、三级跳远等,这些项目要求运动员具备良好的爆发力、技巧和协调性。

跳高:跳高运动员通常采用弗洛普跳法,这要求运动员在接近横杆时做出高速跑、踏步跳跃和身体翻转等一系列动作。关键技术在于快速起跳和在空中对身体的控制,以及横杆上方的悬停技巧。

跳远:跳远技术主要包括助跑、腾空和落地三个阶段。助跑阶段需要快速而稳定,腾空时通过摆动双臂和抬腿来增加飞行距离,落地阶段则需控制好身体的平衡,避免倒退或摔倒。

三级跳远:三级跳远的技术难点在于控制好跳跃的节奏和每一跳的力量分配。运动员需要在保持速度的同时,完成一次跳、一次踏和一次跳的连贯动作,每一次落地都要准确控制力量和方向。

## 三、投掷项目技术

投掷项目包括铅球、标枪、铁饼和链球等,这些项目要求运动员具有良好的力量、技巧和身体控制能力。

铅球:铅球运动员需要在铅球圈内完成推球动作。推球技术关键在于用腿部的爆发力推动身体转身,同时上身和手臂协调使用力量,将铅球推出。

标枪:标枪的关键技术在于助跑、掷出和释放。运动员在助跑过程中要保持标枪稳定,掷出时通过身体的快速扭转和臂力,将标枪以正确的角度和力量抛出。

铁饼和链球:这两个项目都要求运动员在有限的空间内,通过身体的转动和摆动产生力量,然后将铁饼或链球投掷出去。技术要点在于转体的速度和力量控制,以及投掷瞬间的力量爆发。

田径运动的基本技术是提高成绩的关键。无论是跑、跳,还是投,良好的技术都能够有效提高运动成绩,降低受伤风险。这需要运动员通过长期而系统的训练,不断完善技术动作,提升自身的竞技水平。此外,科学的训练计划、合理的营养补充和充足的休息恢复,也是提高田径运动成绩的重要因素。通过对田径运动基本技术的不断学习和实践,运动员可以在赛场上发挥出最佳状态,实现自己的运动梦想。

# 第三节 田径运动基本战术

田径运动是一项古老而复杂的体育竞技项目,它不仅考验运动员的身体素质和技术水平,同时还对运动员的战术布局和应变能力提出了高要求。在田径竞赛中,合理的战术部署往往能够成为决定胜负的关键。接下来,我们将详细探讨田径运动中的基本战术,主要涵盖跑步项目、跳跃项目和投掷项目。

## 一、跑步项目战术

跑步项目可以大致分为短跑、中长跑和长跑三类,不同的项目有着不同的战术考量。

#### 1. 短跑战术

起跑反应和加速：在短跑项目中，起跑的反应速度和前 30 米的加速能力至关重要。运动员需要在听到起跑枪响的瞬间迅速反应并发力，快速达到最高速度。

维持最高速度和冲刺：在 100 米或 200 米赛跑中，运动员需要在达到最高速度后尽可能长时间地维持这一状态，然后在冲刺阶段全力以赴，使用最后的能量储备。

#### 2. 中长跑战术

节奏控制：在 800 米至 5 000 米的赛事中，合理分配比赛节奏是获胜的关键。运动员通常在比赛初期会保持一定的速度，以避免过早消耗体能。

末段冲刺：在最后一圈或最后几百米时，运动员会根据自身和对手的剩余体能进行冲刺，力争在最后阶段超越对手或保持领先。

#### 3. 长跑战术

配速：在马拉松等长跑项目中，运动员需要精准控制自己的配速，避免在比赛中出现速度过快而导致体能过早耗尽的情况。

应对对手：在长跑比赛中，观察和应对对手的动作也是重要战术之一。运动员需要根据比赛情况，选择合适的时机进行超越或调整自己的配速。

### 二、跳跃项目战术

跳跃项目主要包括跳高、跳远和三级跳远等，战术部署同样对成绩有着显著影响。

助跑的调整：在所有跳跃项目中，助跑都是至关重要的。运动员需要根据自己的身体状况和当天的比赛条件（如风速和场地）调整助跑的速度和步数。

技术动作的选择：在跳高和三级跳远中，选手往往需要根据自身技术特点和比赛状态选择最合适的跳跃技术，如选择弗洛普式跳高还是抓腕跳。

### 三、投掷项目战术

投掷项目包括铅球、标枪、铁饼和链球，同样需要战术思考。

技术执行的稳定性：在投掷项目中，保持技术动作的稳定性是赢得比赛的关键。运动员在比赛中需要集中注意力，确保每一次投掷都能准确执行技术动作。

根据条件调整：投掷项目的表现往往受到风向和风力的影响。在标枪项目中，运动员可能需要根据风向调整掷出角度，以获得更好的成绩。

在田径运动中，战术的运用是提升成绩、超越对手的重要手段。无论是跑步、跳跃还是投掷项目，运动员都需要在教练的指导下，根据自身的特点和比赛情况，灵活调整战术策略。此外，对于各种可能的比赛情况进行充分的准备和模拟，也是运动员赛前重要的工作之一。通过对田径运动基本战术的不断学习和实践，运动员可以在比赛中更好地发挥自己的水平，实现个人价值和团队目标。

## 第四节　田径运动比赛规则

田径运动作为奥运会的标志性项目之一，拥有一套复杂而详尽的比赛规则，这些规则确保比赛的公正性、安全性和顺利进行。以下将详细介绍跑步、跳跃和投掷项目的基本比赛规则。

## 一、跑步项目规则

### 1. 起跑规则

所有跑步项目都必须在裁判的发令下开始。对于100米、200米和400米的短跑项目,运动员需要在起跑枪响后立即开始比赛。如果运动员提前起跑(犯规起跑),将会被警告或直接取消比赛资格。

在接力赛中,接力棒的传递必须发生在指定的接力区内,如果传递发生在接力区外,该队伍将被判定为犯规。

### 2. 赛道规则

在所有跑道项目中,运动员必须在自己的赛道内完成比赛。如果运动员跨入其他选手的赛道,干扰了其他运动员的比赛,可能会被取消资格。

在400米及以上的跑步项目中,运动员在起跑后的一定距离内必须保持在自己的赛道内,之后可以根据比赛规则向内道切入。

### 3. 终点规则

在跑步项目中,胸前到达终点的第一位运动员获胜。现代比赛通常使用光电终点仪来精确判断运动员的完成时间。

## 二、跳跃项目规则

### 1. 尝试次数

在跳高和撑杆跳项目中,每个运动员有三次机会尝试跳过同一高度。如果三次尝试都失败,则被淘汰出局,或者选择放弃当前高度,尝试更高的高度。

### 2. 计量方式

跳远和三级跳远的成绩是从起跳线的最近端到最先接触沙坑的痕迹之间的最长直线距离。如果运动员在起跳时踩线或越线,该次尝试将被判定为无效。

### 3. 犯规

在跳高和撑杆跳中,如果运动员在尝试跳跃时触碰到横杆导致横杆落下,该次尝试被判定为失败。

在跳远和三级跳远项目中,如果运动员的任何身体部位在落地时接触到起跳线之后的任何区域外的地面,该次尝试也被判定为无效。

## 三、投掷项目规则

### 1. 尝试次数

在预赛中,每位选手通常有三次投掷机会。根据预赛成绩,一定数量的运动员进入决赛,决赛中再获得额外的三次投掷机会。

### 2. 合法投掷

投掷项目的合法投掷要求运动员必须在指定的区域(如铅球的圈内、标枪的投掷区内)完成投掷动作。如果运动员在投掷过程中触碰到区域的边界线或越过边界线,该次尝试将被判定为无效。

**3. 计量方式**

成绩的计量是从投掷起点到投掷器械首次接触地面的点之间的直线距离。在标枪项目中，标枪必须先用尖端着地才被视为有效尝试。

### 四、通用规则

**1. 服装与器材**

运动员必须穿着批准的运动服装，并使用符合国际田联标准的运动器材。非法的服装或器材可能会导致运动员的成绩被取消。

**2. 技术设备的使用**

现代田径比赛中广泛使用技术设备，包括起跑反应监测系统、风速计和光电终点仪，以确保比赛的公平和结果的准确。

田径运动的比赛规则旨在保证比赛的公正性和运动员的安全，同时促进技术和成绩的提升。了解并遵守这些规则对于运动员、教练，以及裁判员极为重要。随着技术的发展和运动科学的进步，田径运动的规则也在不断地更新和完善，以适应这一古老运动不断发展的需求。

## 第五节 田径运动的常见损伤及防护

田径是一项对运动员身体素质要求极高的运动，由于其强度大、竞争激烈，运动员在训练和比赛中经常面临着各种损伤的风险。这些损伤不仅可能影响运动员的比赛成绩，还可能对其职业生涯产生长远的影响。因此，了解常见的田径运动损伤及其防护措施是非常必要的。

### 一、常见的田径运动损伤

**1. 肌肉拉伤**

在田径运动中，肌肉拉伤是最常见的损伤类型之一，尤其是在短跑、跳远和三级跳远等需要爆发力的项目中。肌肉拉伤通常发生在大腿后侧的股二头肌、小腿的腓肠肌，以及大腿前侧的股四头肌。

**2. 肌腱炎和肌腱损伤**

肌腱是连接肌肉和骨骼的坚韧组织。田径运动员常见的肌腱炎包括跟腱炎和髌腱炎，这些炎症通常由过度使用或不当使用肌腱导致。

**3. 应力性骨折**

应力性骨折是由于反复的力量作用于骨骼，导致骨骼出现微小裂纹。长跑运动员因为长时间的跑步训练，尤其容易出现胫骨和跖骨的应力性骨折。

**4. 踝关节扭伤**

踝关节扭伤是田径运动中常见的损伤之一，特别是在跳高、三级跳远等需要复杂跳跃动作的项目中。扭伤通常发生在踝关节突然转动或不正常弯曲时。

**5. 腰背部损伤**

田径项目中的许多动作都需要腰背的力量和稳定性，因此腰背部的损伤也较为常见，包括腰肌劳损、椎间盘突出等。

## 二、防护措施

### 1. 正确的热身和拉伸

在训练或比赛前进行充分的热身和拉伸是预防损伤的关键。热身可以提高肌肉温度和血液循环,减少肌肉的刚性;拉伸则可以扩大关节的活动范围,提高肌肉的柔韧性。

### 2. 强化训练

通过针对性的力量训练增强肌肉和肌腱的力量,可以有效降低损伤风险。特别是加强腿部肌肉、腰背肌肉和核心肌群的训练,对预防田径运动中的损伤尤为重要。

### 3. 正确的技术

掌握正确的运动技术对于预防损伤至关重要。运动员应在专业教练的指导下训练,确保动作的正确性,避免不当的运动姿势导致的损伤。

### 4. 适当的恢复

充分的恢复是预防过度使用损伤的关键。运动员应确保充足的休息时间,采用适当的恢复方法,如冷热交替浴、按摩、拉伸等,帮助肌肉和肌腱恢复。

### 5. 穿戴合适的运动装备

穿着合适的运动鞋和使用正确的运动装备对于降低损伤风险至关重要。运动鞋应根据运动员的脚型和运动特点选择,以提供足够的支撑和缓冲。

田径运动的常见损伤多样,了解这些损伤及其防护措施对于运动员来说极为重要。通过进行正确的热身、强化训练、掌握正确的技术、保证适当的恢复,以及穿着合适的运动装备,运动员可以有效降低损伤风险,保持最佳的竞技状态。

# 第十九章 射箭

射箭是柔和用力的运动,男女老少咸宜,是终身可以从事的运动。射箭运动要求运动员在静态站立的同时,借助良好的核心力量保持身体稳定,同时借助颈、肩、腰等部位的协同发力完成持弓、拉弓、瞄准、放箭/瞄准、回拉等全套动作,而这些动作的完成,还需要选手们具备不俗的上肢柔韧性。

## 第一节 射箭运动概述

### 一、射箭运动起源与发展

射箭有悠久的历史,最初用于打猎和战争。最初的射手就是猎人,他们用弓箭捕杀动物维持生存。后来弓箭变成了战争中可怕的武器。约公元前 5000 年,古埃及人就掌握了如何使用弓箭。古代文明中,弓箭是使用非常普及的武器。许多神话人物都佩戴着弓箭。

现代射箭运动最早出现在英国。英格兰约克郡自 1673 年起举行的方斯科顿银箭赛延续至今。1787 年,英国成立皇家射箭协会,成为世界上最早的射箭组织。18 世纪初,射箭传入美国,1828 年成立费城射箭联合会。1844 年,举办第一届全英射箭锦标赛。1861 年,英国射箭协会成立,统一竞赛规程。1879 年,成立全美射箭协会,同年在芝加哥举行第一届全美射箭竞赛。1931 年,以英国和法国为主,成立了国际射箭联合会,同年在波兰的里沃夫举行了第一届世界锦标赛。

### 二、中国射箭运动

射箭是一项古老的技艺。在原始群居时代,为了生存,为了防御野兽的侵害,我们的祖先发明了弓箭作为狩猎和防御野兽的工具。约公元前 21 世纪,夏朝建立后,在黄帝与蚩尤的大战中,弓箭成为一种战斗武器。

射箭运动的发展是与弓、箭的演变分不开的。几千年来,弓、箭在原料、形态、大小、构造、制造上有很大变化。古代弓大多用竹、木制作而成,后来发展至用兽角、木料和肠线层板合制而成。箭和弓一样，同样在不断演变。古代的箭支多为竹、木，也曾用芦苇、藤条、云杉木加工制成。为了加强箭的穿透力，又将石、骨、铁、铜等材料制成箭头安装在箭杆上。随着人类生产的不断发展，箭支的结构也不断改进，箭头由石、骨、铜、铁逐步发展，而且其形状也不断变化。箭尾部位的箭羽，古代曾用鹰、乌鸦、鹅、火鸡等鸟类的翅羽制作。

现代的弓是用铝合金和玻璃钢等材料制成的，箭是用铝合金管或碳素材料制成的。现代的箭羽用塑料材料代替。射箭运动在我国有着悠久的历史，但是现代射箭运动却开展较晚。射箭一度成为武术项目中的表演项目。

1956年开始列为竞赛项目，1959年开始按照国际规则举办竞赛。1955年，北京体育学院武术专业课程中，开设了射箭项目的选项。

我国射箭运动相对普及，特别是少数民族地区开展较好。每年少数民族的节日都举办民族形式的射箭竞赛。

## 第二节　射箭运动基本技术与战术

参加不同体育项目的活动，需完成不同的动作，即需要学习和掌握不同的技术。合理的、正确的运动技术须符合项目运动规则的要求，有利于运动员的生理、心理能力得到充分的发挥，有助于运动员取得好的竞技效果。

### 一、基本技术

射箭运动的技术主要体现在以下几方面：

#### （一）站立姿势

站立时，两脚开立与肩同宽，上半身保持自然直立，不可向前、后、左、右倾斜。射箭的动作要以静止的姿势来进行，所以必须保持上半身的机动性，以便拉号和放箭时，能够维持正确而自然的姿势。通常采用的姿势有侧立式、暴露式、隐蔽式三种（图19-1）。

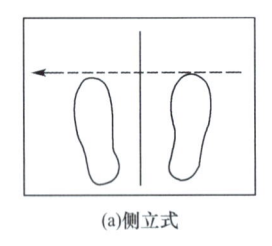

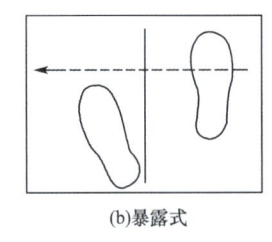

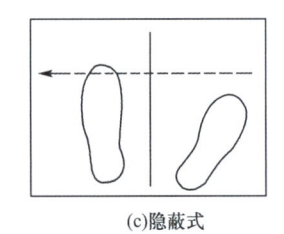

(a) 侧立式　　(b) 暴露式　　(c) 隐蔽式

图19-1　站立姿势

**1. 侧立式**

侧立式又称平行式站立法，这是最基本的、自然的站立方法。基本要求是两脚开立，与肩同宽或宽于肩，平行分立在起射线两侧，脚尖稍向外展。

**2. 暴露式**

暴露式又称斜向站立法，这是一种附加动作，为加强某部分动作，便于用力的站立方法。

基本要求是两脚开立站在起射线两侧,右脚比左脚向前半脚以上,宽度以身体感到舒服为宜,躯干有向右转体的动作。

### 3. 隐蔽式

隐蔽式站立基本要求是两脚开立在起射线两侧,右脚比左脚向后约 1/3 脚。

### (二) 搭箭

这是具体的射箭动作的开始,是将箭安在弓上的动作。主要有两种方法:

(1) 先将箭尾槽压入弓弦箭口处,然后把箭杆压入制动片下和箭台上。

(2) 先将箭杆压入制动片下和箭台上,然后将箭尾槽压入弓弦箭口处。

### (三) 推弓

射箭时,持弓手是用手掌的某一部位接触并推着弓,而不是握紧弓。推弓动作是先将弓前倾,持弓手轻推弓的握把处,拇指、食指与手腕呈 Y 字形(图 19-2)。

推弓的方法主要有高推法和低推法两种:

### 1. 高推法

用虎口抵住弓把,支撑点与手腕关节处在同一水平面上(图 19-3)。采用这种方法,接触弓的施力点比较集中,而且比较接近弓的中心部位。但需要指出的是,采用高推法时,由于在固定手腕关节时需要较大的腕部肌肉用力,因此容易产生不稳定因素,所以,手腕力量弱的射手不宜采用高推法。

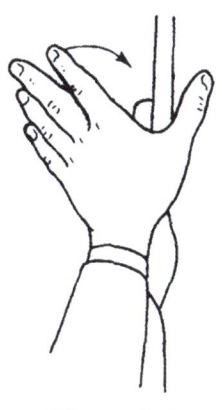

图 19-2  推弓 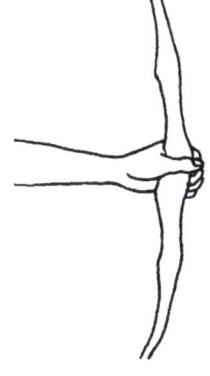　　　图 19-3  高推法

### 2. 低推法

用掌部抵住弓把,接触弓的施力点在大鱼际。弓的压力落在手腕关节上,手部肌肉和手腕关节周围的肌肉紧张程度可以相应减小(图 19-4)。

### (四) 勾弦

勾弦动作由拉弓手的食指、中指、无名指来完成,大拇指、小指不参与勾弦,大拇指自然弯曲指向掌心,小指可自然弯曲或伸直靠在无名指上。三指勾弦的位置分别是:食指在第一关节偏上处,中指在第一关节偏下处,无名指勾在第一关节处。箭尾夹在食指和中指的中间,如图 19-5 所示。

图 19-4　低推法　　　　　　　图 19-5　勾弦

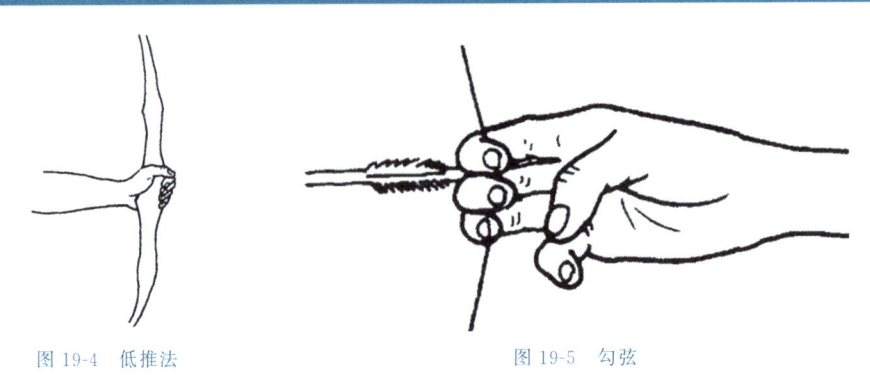

### （五）举弓

举弓是开弓前的预拉动作。第一步是左手持弓，右手勾弦，头部自然转向靶的方向，眼睛平视目标，如图 19-6 所示。然后两臂从垂直举至水平，弓垂直于地面，箭接近水平，拉弓臂肘部与之连成一条直线，两肩自然下沉，调整呼吸，引弦至全部开满弓的 1/3 处，准星为黄心或黄心垂直线上方某一固定的位置。举弓的高度，一般以拉弓臂的前臂在眼睛水平线上为宜。

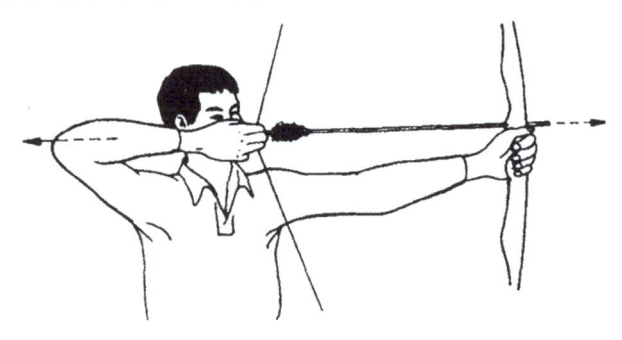

图 19-6　举弓

举弓的基本要求：保持举弓前的躯干位置不变，弓举起后，眼睛、准星和黄心上方某一点连成一条直线。持弓臂的高度每次要一致，拉弓臂的肘部保持在箭的水平线上。

### （六）开弓

开弓是根据个人特点，将弓弦引至动作固定位置的动作过程。开弓用力是借助持弓臂的外展后伸和拉弓臂的肩带肌内收来完成的。持弓臂对准靶心推，并固定肩膀的位置，拉弓臂在前者的同一延长线上直拉（图 19-7）。

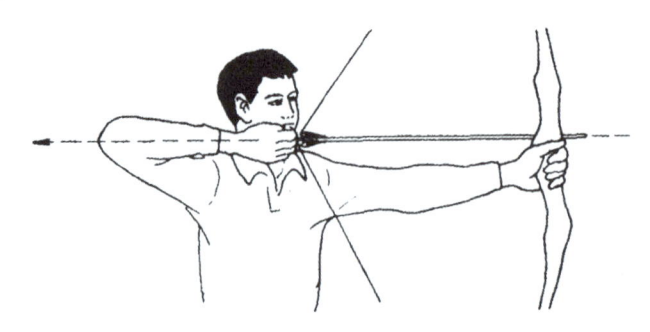

图 19-7　开弓

开弓是一个重要的技术环节,在完成时应注意以下几点要求:
(1)开弓时勾弦手指只要起到"钩子"的作用就可以了,不要参与开弓的用力。
(2)开弓应在举弓动作稳定后进行。
(3)眼睛始终看着准星,使其不偏离黄心的垂直线。
(4)持弓臂和拉弓臂用力要均衡,并保持躯干的位置不变。

### (七)靠弦

靠弦是射手勾弦手在下颌的定位动作。

**1. 靠弦方法**

靠弦的方法主要有颌下正中定位和颌下根部定位两种。

(1)颌下正中定位法

拉弓手食指靠在颌骨下面,弓弦正对鼻子、嘴和下巴的中央。

(2)颌下根部定位法

拉弓手食指靠在颌骨根部,弓弦靠在鼻子、嘴和下巴右侧中部。这种定位方法可加大拉距。

**2. 靠弦注意事项**

无论采用哪种靠弦方法,都应注意以下几点:

(1)引弦靠位时,是将弓弦引满靠到固定位置,就像船靠码头一样。靠位点是固定不动的,拉弓臂将弓引满靠在固定点。

(2)两种固定方法要固定使用一种,不可兼用。

(3)靠弦动作应一次到位,不做调整。

### (八)固弓

射手在引弦至靠位点的同时,就形成了射箭的基本姿势,射箭术语称为固势(图19-8)。这是射箭基本技术中重要的环节,是射好箭的基础动作。射的基本用力通常称为"直线用力",即持弓臂向靶心方向内旋前撑和拉弓臂靠后背肌群的用力牵引向与持弓臂相反的方向运动从而形成了一条用力相等、方向相反,并作用在一条直线上的力。

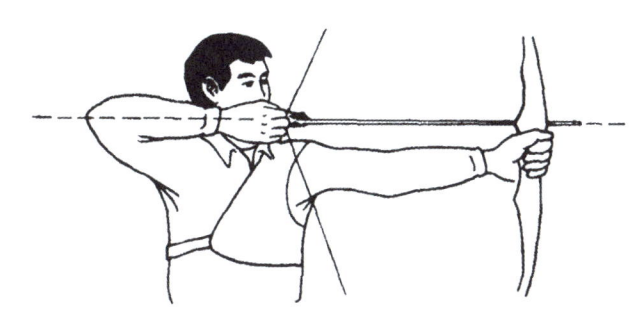

图19-8 固势

固弓动作完成时应达到的要求:身体端正,体重平均落在两脚之上,持弓与拉弓用力对称,整个动作自然稳固。

### (九)瞄准与持续用力

在射箭动作过程中,瞄准与持续用力至满弓是同步进行的,不可分开完成。

#### 1.瞄准

瞄准是指瞄向一物体的正中目标。射箭动作中的瞄准是在固弓动作形成的同时,眼睛通过弓弦的一侧,使眼睛、准星和靶心连成一条直线,从而形成瞄准基线,如图19-9所示。瞄准时使用一只眼睛,左手持弓的射手用右眼瞄准,右手持弓则与之相反。在你看到射手两眼看准星射箭时,实际上也是一只眼睛在瞄准另一只眼睛相伴,这样可以使面部更自然放松。

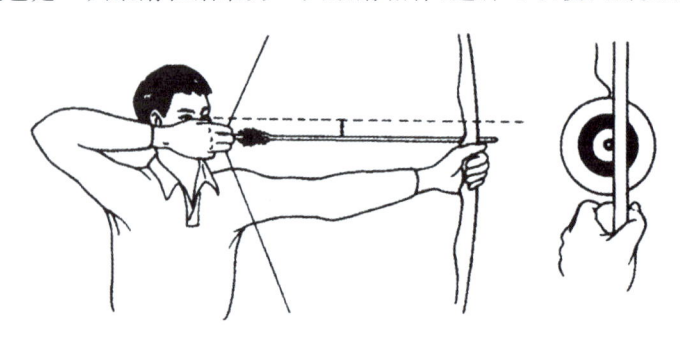

图 19-9 瞄准

#### 2.持续用力

这是射箭运动中的一个重要环节。每个射手的弓上都装有一个制动片(也称张弓指示器),它的作用是保证射手准确拉距,同时也可作为射手的撒放信号。当固势形成以后,制动片一般压在箭头的1/3处,要使箭头从制动片下拉出,就需要持续不断地用力将弓引满,使制动片落下,才可以做撒放动作。因此,在瞄准的同时,要不断地加强正确地用力,也就是固势时的"直线用力",以便使得制动片顺利落下,在正常节奏内完成动作。

### (十)撒放

撒放在持续用力至满弓、制动片落下的瞬间进行。这一瞬间动作的质量,直接影响着箭的命中率。撒放动作是由持弓臂的前撑力和拉弓臂的后拉力产生的两个方向相反、平衡、协调的力量,以力的作用点,即勾弦的靠点为中心,左右分开的过程。持弓臂随着箭出去的方向,沿着射箭面向前运动,拉弓臂沿射箭面向后运动。

#### 1.撒放具体动作

持弓臂:在撒放过程中,持弓臂的作用是使箭保持飞行方向。在撒放瞬间,继续保持内旋前撑并正直推向靶心的作用力,直至箭飞落到靶上,从而保证前撑方向不受干扰。

拉弓臂:在持弓臂前撑用力的基础上,利用勾弦三指屈肌退让方式,使弓弦滑离三指。在勾弦手指退让的同时,后背肌群和肩背肌群继续用力收缩,使持弓臂形成复原的自然反作用力。当弓弦脱离三指时,背肌带动拉弓臂沿射箭面向后运动。

#### 2.撒放动作注意事项

(1)持弓臂在撒放瞬间要保持好用力强度和用力方向,保持正确的用力不减弱,同时也不加任何外力,以免改变用力方向。推弓手指保持推弓动作用力不变,使弓在射箭面上往前移动,没有任何外加动作,如图19-10所示。

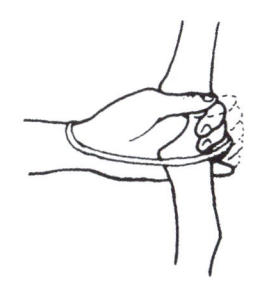

图 19-10　持弓臂撒放动作

（2）拉臂的勾弦在撒放时的运动路线,应是食指贴着下颌,沿下颌骨下面向后运动,在一个固定的位置(耳根部)结束,如图 19-11 所示。这样确定手的动作,主要是为了保证撒放手运动路线的一致性,从而达到撒放动作的规范。

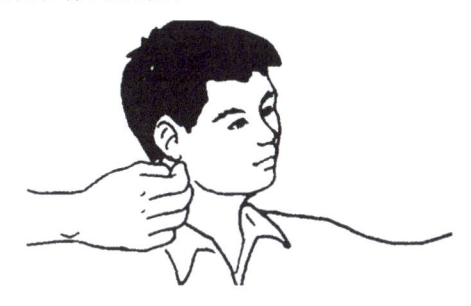

图 19-11　拉弓臂撒箭动作

（3）完成撒放动作要利用背部肌群的收缩用力。撒放时,拉弓臂应沿持续用力的方向,继续向后运动,使肘关节在背肌带动下,在保持相应高度的基础上,超过额状轴重心垂线,达到预定位置结束,如图 19-12 所示。

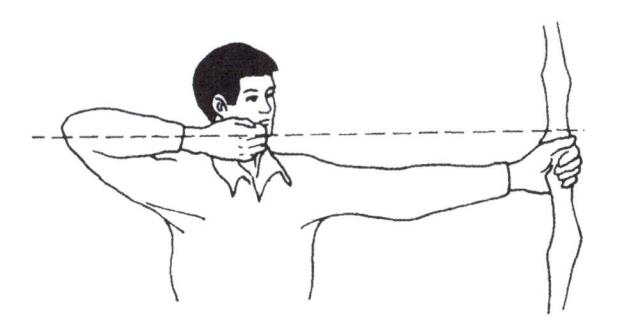

图 19-12　肘关节动作

要捕捉和掌握好撒放的时机。所谓撒放时机,就是各部动作已做好,感觉各部用力舒服,准星已稳定在应该瞄的位置上,呼吸已基本平衡,全身处于相对静止状态,从心理上有命中目标的感觉。在上述条件成熟的同时,制动片也正好落下。有了撒放信号,这些诸多条件形成的瞬间,就是撒放的时机。

### （十一）动作暂留与收势

#### 1. 动作暂留

动作暂留是指在撒放动作结束后,保持撒放结束动作和用力不变,停留 2 秒左右。完善暂留动作的目的在于强化正确的射箭姿势和撒放瞬间的正确用力,减小箭的偏差。在短暂的时间里,及时反馈所射箭的动作情况有哪些好的与不足的地方,明确问题所在,及时进行调整,明确如何射好下一支箭。这样做不仅会少走弯路,还会收到事半功倍的效果。

### 2. 收势

收势是指当射一支箭的全部动作结束后,将弓放下使动作恢复到站立时的姿势。

## 二、基本战术

射箭运动的战术主要体现在以下几方面:

### (一)一支发射时间节奏

时间节奏为射一支箭所用的时间,通常为2~3秒或3~4秒。时间长短反映射手在完成动作过程中的用力情况。因此,要求射手每发射一支箭,动作都应规范化、程序化,以取得高的成功率。

### (二)一组发射时间节奏

射箭比赛中射三支箭为一组,在限定的时间内射出。在时限外射出的箭为脱靶。因此,为保证在有效的时间内射三支箭,就应在保证一支箭发射时间节奏的基础上掌握好箭与箭之间的节奏。

### (三)避免外界环境干扰

射箭比赛主要是在室外进行,一般情况下风雨无阻。所以运动员应具备在恶劣天气,如风雨、寒冷、高温等条件下完成技术动作的能力。比赛中如遇到恶劣天气,要善于等待时机和利用阵风的空隙,保证动作的完成。

### (四)安排好待发时间

射箭比赛中,许多射手等待发射时有一些空余时间,如停止赛前练习到开始比赛之间,组与组之间、预赛阶段射程与射程之间、决赛阶段场次与场次之间的空隙时间等。在这些时间里合理有序地安排活动,对运动员正常发挥技术有很大的作用。

# 第三节　射箭运动基本操作

以训练为例对射箭运动的基本操作进行说明。

## 一、训练要点

射箭运动的训练要点如下:

### (一)准确

射箭运动是一项对准确性、动作技巧要求很高的运动项目,因而要求动作必须具备高度的一致性、稳定性与协调性。在起射过程中,用力要流畅,并且具备鲜明的快节奏感。

### （二）有效

应用最小的力量，在最短的时间之内，完成有效的射箭动作。

### （三）标准

在射一支箭的全过程中，每一步动作环节都必须有固定的标准，使动作像机器运转一样准确无误，循环往复。

### （四）流畅

每一支箭的动作程序必须十分流畅，在任何环节上都不可有迟疑。

### （五）简化

简化动作程序，去掉不必要的动作，一气呵成。应运用身体最适当的部位，并将运用部分减少到最低限度。

### （六）自然作动

做时力求自然，不做勉强动作，在转换动作时应自然流畅，尽量利用惯性和自然力。

### （七）一致

在训练中，不论采用什么内容的训练方法和手段，基本动作规格要求应该是一致的。例如，拉弓、近程撒放、射草靶、射环靶、考核等训练中，对技术规格和时间节奏的要求应该是严格一致的。

### （八）注意力

由于射箭运动固有的特点和竞赛规则的各种限制，解决射准问题的关键是靠运动员的本体肌肉用力感觉。肌肉用力感觉是射好一支箭的关键。因而，在训练过程中高度集中注意力，把正确用力感觉落实到射每一支箭的训练过程中，是射击训练的重要任务之一。

### （九）质量意识

射箭训练是一个人的单独训练过程。射箭的动作虽然简单，但要求的精确度却是极高的。因此，在完成训练的过程中，要求运动员有强烈的质量意识，具备自觉、严格、高标准要求自己的基本素质。

## 二、规范标准

射箭运动的规范标准如下：

### （一）规范动作

射箭运动的规范动作是依据人体运动科学原理和射箭运动的特点及客观规律，根据运动员的人体形态和所使用器材的规格，为了获得技术动作的一致性、稳定性、连贯性、协调性和严格的时间节奏进而将箭射中 10 环，充分动员和发挥运动员的机体能力、心理素质，有效地完成射一支箭动作的标准化程序。

### （二）原则

射箭必须符合生物力学、运动解剖学、运动生理学的要求，同时还必须符合直线用力的原则。

### (三)标准程序

技术动作的标准化程序包括站立、举弓、开弓与靠弦、靠弦与瞄准、瞄准与继续用力、继续用力与撒放、动作暂留 7 个环节。

规范动作的训练在初级训练阶段是十分重要的。初级训练阶段是打基础阶段,对运动员以后的成长和发展起着决定性的作用。基础训练不好,形成一些错误的动力定型,再重新调整就需要一个较长的训练周期。

## 三、训练程序

如今的射箭竞赛已不是简单的运动员之间的体力、技术和战术的竞赛,而是运动的聪明才智和教练员的训练方法和教学艺术的竞争。因为射箭的技术要领就那么多,技术动作也日趋模式化。今后的发展就要看谁的训练方法好、教艺水平高了。训练方法好、教艺水平高,就可能收到事半功倍的效果,一名新队员就有可能在较短时间内迅速成长为优秀运动员。反之,欲速则不达。

### (一)专项训练

**1. 主要任务**

学习专项理论知识,加强专项素质训练,提高专项竞技能力。时间为 2～3 年。这是逐步提高运动成绩阶段。

**2. 基本要求**

(1)利用竞赛弓进行拉稳定和继续用力训练,坚持天天练。

(2)利用竞赛弓进行 5 米距离对靶撒放训练,坚持天天练。

(3)利用竞赛弓进行 5 米、10 米、15 米、20 米、25 米达标训练,各距离制定技术指标。

(4)进行一定的远程技术训练,一般应在 50 米以上,争取参加一些竞赛进行测验。

**3. 重要性**

这样的训练,能使运动员从心理上和生理上逐步适应和各距离仰角的变化,增强距离感,提高综合素质,有力促进技术动作形成动力定型和规范化、一致化。

### (二)最佳竞技

**1. 主要任务**

坚持业务理论学习,熟悉竞赛规则,争取参加尽量多的竞赛,促进技术动作的进一步巩固和完善,建立正确的条件反射,创造优异成绩。时间 3 年至 4 年,并争取延长此阶段的年限。

**2. 基本要求**

(1)利用非竞赛期坚持前两个阶段基本内容的训练,特别应进行近距离的撒放训练、保持全面身体素质的训练。

(2)按竞赛规则和规程要求进行系统训练,努力提高技术水平。

(3)争取尽量多地参加国内外重大竞赛,提高全面竞争能力,创造优异成绩。

### 3. 重要性

通过此阶段的训练竞赛,可以说动作技能已全部形成并精确化、自动化。运动员就应按照自己的特长持续训练下去,特别是技术动作不宜再改动,否则已经形成的条件反射会遭到破坏而导致运动成绩受阻。这一经验值得每一个运动员和教练员认真吸取。

## （三）竞技保持

### 1. 主要任务

进一步学习业务理论,积累竞赛经验,提高心理素质,保持专项竞技水平,时间越长越好。

### 2. 基本要求

这个阶段要求运动员在技术上坚持勤学苦练,思想上高标准严要求,努力保持身体素质水平,确保技术动作的稳定,不变形,争取延长运动寿命。

# 第四节　射箭运动竞赛规则（摘编）

## 一、总则

### （一）国际射箭比赛类别

（1）室外射准比赛

（2）室内射准比赛

（3）野外射箭

（4）地靶射箭

（5）射远比赛

### （二）中国射箭比赛类别

（1）室外射准比赛

①室外单轮射准比赛（简称单轮赛）

②室外双轮射准比赛（简称双轮赛）

③室外青少年单轮射准比赛（简称青少年单轮赛）

④室外青少年双轮射准比赛（简称青少年双轮赛）

⑤世界锦标赛淘汰赛（简称淘汰赛）

⑥奥林匹克淘汰赛

（2）室内射准比赛

室内射准比赛和室外射准比赛均分为个人和团体比赛。

## 二、室外单轮、双轮射准射箭比赛竞赛规则

### （一）通则

#### 1. 比赛射程和射箭支数

（1）室外单轮射准比赛按如下射程进行比赛,每人每个射程射36支箭,4个射程共射144支箭。

女子成年组射程为:70米、60米、50米和30米。

男子成年组射程为:90米、70米、50米和30米。

60米以上射程为远射程;50米以下射程为近射程。

(2)室外双轮射准比赛即连续进行两个室外单轮射准比赛。

(3)室外青少年单轮射准比赛按如下射程顺序进行:每人每个射程射36支箭,4个射程共射144支箭。

女子青少年甲组射程为:60米、50米、40米和30米。

男子青少年甲组射程为:70米、50米、40米和30米。

女子青少年乙组射程为:40米、30米、25米和18米。

男子青少年乙组射程为:40米、30米、25米和18米。

女子儿童组射程为:25米和18米。

男子儿童组射程为:25米和18米。

(4)室外青少年双轮射准比赛即连续进行两个室外青少年单轮射准比赛。

(5)试射。每天比赛开始前,每个人可在比赛用的箭靶上试射两组(共6支)箭。

**2. 参加比赛规定**

(1)个人比赛每人必须参加规定的4个射程的比赛,缺任何一项,都作全能弃权论,只承认单项成绩。

(2)团体比赛每单位限报男、女运动员各4名,比赛规定与个人比赛相同。以前三名最好成绩计团体成绩,不足三人时,不计团体成绩。

(3)参加全国射箭比赛的运动员,必须持有中国射箭协会颁发的注册证,否则,不准参加比赛。

**3. 竞赛程序**

单轮比赛在一天内或连续两天内进行。双轮比赛即连续进行两个单轮比赛,在两天或四天内进行。每天进行2个射程或4个射程的比赛。从最远射程开始,由远到近,依次进行。

**4. 比赛方法**

(1)单、双轮比赛每靶编排运动员2至3人,最多4人。运动员靶位的排列顺序用抽签方法确定。男、女靶号顺序由场地左侧向右侧依次排列。每靶编排3人时,运动员号码排列为:

①女子组

1A、2A、3A、4A、5A……到最后靶位

1B、2B、3B、4B、5B……到最后靶位

1C、2C、3C、4C、5C……到最后靶位

②男子组

1A、2A、3A、4A、5A……到最后靶位

1B、2B、3B、4B、5B……到最后靶位

1C、2C、3C、4C、5C……到最后靶位

如果每靶安排2人,把C组去掉即可;如果每靶必须安排4人,则增加一个D组即可。男、女运动员分别进行抽签。为使同一队的运动员能在相近的靶位上,在不影响其他队的情况

下,对抽签顺序可做适当调整,这些改变应记录在案。若由大会组委会负责抽签,则应将改变记录于比赛前递交裁判委员会批准。

在报名后、抽签前,需调换运动员时,每单位男、女运动员可各调换一名,如调换的运动员人数超过这个规定,每超一人需向大会交手续费。抽签后,不得更换运动员。

(2)轮赛比赛时,每一射程射 36 支箭,分 12 组或 6 组进行,每人每组射 3 支或 6 支箭。

每靶 2 名运动员,这 2 名运动员在规定的时限内同时发射。

每靶 3 名运动员,每 2 名运动员在规定的时限内同时发射。

每靶 4 名运动员,每个时限内有 2 名运动员发射,轮射顺序如下:

A、B—C、D→C、D—A、B→A、B—C、D……依此类推。

(3)比赛开始,运动员根据灯光信号按轮射顺序和靶号进入起射线。

(4)轮赛时,每人每组 3 支箭必须在 2 分钟内射完,每人每组 6 支箭必须在 4 分钟内射完。

(5)2 分钟和 4 分钟时限,可用计时牌加音响设备、灯光加音响设备和电子计时器来控制。灯光信号用红、绿、黄三种颜色表示。

红灯:红灯亮时,同时伴有两声音响,为运动员进入起射线的时间,时长为 20 秒。

绿灯:20 秒后,当红灯变为绿灯时,同时伴有音响一声,为发射信号,每人每组 6 支箭时长为 3 分钟、每人每组射 3 支箭时长为 1 分钟。

黄灯:3 分 30 秒或 1 分 30 秒后,当绿灯变为黄灯时,无音响,发射时间还剩 30 秒。

红灯:30 秒后,黄灯再变红灯,同时伴有两声音响,为发射时间已到,正在发射的运动员即使 6 支箭或 3 支箭均未射出也要停止。起射线上的运动员立刻退下,下一组运动员进入。

绿灯再亮时开始发射,如此反复进行。当每人射完 6 支箭或 3 支箭后,红灯再亮,同时发出三声音响信号。这时裁判员、记分员和运动员进场到靶前记分和取箭。

比赛进行中,无论是取箭还是停射,都会发出停射(红灯)信号。在停止全部比赛时,发出一串音响信号。

计时牌(电动或人工操纵):计时牌的一面为金黄色,是发射信号,一直面向运动员;另一面为黄黑相间的条纹,转向运动员时,表示发射时间还剩 30 秒。

发射前有 20 秒准备时间。

音响信号可用哨声等表示,使用方法与灯光信号的音响使用方法相同。

无以上计时设备时,可用旗子、秒表和口笛声表示。

(6)记分和取箭信号发出后,单轮或双轮比赛时,运动员和记分员一起走到靶前,由该靶运动员负责报环值,报时由高环到低环顺序报出,其他运动员监督,记分员边核实边记录。裁判员随运动员进场后,站在靶前约 10 米处自己所负责的 5 至 7 个靶位的中间,观察各靶上的记分情况。有争议的环值,记分员无权判断,应举旗示意请裁判处理。记分员将全部成绩登记无误,经允许后运动员可拔箭。

(7)轮赛的灯光计时和比赛办法也可采用世界锦标赛淘汰赛预赛的办法。

(8)复合弓的比赛办法与反曲弓相同,但使用的环靶有所区别,复合弓的射手将按环靶内 10 环记分。两种弓比赛同时进行。

**5. 比赛要求**

(1)运动员到达比赛现场后,除比赛和规定进入起射线进行瞄准练习的时间外,无论搭箭与否均不可向任何地方开弓。

(2)比赛开始前 1 小时内、比赛场上和箭靶前后确无人时,运动员可进入比赛场进行练习,赛前 15 分钟退场。

(3)运动员在比赛中,在规定的 4 分钟或 2 分钟时限之前或之后射出的箭,均扣除本组靶上环值最高的箭支,记分员须在记分表上对此加以注明,并由本靶位裁判员和有关运动员签字。

(4)比赛开始,红灯亮时,运动员可进入起射线等候发射。在发出发射信号之前,不准抬起持弓手臂。

(5)比赛时,运动员必须是立姿无依托发射,要求两脚分跨起射线,后脚不得触线,但允许两脚同时踏线。

(6)运动员在起射线上不得接受任何方式的指导。

(7)在比赛中,失手射出的箭,运动员在起射线上原地不动,并能用自己的弓触到时或出现靶纸脱落、靶架倒塌等器材故障以至不能辨认箭孔时,均不作射出论。

(8)运动员因器械发生故障,不能按时比赛时,经裁判员同意,可临时改变本靶运动员发射顺序。正在发射的运动员如发生上述问题,可退离起射线一步,举旗向裁判员示意。经裁判员证实,同意离位调整时,未射出的箭支安排在取箭之前补射。补射一支箭的时限为 40 秒。若 10 分钟内尚未修复,又没有备用器材,则所缺箭支不予补射。

(9)当每靶只有一名运动员在发射时,运动员在每组发射完毕后,可将弓架或望远镜留在起射线上;当同一个靶有两名以上(含两名)的射手发射时,每名运动员应在每组发射完毕后,将望远镜、弓架等器械全部撤离起射线,放在限制线后。

运动员在发射时限前、后或在两个射程之间射出的箭,不论着靶与否,均扣除本组或下一射程第一组箭中环值最高的箭支。

如果运动员把箭支丢失在比赛场上或箭靶后面找不到,可以补充箭支,但必须在下一组比赛开始之前向裁判员报告。

(10)运动员在拔箭前要核对记分表,如有误差,可以改正,但拔箭后不得更改。

运动员在拔箭前,不得触动箭靶和靶上箭,拔箭后,应立即标出箭孔。

(11)除裁判员和轮射的运动员外其他人员一律不得进入发射区以内。除候射的运动员可持器械在候射区内等候、摄影记者可在候射区内拍照外,其他人员一律不得入内。

比赛场地除大会负责安排练习外,其他时间不得用于练习。

**6. 记分**

(1)每箭以中靶后箭杆所嵌位置计算环值。

(2)箭中靶后,箭杆触及两种色区或触及某一环线时,按射中内环区计算环值。

(3)中靶箭因受外力影响,致使箭杆改变位置时,按箭杆所嵌的位置计算环值。

(4)在靶面上或本靶箭道地面上,出现某一运动员 3 支(或 6 支)以上的箭,应记录该运动员环值最低的 3 支或 6 支)箭。

(5)射出的箭,嵌进了已中靶箭的箭尾,或射坏它的箭杆,反弹落地,均按已中靶的箭的环值计算。

(6)射出的箭触及已中靶箭的任何部位,又反弹着靶,接着靶点计环值。

(7)箭射在地上或触及他物反弹中靶,或箭尾中靶,均按着靶点计算环值。

(8)箭中靶又反弹落地,或穿出靶面,仍按中靶点计算环值。如果发现一支反弹箭有两个没有标出的箭孔,判脱靶。如果同靶上两名运动员同时出现了反弹箭,在靶面上找到环值不同的两个未标箭孔,每人都按未标箭孔的最高环值记分。

(9)射箭在他人靶上,判脱靶。

### 7. 运动员签名

在比赛进行中,箭支记录有误,必须在拔箭前请裁判核实更正,由运动员在更正处签名表示同意。在每一射程结束后,运动员应核实成绩,只要确认每支箭的记录无误,即可在记分表上签名。如果累计分或合计分有误,记分员可以更正,不需有关人员签名。

### 8. 惩罚

(1)比赛的运动员,在发射区内不得接受任何方式的技术指导。凡违反者,对指导者和被指导者均给予警告,以后重犯一次,均从总成绩中扣除5环(领队和教练员从本队团体成绩中扣除)。

(2)运动员进入比赛场后,在发射区以外开弓者,给予警告。

(3)在正式比赛的前一天练习日中,运动员在发射信号给出之前或停止发射信号给出之后发射,均不给予扣环或扣箭支数的处罚;如再有类似情况发生,发令长可责令该运动员退出练习场地;如发现有运动员故意违反发射规定甚至涉及其他运动员的人身安全时,该运动员将被免去参加比赛的资格。

(4)运动员可在赛前一小时在比赛场上练习,并于赛前15分钟停止。如有发现运动员在赛前15分钟后在两射程中间的休息时间内仍在比赛场上进行发射练习,该运动员将被扣去下一组比赛中环值最高的箭支。

(5)比赛时,在靶面上或本靶道地面上出现某一运动员3支(或6支)以上的箭,第一次给予警告,并记录最低的3支(或6支)箭的成绩;第二次重犯,取消比赛资格。

(6)无故迟到或缺席,不服从裁判,违反规则,经教育不改者,给予警告或取消比赛资格。

(7)运动员未得到对方同意,不得动用对方的器械,情节严重者,可取消比赛资格。

(8)无论任何情况,弄虚作假、伪造成绩者,经调查属实,据情节给予警告、取消该射程比赛、取消本次比赛、取消1~3年度全国性比赛资格。

(9)同一运动员在本次比赛中,3次受到警告处分,取消本次比赛资格。运动员被取消比赛资格,其取得的成绩相应取消,已发奖牌追回。

### 9. 名次评定

男、女分组,个人及团体均以环值评定名次。

(1)个人名次

在单轮比赛中,个人名次按每个运动员的单轮全能(4个射程144支箭)成绩排列,环值高者,名次列前。

在双轮比赛中,个人名次按每个运动员的双轮全能(4个射程288支箭)成绩排列,环值高者,名次列前。

如成绩相等,中靶箭数多者名次列前。如仍相等,中10环箭数多者名次列前。如仍相等,中9环箭数多者名次列前。如仍相等,名次并列。

在双轮比赛中,单轮比赛和单轮单项成绩取两个单轮中最佳成绩,单项名次的排列方法同上。

(2)团体名次男、女分组计算

以各单位参加团体比赛的前3名运动员个人全能成绩之和,决定男、女团体名次。环数多的单位,名次列前。

如成绩相等,队中个人全能环数多者所在单位列前,如仍相等,个人全能环数次多者所在的单位列前,如仍相等,名次并列。

**10. 成绩册**

成绩册包括下列内容:

(1)破纪录成绩统计表,包括破全国纪录和破世界纪录。

(2)男子组和女子组团体录取名次成绩表,注明各单位3名运动员的姓名和成绩。

(3)男子组和女子组个人录取名次成绩表。

(4)男子组和女子组单项录取名次成绩表。

(5)运动员个人成绩一览表,可按成绩或其他方法排列,个人的各项成绩、名次应全部附上。

**11. 纪录**

(1)全国纪录

凡在国家体育总局,省、自治区、直辖市体育局,各系统全国一级体育协会主办或认可的正式竞赛中,严格执行国家体育总局审定的竞赛规则,有该项国家级或国际级裁判员执行裁判工作,运动成绩打破全国纪录,可以申请为破全国纪录。

各省、自治区、直辖市体育局主办的正式竞赛中,必须聘请其他省、市的国家级裁判员共同执行裁判工作。

在我国运动员参加的正式国际射箭比赛中,运动成绩打破全国纪录,可以申请为破全国纪录。

破全国纪录的申报手续,必须在该项竞赛结束后10天内报国家体育总局。出访的运动队,必须在回国后10天内办完申请手续,报国家体育总局,逾期不报者不予审批。

一名运动员在一次比赛中,先后数次打破同一个项目的纪录,后一次高于前一次的成绩,方统计为破全国纪录的次数,但国家体育总局只公布其中最高成绩为全国纪录,在同一次竞赛中,两名以上运动员的成绩先后超过原全国纪录时,后者高于前者的,方统计为破全国纪录次数,但国家体育总局只公布其中最高成绩为全国纪录;如同时在两地比赛,两名以上运动员成绩高于原全国纪录的,凡是在24小时以内创造的,均统计为全国纪录。成绩相同的,以先创该成绩者为打破全国纪录,后者为平全国纪录。

凡运动成绩高于全国纪录,国家体育总局将及时审批并公布该项目的全国纪录。

(2)世界纪录

凡在世界锦标赛、奥林匹克运动会、洲际锦标赛、国际性比赛、全国性比赛中,运动员所创造的成绩超过世界纪录,均可申请为破世界纪录。

### (二)场地设置及器材

#### 1. 场地设置

射准射箭比赛须在开阔的草地上举行。发射的方向是由南向北。场地平坦,长约 130 米,宽 150 米。轮赛场地的宽度可根据所设靶位酌定。

所有运动员均在同一个场地内进行比赛。由南向北发射的场地,在南端距运动员休息区底线 20 米处画一条东西向的直线为起射线。在此线以北相距 30 米、50 米、60 米、70 米、90 米处,各画一条与起射线平行的线,称为终点线,线宽不超过 5 厘米。

每一射程的距离是从起射线的外沿起,至终点线外沿止(线宽含内)。

在起射线上,对准各靶的中心点各画一条长 1 米的垂直线,称为靶中心线。比赛时由起射线至各终点线,每一靶之间,或两三个靶之间画一条垂直线,称为箭道线。

在起射线后 5 米处画一条平行线,称为限制线(用虚线画出),两线之间为发射区。在限制线后 5 米处画一条平行于限制线的线,称为候射线,两线之间称为候射区。

在终点线(90 米)后 20 至 30 米处和比赛场两侧、靶位的外沿至少 10 米处为危险区,应设置明显标志,严禁通行。

起射线后 6 米处,设裁判员席,每个席位设置在每个裁判员分工负责的几个靶位之间,可允许新闻采访人员在候射区裁判员席后面进行拍摄工作,但不得长时间逗留观看比赛。在箭靶的一侧或两侧危险区外,设记分员席。记分员坐在席位上能看到靶面。

发令台设在男子组、女子组场地之间起射线后约 1 米处。发令台的长与宽各约 2 米,高约 1.5 米。

男子组、女子组场地之间的距离,至少相距 5 米,男、女靶位号均由内侧向外侧排列。如男子组、女子组比赛分上、下午进行,则男、女靶位号由场地左侧向右侧排列。

在比赛前,应为运动员准备一块练习场地,靶子设置不同射程以供练习。裁判员负责组织训练场的训练工作,统一发射、取箭。如有运动员违反这一规定,裁判员有权停止该运动员的练习。

#### 2. 器材

(1)靶号牌

靶号牌的规格为 40 厘米×40 厘米,号码数字的高度 30 厘米。单、双号颜色分别为黄底黑字和黑底黄字(如 1、3、5、7 为黄底黑字,2、4、6、8 为黑底黄字),放在各靶正中的上方后下方、各靶起射线的靶中心线前方。相对称的两块号码牌,号码、颜色、大小完全相同。

(2)风向旗

按靶的单、双号设两种不同颜色的风向旗,其规格为长 30 厘米、高 25 厘米的三角旗(不得用红色),由质地轻薄的材料制成;风向旗应放在箭靶或靶号正上方,高出箭靶或靶号牌 40 厘米。

(3)示意旗

旗的颜色必须是红色,分别放在每个箭靶背后和起射线上每个靶中心线的附近,以俯身可取为准。旗的大小、材料等与风向旗相同。

(4)灯光

灯光信号由三色组成,由上向下顺序为红、黄、绿色,设在起射线前15～30米的边线以外和男子、女子组场地分隔区内。放置角度约45°,使该场正在发射的运动员都能看清信号。如设置两部以上,灯光信号必须同步。

(5)计时牌

牌的尺寸不小于120厘米×80厘米,牌的一面为20～25厘米的黄、黑相间条纹,条纹与地面呈45°角;另一面为全黄色。牌子必须设置两块,放在男子、女子组分割区中30米射程以内的地面上,安装要牢固,转动要灵活。

(6)电子计时器

电子计时器的数字不得低于30厘米高,在180米处能看清数字。数字要求从倒数顺序显示时间,并能根据需要即停或即走。放置的数量、位置与灯光相同。

(7)备用装置

应备好口笛、秒表、旗子(红、黄、绿色)等简单用具,以备停表或电子装置发生故障时使用。

(8)轮射顺序牌

牌的大小不限,以站在起射线上看清为准,放在灯光架或计时牌附近,和灯光配套使用,还可和灯光信号组装在一起。一靶2名运动员轮射顺序排列为A、B、B、A;一靶3名运动员轮射顺序排列为A、B、C、C、A、B、B、C、A;一靶4名运动员轮射顺序排列为A、B、C、D、C、D、A、B。

(9)距离牌

用来标明各射程的距离,放在各终点线两端边线外,牌的规格和式样不限,设置高度要统一,但高度不得超过50厘米,30米、50米、70米距离牌各设两块,60米、90米各设一块。

(10)成绩公告牌

共备2～4块,分别公布男子、女子个人和团体成绩(包括名次、靶号、姓名、单位和累计分)。轮赛公布个人前8名至10名和团体前6至8名的累计分。

公布所有运动员的全部成绩(靶号、姓名、单位、单项成绩和累计分)的公布栏可放在运动员比较集中的地方(如住地、饭厅走廊或附近)。

编排记录处设在男子、女子组成绩公告牌附近,并设有防风雨、日晒和外界干扰的设备。

记分夹使用规格不小于记分表的夹子或木板,其数量根据比赛设置的靶位确定。

(三)环靶、箭靶和靶架

1. 环靶

环靶为圆形,有三种规格。远射程(90米、70米及60米)使用直径122厘米的环靶;近射程(50米、40米、30米和儿童的25米)使用直径80厘米的环靶;青少年乙组的25米、18米和儿童18米使用直径60厘米的靶纸。

环靶,均自中心向外分别为黄、红、浅蓝、黑和白5个不同色的等宽同心圆区。每一色区间有以一条细线分为两个同色等宽区,这条细线称为分区线,画在高环区内。最外面的白色区外缘线,画在环区内。线宽均不得超过2毫米。这样就构成10个等宽的环区。122厘米的环靶,每个环区宽6.1厘米。黄心直径为12.2厘米,其余各环的直径依次增加12.2厘米。直径80厘米的环靶,每个环区宽4厘米,黄心直径为8厘米,其余各环直径依次增加8厘米。无论哪一种环靶,8环以上环区(含8环)每环直径误差均不超过±1毫米,其他环区每环直径误差均不得超过±3毫米。

环靶中心用"x"符号标出,称为针孔"x"符号的线宽不超过2毫米。

环靶可用纸、布或其他适当的材料制成,但同一次比赛中,要求所用材料相同、规格统一。比赛时,可将靶纸紧贴在4~5厘米厚的瓦楞纸或其他适宜的板上,使环靶面平整、耐用,又利于裁决。将贴好的板挂在箭靶上,靶中心点垂直于终点线外沿,高130厘米,尺寸误差不超过±5厘米。国际比赛时,靶纸内含有纤维,直接挂在箭靶上使用。

复合弓比赛使用的环靶是在以上环靶的10环内增加内10环,其他相同。

**2. 箭靶和靶架**

箭靶有方形和圆形的两种,边长和直径不得少于124厘米,厚度不限,重量适中,便于移动。用稻草加麻布或其他适合的材料制作,要求坚实耐用、硬度适宜,使箭容易射入而又不易脱落或穿透,并能牢固地安装在靶架上。

支撑箭靶的架子称为靶架,用木料或竹料制成,要求坚固耐用。靶架应倾斜地放在终点线上,要求与地面垂直线的夹角约15°。各环靶中心的高度,力求在一条直线上。

**(四)运动员的器械及服装**

运动员所用器械自备,经检查后,方可使用。

**1. 弓**

弓的类型不限,只要符合公认的原则及射准用的"弓"这个词的含义即可。"弓"由一个弓把、弓面及一对顶端带环扣的弹性弓翼组成。弓上可安装可调箭台、各种可扭动的按钮、扣点、箭床和可使用一个发出声音的或看得见的张弓指示器,但不能是电动的或电子的,也不能有助于瞄准,扣点只能装在离弓的握把口(轴点)最远4厘米处。

弓上可以用瞄准器或瞄准标记,或设在地面的瞄准点。在任何情况下,这类装置只能任选一种使用。弓上安装的瞄准器,可作为上、下、左、右调节的瞄准之用。但不能配备棱镜、透镜或其他放大器具、水平仪或电子部件,也不准使用两个以上的瞄准点。可安装一个瞄准器托。

弓上的瞄准记号是为了瞄准而在弓上标出的唯一记号,这个记号可用铅笔、条子或其他适合的材料标出。

弓上可安装带有射程的刻度盘或标尺,作为瞄准的引导器,但不能有辅助瞄准的作用。

弓上允许安装稳定器和可扭动的箭飞行防震器,但不准用作引弦瞄准,不能触及他物,不能妨碍其他运动员发射。弓上还可安装可调箭侧垫。

**2. 弦弓**

弦由数股选用的涤纶线或其他材料制成,中段缠上线。弓弦上缠线部分在拉满弓时,不得超过射手本人的鼻尖。

弦上可安装一个附加物,作为唇珠或鼻珠,安装的高度不得超过鼻尖。

弓弦上不准有"窥视孔"及有助于瞄准的任何标志和装置。

### 3. 箭

一支箭包括箭头、箭杆、箭扣和箭羽。各种箭都可使用,只要是符合一般原则及射准运动中"箭"的含义。但各类箭都不得给靶面和箭靶造成不应有的损失。运动员在同一组比赛所使用箭支的样式、箭扣、箭羽和颜色必须相同。

每个运动员的每支箭上,都要标明自己的姓名(缩写字头亦可)和单位,以示区别。

### 4. 其他用具

可以使用指套、手套、护手皮片或胶布带,但不能有辅助引弦或撒放的作用。可以使用普通眼镜、射箭眼镜、太阳镜,但都不得装有微孔棱镜、微孔眼镜和类似的装置,也不能标出有助瞄准的记号。

可使用场地望远镜、普通望远镜和其他观察器具。可以使用护臂、护胸、汗垫、背弓带、腰带、箭筒和棉纱等。

可以使用脚准星,但不得超出地面1厘米。如射手不得已要临时换器材,应在使用前将这些器材交给裁判委员会检查。

### 5. 服装

各队的教练员、运动员必须穿统一比赛服装,要佩戴本单位标志及大会规定的号码。号码戴在后背中间。

允许运动员的服装上印有所代表的单位名称、标志。在比赛中运动员不准穿短裤、无袖上衣和拖鞋,也不允许赤脚。运动员均应备有防寒、防雨服装。教练员的服装与运动员相同。

## (五)裁判人员及其职责

### 1. 裁判人员

(1)总裁判长1人,副总裁判长1~2人。

(2)发令裁判长1人,助手1人。

(3)裁判组裁判长2人,裁判员每5~7个靶1人。

(4)记分组组长2人,记分员每靶设1人。

(5)编排记录处设总记录长1人,副总记录长1~2人,记录员6~8人。另外设联络员1~2人,成绩公告员2~4人。

### 2. 职责

(1)总裁判长

总裁判长由主办单位委任,负责主持整个裁判工作。

竞赛前,负责检查场地设施和器材,组织裁判员学习规则。

负责召开必要的裁判会议。每天比赛结束,进行工作小结。

对本规则未含的具体裁判细节,可做出临时决定,但不得与规则精神相违背。

对比赛中发生的有关裁判方面的重大问题,有权做最后决定。

对违反规则的运动员,有权取消其比赛资格。

有权处理在裁判工作中犯有严重错误或不称职的裁判员。

审核并签署比赛成绩,闭幕时宣布成绩。

大会结束后进行工作总结。

(2)副总裁判长

协助总裁判长进行工作,分管赛前裁判员和记分员的学习和培训工作,和编排记录长商定记分员培训计划,了解裁判学习情况。总裁判长不在时,代理执行其职责。

(3)发令裁判长

负责比赛的统一发令、计时和安全(包括练习场地)。记录比赛因故中断的原因和时间,控制扩音器的使用和摄影记者的活动等。

(4)裁判员

赛前检查场地设施、器材是否符合规定。

检查运动员服装、证件、号码和比赛器械是否符合规则要求。

判定运动员发射是否有效,对犯规者,有权给予处罚。

监督报靶、记分和比赛的进行。

负责与发令裁判长联系补射箭支和必要的暂停。

处理有争议的箭支,负责改正记分表上箭支栏内的错误。

比赛中出现问题时与裁判长商定。发生重大问题时,应及时报告总裁判长。

在整个比赛中,工作要积极、主动,认真执行规则和裁判法。

填写惩罚表,并将事情的经过、内容和处理结果或建议认真填写在惩罚表中,及时交给裁判长。

(5)记分员

在记分组长的领导下进行工作,核实和记录报靶人所报环值。

指挥运动员拔箭和标好箭孔。

核算个人累积环值,每射完两组(6支)箭后,填写一次成绩报告表,报送总记录处。

每一射程比赛结束后,裁判员、记分员及运动员须在记分表上签名,然后才能送总记录处。

记分员无权改动记分表上记载的每支箭环值的数字,需改动时,必须由裁判员执笔,并和运动员共同签名。

(6)编排记录人员

在编排记录长领导下工作:

负责竞赛编排工作,编排秩序册,准备各种表格。

记分组长负责记分员的培训工作。

核实成绩报表和记分表,排出名次。按男、女分组,两组(6支箭)公布一次个人前8至10名和团体前6至8名累计成绩。

每天比赛结束后,向负责竞赛的部门提供成绩公报所需要的成绩和打印的数量。

整个比赛结束后,及时核算个人及团体总成绩。

比赛结束,立即编印成绩册。总记录长签名后送总裁判长审查。

及时小结,将文件、资料整理好上交大会。

联络员负责终点、总记录处及成绩公告处之间的联络工作。

成绩公告员负责公布总记录处送来的个人及团体成绩,协助总记录处核对成绩。

(7)场地工作人员

负责管理训练和比赛场地的设备和器材。

比赛中和比赛结束后移动靶位,更换靶纸,修补靶架后提供用具。

场地工作人员不得兼任其他工作,有1名电工协助发令长工作。

(8)仲裁委员会

由不参加比赛的有关人员组成,3~5人。

在组委会领导下进行工作,是竞赛的仲裁机构,它的任务是复审比赛期间执行竞赛规则、规程中发生的纠纷,保证规则、规程的正确执行,受理各队队长书面提出的对裁判员判决有异议的申诉。

仲裁委员会的决定应有记录,并应在发奖前交给申诉者、裁判委员会主席及组织委员会。

仲裁委员会于每天比赛结束30分钟后,方可离开场地。

# 第二十章 毽球

毽球又称"羽毛球足球",是一项将羽毛球和足球元素结合在一起的运动。它起源于中国,随后在亚洲其他地区及世界范围内逐渐流行起来。毽球不仅是一项竞技体育,也是一种广受欢迎的休闲活动,它对于提高参与者的身体协调性、灵活性、速度和平衡感有着显著效果。下面将详细介绍毽球的历史背景、基本规则、技术要点、设备和场地要求,以及如何训练以提高技能。

## 第一节 毽球运动历史背景

毽球运动以其独特的魅力和历史渊源,在世界多个国家和地区享有盛名。这项结合了足球和羽毛球元素的运动,不仅是一种体育活动,更是一种文化的传承。毽球运动的历史背景丰富而深远,从古代的休闲活动发展成为今天的竞技体育,经历了漫长而有趣的变迁过程。

### 一、古代起源

毽球运动的最早形式可以追溯到中国汉代。当时的毽球被称为"蹴鞠",是一种流行于皇宫和民间的游戏。蹴鞠最初可能仅仅是一种军事训练活动,用以提高士兵的身体素质和灵活性。随着时间的推移,蹴鞠逐渐演变成一项广受欢迎的休闲活动,不仅贵族和文人士大夫喜爱,平民百姓也乐此不疲。

### 二、发展与流传

毽球运动从中国传播到东亚其他国家,如日本、韩国,在这些地区形成了各自独特的玩法和风格。到了宋代,毽球已经成为一项正式的体育运动,有了较为固定的规则和比赛形式。毽球的制作材料和技术也得到了显著改进,毽球本身从简单的羽毛和纸制品演变为更为复杂的结构,如加入硬质底座和更多的装饰元素。

## 三、近代发展

进入 20 世纪,随着体育运动的普及和国际文化交流的加深,毽球运动开始在世界范围内传播。特别是在亚洲,毽球因其简单的设备需求和对身体协调性、灵活性的高要求,成为学校体育教学的重要内容之一。毽球运动在亚洲的多个国家和地区设有专业的比赛和联赛,促进了该运动技术和竞技水平的进一步提高。

## 四、现代竞技体育

今天,毽球已经是一项国际性的竞技体育项目。不同于古代的休闲娱乐方式,现代的毽球运动拥有标准化的规则、专业的设备和广泛的参与者。国际毽球联合会(International Shuttlecock Federation)的成立,标志着毽球运动正式进入国际体育舞台。每年举办的世界毽球锦标赛吸引了来自世界各地的运动员参与。

## 五、文化意义

毽球不仅是一项体育运动,还承载着深厚的文化意义。在中国,毽球被视为传统文化的重要组成部分,相关的技艺和制作工艺被列为非物质文化遗产。毽球运动的推广和发展,不仅促进了身体健康和体育竞技,也为传统文化的传承和推广做出了贡献。

毽球运动从古代的蹴鞠游戏发展而来,经历了数千年的演变,逐渐成为一项受到全球欢迎的体育运动。它不仅考验运动员的技巧和身体素质,更是一种文化的传承和交流。随着国际交流的加深和体育运动的发展,毽球运动将继续以其独特的魅力吸引更多人的关注和参与。

# 第二节 毽球运动基本规则

毽球运动通过踢、顶或用其他身体部位(除了手臂和手)来控制一个装有羽毛的小球,使其在空中飞行而不落地。它既可以在室内进行,也可以在户外进行,根据比赛的具体形式,可以是单打、双打或团体赛。毽球运动的基本规则简单易懂,但要精通此项运动,需要高度的技巧、敏捷性和战略思维。以下是对毽球运动基本规则的详细介绍:

## 一、比赛场地与设备

毽球场地类似羽毛球场,但尺寸略有不同。标准的毽球场地长 13.4 米,宽 6.1 米,中间设有一张网,网的高度为 1.52 米。场地被划分为两个相等的半区,每个半区进一步被分成两个服务区。

毽球的设计使其适合用脚踢击。它由一个硬底和装有羽毛的顶部组成,重量为 20~50 g。

## 二、比赛目标

毽球运动的主要目标是利用脚或身体的其他部分(不包括手和手臂)使毽球过网,落入对方的场地,而对方则尝试用同样的方式返回球。如果对方无法有效返回球,或者球落地,则获得分数。

## 三、发球规则

每局比赛开始时,一方进行发球。发球必须在服务区内进行,接球方站在对面的服务区内。发球成功后,双方可以在全场移动。发球方在得分后继续发球,直到失误或对方得分,然后发球权交换。

## 四、计分制度

毽球采用局分制进行计分,一般比赛采用三局两胜制。每局比赛先得到 21 分的一方获胜,如果比分达到 20 平,那么需要领先对手两分才能获胜。如果比分达到 29 平,那么第 30 分的获得者赢得该局。

## 五、比赛进行

在比赛过程中,球员可以使用脚、腿、头部和身体的其他部分来控制和传递毽球,但不能使用手或手臂。球员在接球后,只允许毽球在自己身上弹跳一次,即必须在毽球落地前将其踢回对方场地。

## 六、毽球出界规则

如果毽球在过网后直接落在界外,或在飞行过程中被判定出界,则判对方得分。毽球的界外是指超过两侧边线和底线的区域。

## 七、犯规和违规行为

在毽球比赛中,以下行为被视为犯规,将导致对方得分:
(1)球员用手或手臂触球。
(2)发球时脚踏线或越线。
(3)毽球在一方场地内连续弹跳超过一次而未能打过网。
(4)拦网,即在毽球过网前阻挡对方击球。

## 八、暂停和更换设备

比赛中允许在合适的时机请求暂停,以调整装备或休息。每方每局比赛有权利请求一次短暂的暂停。

## 九、比赛礼仪

毽球运动强调体育精神和比赛礼仪。比赛过程中,球员应该遵守裁判的判决,尊重对手。比赛前后,双方球员和裁判员应互相致意,表示尊重。

毽球运动以其独特的竞技性和娱乐性,在全世界范围内受到欢迎。无论是在休闲娱乐还是在竞技层面,了解和掌握上述基本规则,将帮助参与者更好地享受这项运动。通过不断的练习和比赛,参与者不仅能够提高自己的技术水平,而且能体验到团队合作和公平竞争的乐趣。

## 第三节　毽球运动技术要点

毽球运动是一项结合了灵活性、敏捷性和技巧的体育项目,对参与者的身体协调能力和反应速度提出了较高的要求。精通毽球运动不仅需要了解比赛的基本规则,更重要的是掌握其技术要点。

### 一、基础踢法

毽球的基础踢法是整个运动的核心,包括内踢、外踢、前踢、后踢和顶踢等。每种踢法都有其适用的场景和技术要求:

内踢:使用脚的内侧接触毽球,适用于短距离传球和精准控制方向。

外踢:利用脚的外侧踢球,可以生成旋转,增加毽球的不可预测性。

前踢:用脚背踢击毽球,适合远距离传球和攻击。

后踢:利用脚跟向后踢球,主要用于防守和意外攻击。

顶踢:使用脚尖顶球,适用于快速上抬毽球高度,进行攻击或应对高空球。

每种踢法的掌握需要大量的练习,熟练运用这些基础踢法是提高毽球技术的关键。

### 二、控球技巧

控球技巧是指在比赛中对毽球的控制能力,包括控制毽球的高度、速度和方向。良好的控球技巧可以帮助球员更好地制定战术,对比赛进行有效的控制。控球技巧的提高需要球员具备良好的预判能力和身体协调性,通过不断练习,学会在不同的比赛情况下,准确、快速地做出反应。

### 三、发球和接球技术

**1. 发球**

毽球比赛的开始由发球决定。一个优秀的发球可以直接为比赛奠定基调。发球时,应根据对手的布局和自身的战术需要,选择合适的力度和方向。高水平的发球应具备不易被预判和接球难度大的特点。

**2. 接球**

接球能力决定了球员能否有效地控制比赛。高质量的接球不仅要保证不失误,还要为下一步攻击或传球做好准备。练习时,要特别注意不同方向、不同速度的毽球的接法,提高适应能力。

## 四、比赛策略

观察对手：比赛前和比赛中持续观察对手的习惯和弱点，根据对手的特点调整自己的战术。

位置感：在场上保持良好的位置感，能够快速移动到毽球落点，准备攻击或防守。

变化发球和攻击模式：通过变化发球的速度、角度和方向，以及攻击的深度和节奏，来迷惑对手，创造得分机会。

团队协作：在双打或团体比赛中，团队之间的配合尤为重要。有效沟通和预设战术可以在比赛中占据优势。

## 五、身体素质和灵活性训练

身体素质：增强体力、速度和耐力对提高毽球技能至关重要。通过跑步、游泳等有氧运动提升心肺功能，通过力量训练增强腿部力量。

灵活性和协调性：通过瑜伽和拉伸运动提高身体的灵活性和协调性，帮助球员在比赛中更好地完成各种技巧动作。

总体来说，毽球运动的技术要点围绕着基础踢法、控球技巧、发球与接球技术、比赛策略，以及身体素质和灵活性训练展开。每一项技术的提高都需要球员通过大量实践和不断练习来实现。同时，良好的心理素质、比赛经验和对规则的深刻理解也是提高毽球水平的关键因素。通过全面系统的训练，球员可以在毽球运动中达到更高的技术水平和比赛成绩。

# 第四节　毽球运动的设备和场地

毽球运动作为一项在全球范围内逐渐受到重视的运动项目，不仅对参与者的技能和体能有着较高的要求，而且对比赛的设备和场地也有特殊的规定。良好的设备和专业的场地，不仅能够提升比赛的公平性和观赏性，还能确保运动员的安全。以下是对毽球运动设备和场地的详细介绍：

## 一、毽球设备

毽球的核心设备是毽球本身。毽球外形类似羽毛球，但是在结构和材质上有所不同，专为脚部操作设计。

### 1. 毽球构造

毽球通常由四部分组成：底座、羽毛、连接部和顶帽。底座通常由硬质材料制成，如塑料或金属，以确保足够的重量和稳定性；羽毛部分则采用轻质材料，如鹅毛或尼龙，以保证毽球在空中的飘浮性和可控性；连接部将底座和羽毛紧密结合；顶帽位于羽毛的顶端，通常较为轻盈，以优化飞行轨迹。

### 2. 规格

毽球的重量、尺寸和羽毛的长度都有一定的标准。一般而言，毽球的重量为 20～50 g，能够保证良好的飞行性能和易于脚部操作的特性。

## 二、毽球场地

毽球场地的设计类似于羽毛球场地，但尺寸和标记有所区别，以适应毽球运动的特点。

场地尺寸：标准的毽球场地长约 13.4 米，宽约 6.1 米（双打时宽度相同），这样的尺寸既可以保证比赛的激烈程度，也足够容纳运动员进行各种技术动作。

网高：场地中央设置一张横跨全场的网，网的高度为 1.52 米。网的存在不仅定义了比赛双方的区域，还是比赛中攻守转换的关键点。

地面材质：毽球场地的地面材质通常选择木质、合成材料或特制的室内外运动地板，以保证足够的弹性和减震性，降低运动员在运动中的受伤风险。

标线：场地上的标线清晰地划分了服务区、接发球区及双打和单打的区域。这些标线不仅帮助运动员和裁判员判断球的落点，还是比赛策略的重要参考。

## 三、其他设备

除了毽球和场地之外，毽球运动还涉及一些辅助设备，以保证比赛的顺利进行。

### 1. 记分牌和裁判用具

为了保持比赛的公正性，现场通常会设置记分牌，以便观众和运动员清晰地了解比赛进程。裁判用具包括哨子、记录板等，以协助裁判员更好地执行比赛规则。

### 2. 运动员装备

运动员在比赛中需要穿着专业的运动服装和运动鞋。鞋子特别设计，以增加地面摩擦力和支撑性，减少运动中的滑倒和脚部伤害。

毽球运动的设备和场地设计充分考虑了运动的特性和运动员的安全。通过标准化的场地尺寸、专业的设备，以及对运动员装备的要求，毽球运动旨在提供一个公平、安全、有趣的比赛环境。无论是业余爱好者还是专业选手，了解和遵守这些设备和场地的规定，都是享受毽球运动乐趣的前提。随着毽球运动的普及和发展，相信会有更多的人了解到这项运动的魅力，并参与其中。

# 第五节 毽球运动的训练和技能提高

毽球运动是一项对技术、体能和策略要求极高的运动。要想在毽球运动中达到较高水平，除了需要掌握基础的踢球技巧外，还需要掌握科学的训练方法和制订有针对性的技能提升计划。

## 一、基础体能训练

毽球运动对运动员的速度、力量、耐力和协调能力提出了很高的要求。因此,基础体能训练是技能提升的基石。

速度训练:通过短跑、变速跑等方式提高爆发力和瞬间加速能力。

力量训练:主要增强下肢力量,包括深蹲、箭步蹲、腿部推举等练习。

耐力训练:长跑、游泳等有氧运动,帮助提升心肺功能,增强全身耐力。

协调性训练:通过各种复杂动作的训练,如律动体操、敏捷梯训练等,提高身体协调性和灵活性。

## 二、技术训练

掌握和提高毽球的基本技术是提高比赛水平的关键。

基础踢法练习:反复练习内踢、外踢、前踢、后踢和顶踢,直至动作标准、自然。

控球技巧:通过不断变换踢球的力度、角度和方向,练习在不同情况下对毽球的控制能力。

发球和接球技术:特别强调发球的准确性和多样性,以及提高接球时的反应速度和准确判断力。

## 三、策略学习与模拟训练

观看比赛录像:分析高水平比赛中的策略和技巧,学习顶尖选手的比赛经验。

模拟比赛:定期组织模拟比赛,将所学技巧和策略应用于实战中,学会在不同的比赛情况下做出快速决策。

## 四、心理素质训练

压力管理:通过模拟高压力比赛环境,锻炼训练运动员的心理承受能力和应变能力。

目标设定:设定短期和长期目标,增强运动员的动力和自信。

## 五、饮食和恢复

合理饮食:保证足够的营养摄入,特别是蛋白质和碳水化合物的摄入,支持训练和恢复。

充足休息:确保足够的睡眠时间,采取适当的恢复措施,如拉伸、按摩等,预防运动损伤。

## 六、进阶技能提升

专项技能训练:针对个人的弱点进行专项改进,如特别强化不擅长的踢法或提升控球的准确度。

技术创新:鼓励创新和尝试新的技巧,以提升个人比赛中的不可预测性和竞争力。

跨项训练:参与其他运动,如足球、篮球等,以提升身体协调性和战术理解能力。

毽球运动的训练和技能提高是一个系统化的过程,涉及体能、技术、策略、心理等多个方面。通过科学的训练计划和有针对性的方法,结合良好的饮食和恢复策略,运动员可以逐步提高自己的竞技水平。重要的是,持之以恒的练习和不断学习创新是提高技能的关键。随着训练的深入和经验的积累,每个运动员都可以在毽球这项运动中达到更高的成就。

毽球运动是一项集娱乐性、竞技性于一体的体育活动,不仅能够锻炼身体、提高健康,还能增进人际交往和团队协作能力。通过正确的训练和持续的实践,参与者可以在享受运动乐趣的同时,不断提高自己的技术水平和竞技状态。

# 参考文献

[1] 尹军,袁守龙,武文强.大学体育与健康[M].北京:中国工信出版集团,2022.
[2] 侯德红.大学体育与健康(第四版)[M].北京:高等教育出版社,2022..
[3] 罗红,夏青,王玮.大学体育教程[M].北京:高等教育出版社,2021.
[4] 艾丽,张平.新时代大学体育运动与健康教程[M].北京:清华大学出版社,2023.
[5] 中国排球协会.排球竞赛规则(2021—2024)[M].北京:人民体育出版社,2023.
[6] 杨娅男.排球教学与训练[M].厦门:厦门大学出版社,2018.
[7] 戚一峰,李荣芝.乒乓球教程[M].上海:上海交通大学出版社,2021.
[8] 中国乒乓球协会.乒乓球竞赛规则(2022)[M].北京:北京体育大学出版社,2022.
[9] 金尧.羽毛球教程[M].上海:上海交通大学出版社,2020.
[10] 索敌.青少年羽毛球入门教程[M].北京:人民邮电出版社,2022.
[11] 尹军,袁守龙,武文强.大学体育与健康(图解示范+视频指导)[M].3版.北京:人民邮电出版社,2023.
[12] 任远,张春华,李磊.大学体育与健康教程[M].北京:高等教育出版社,2021.
[13] 张新萍,屈萍.终身体育:体适能提升与健康促进[M].广州:中山大学出版社,2020.
[14] 于素梅.体育与健康[M].北京:教育科学出版社,2022.
[15] 赵新世.运动员心理调控与训练方案设计研究[M].北京:水利水电出版社,2019.
[16] 张力为,毛志雄.运动心理学[M].2版.上海:华东师范大学出版社,2018.
[17] 林文弢,黄治官.青少年生长发育与体育锻炼[M].北京:科学教育出版社,2020.
[18] 杨文轩,陈琪.体育概论[M].3版.北京:高等教育出版社,2023.
[19] 李照艺.跟冠军学跆拳道(全彩图解视频学习版)[M].北京:人民邮电出版社,2021.
[20] 李照艺.青少年跆拳道运动从入门到精通(全彩图解视频学习版)[M].北京:人民邮电出版社,2021.
[21] 冉勇.美式橄榄球基础教程[M].北京:中国经济出版社,2019.
[22] 万磊,周孝华.美式腰旗橄榄球[M].上海:东华大学出版社,2022.
[23] 哈尔滨体育学院,朱志强,陈文红.短道速滑[M].北京:高等教育出版社,2018.
[24] 国家体育总局青少年体育司.冬季奥运会小百科[M].北京:人民邮电出版社,2021.
[25] 庞卫国.台球进阶技巧图解[M].北京:化学工业出版社,2020.
[26] 佐美阳.大学体育与健康[M].武汉:华中科技大学出版社,2021.
[27] 叶伟,王世英.零基础学散打[M].北京:人民体育出版社,2021.

[28] 李士英.散打[M].北京:北京体育大学出版社,2022.

[29] 冯道光,张小龙.健美操[M].广州:华南理工大学出版社,2020.

[30] 杨萍.健美操与科学健身[M].北京:人民体育出版社,2021.

[31] 黄灵素.瑜伽与冥想 零基础瑜伽书籍基础减肥瑜伽冥想引导初级入门[M].北京:北京联合出版公司,2022.

[32] 蒋玉梅.大学瑜伽教程[M].武汉:华中科技大学,2023.

[33] 刘伟,陈志明,曾明,等.体育舞蹈教程[M].北京:中国水利水电出版社,2022.

[34] 郭腾杰,周龙慧.体育舞蹈(融媒体版体育类专业系列教材)[M].北京:北京师范大学出版社,2022.

[35] 雷超,李韬.碳中和背景下氢能利用关键技术及发展现状[J].发电技术,2021(2):207-217.

[36] 扈帅军.体育与健康学科核心素养视域下高校体育教学策略研究[J].当代体育科技,2020,10(12):125-126.

[37] 李玉龙.核心素养视域下高校体育教师教学策略研究[J].中小企业管理与科技,2020,(7):122-123.

[38] 王建军,何玲玲,郑志强,覃国友.大学体育与健康篮球课程思政案例的探索与实践[J].四川体育科学,2023(4):106-111.